Der Autor und Fotograf John Roskelley gilt als einer der profiliertesten und erfolgreichsten Bergsteiger Amerikas. Seine Gipfelbesteigungen, darunter der Great Trango Tower, der K2, der Uli Biaho, der Makalu und der Gaurisankar, haben ihn um die ganze Welt geführt. Er war als Marketingberater, Bergsteigerlehrer und Bergführer tätig. Neben »Die Tochter des Berges« hat er zwei weitere Bücher geschrieben, in denen er einige seiner spannendsten Besteigungen schildert. Heute arbeitet John Roskelley als County Commissioner in Spokane, Washington, wo er mit seiner Frau und seinen drei Kindern lebt.

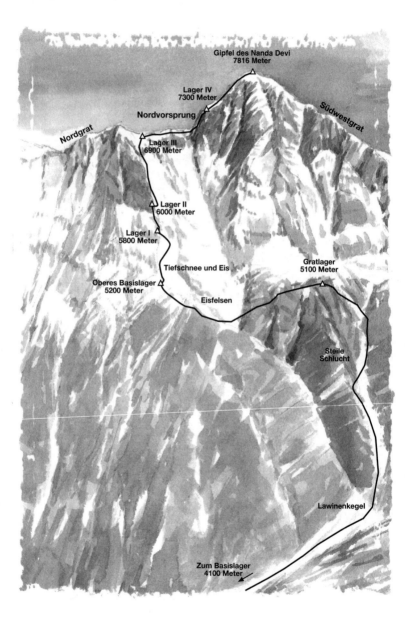

JOHN ROSKELLEY

# DIE TOCHTER DES BERGES

*Tragödie auf
dem Nanda Devi*

*Aus dem Amerikanischen
von Ruth Schrammeck*

*Ein Buch der Partner
Goldmann und National Geographic Deutschland*

Die amerikanische Erstausgabe erschien 1987
unter dem Titel »Nanda Devi. The Tragic Expedition«
bei Stackpole Books, Harrisburg.

Sämtliche Fotos stammen von John Roskelley,
wenn nicht anders angegeben.

SO SPANNEND WIE DIE WELT.

Dieses Werk erscheint in der Taschenbuchreihe
NATIONAL GEOGRAPHIC ADVENTURE PRESS
im Goldmann Verlag, München.

1. Auflage Mai 2003, deutsche Erstausgabe
Copyright © 2003 der deutschsprachigen Ausgabe
NATIONAL GEOGRAPHIC ADVENTURE PRESS
im Goldmann Verlag, München,
in der Verlagsgruppe Random House GmbH
Copyright © 2000 John Roskelley
Die amerikanische Originalausgabe erschien
2000 bei Mountaineers Books, Seattle
Alle Rechte vorbehalten
Karten: Dee Molenaar
Lektorat: Dr. Ilonka Kunow, München
Umschlaggestaltung: Petra Dorkenwald, München
Herstellung: Sebastian Strohmaier, München
Satz: Uhl + Massopust, Aalen
Druck und Bindung: Clausen & Bosse, Leck
ISBN 3-442-71220-3
www.goldmann-verlag.de
Printed in Germany

Das Papier wurde aus chlorfrei gebleichtem Zellstoff hergestellt.

*Für Joyce,*
die mir die Zeit ließ
und mich unterstützte,
damit ich meine Träume verfolgen konnte

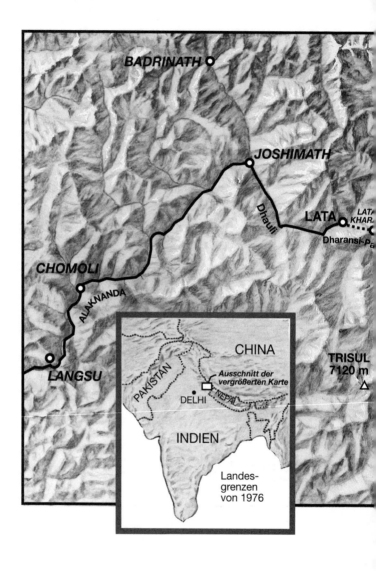

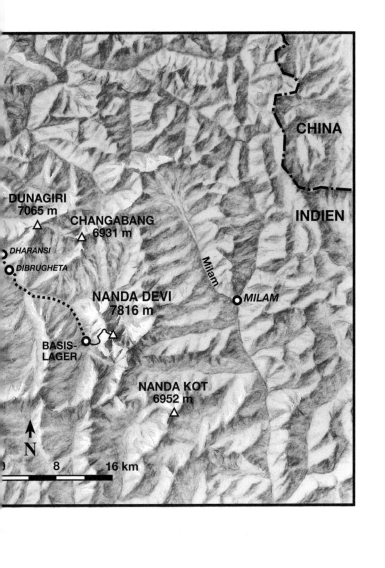

# Einleitung

Nanda Devi, in der indischen Mythologie die Göttin des Glücks, ist mit 7816 Metern der dritthöchste Berg im indischen Himalaja. Wie ein Diamant in einem Haufen bescheidenerer Steine ist er von 5500 bis 6700 Meter hohen Gipfeln umgeben. Seine Hänge erheben sich aus dem so genannten Sanctuary, einem Hochbecken mit Blumenwiesen, Gletscherschutt und Eis auf 4200 Metern Höhe, das nur von kleinen Herden von Himalaja-Blauschafen besiedelt ist. Die einzige Lücke in dem Schutzwall aus gezackten Gipfeln, der die Ebene umgibt, ist die ungefähr 15 Kilometer lange, tiefe, V-förmige Rishi-Schlucht.

Der amerikanische Bergsteiger Willi Unsoeld erblickte 1949 während einer Bergwanderung durch Nordindien den Nanda Devi von einem hohen Kamm aus. Überwältigt von dem Anblick des Bergs beschloss er, sollte er jemals eine Tochter bekommen, diese nach dem beeindruckenden Gipfel zu benennen. Als Mystiker glaubte er daran, dass seine Begegnung mit dem Berg Bedeutung in seiner Zukunft erlangen sollte.

Jahre später bekam Willi eine Tochter. Und mit dem Namen gab er ihr nicht nur die Essenz seiner Vergangenheit weiter, sondern auch seine Hoffnung für die Zukunft, wenn die Berge unvermeidlich aus seinem Leben verschwinden würden. Devi wuchs auf und erfüllte diese Erwartungen ihres Vaters. Und die Sehnsucht, den Berg zu sehen, nach dem sie benannt war, brachte sie dazu, eine Expedition auf seinen Gipfel zu organisieren.

Die Erinnerung an Devi lindert ein bisschen die Frustration, die in mir aufsteigt, wenn ich versuche, die komplexen Verwicklungen der indisch-amerikanischen Nanda-Devi-Expedition zu verstehen, an der ich 1976 teilgenommen habe. Vermutlich bin ich die Besteigung zu ambitioniert und übermotiviert angegangen – mit einem unerschütterlichen Glauben an meine eigenen Fähigkeiten und Träume. Aber es waren Devis Träume, die 13 Männer und Frauen den Gipfel des Nanda Devi herausfordern ließen, und ihr Name gibt mir heute eine ruhige Kraft und Sicherheit. Dass wir nicht Glück, sondern Tränen auf dem Berg fanden, ist eine Wendung des Schicksals, die vielleicht nur Devi versteht.

# Eins

Mein Weg auf den Nanda Devi nahm 1975 mit einem kurzen Brief von Lou Reichardt seinen Anfang. Lou war 1973 mein Partner bei der Besteigung des nepalesischen Mount Dhaulagiri gewesen, des sechsthöchsten Bergs der Welt. Lou und ich hatten als einzige Amerikaner aus dem sechzehnköpfigen Team den Gipfel erreicht. Gut kannte ich Lou trotzdem nicht, da er genauso schweigsam ist wie ich. Als er mir diesen Brief schrieb, war er 34 Jahre alt und forschte als Biophysiker von einsteinscher Größe an der Harvard Medical School. Ich hatte ihn als jemanden kennen gelernt, der sich nie über Wind oder Kälte, schlechtes Essen oder die beengten Verhältnisse beschwerte. Er trug täglich schwere Lasten und immer mehr als irgendein anderer. Hinter seiner schweren, schwarzen Brille war er ein genauer Beobachter. Er hörte aufmerksam zu und fand Gehör, wenn er selbst sprach. Auf dem Dhaulagiri war er besonders angespannt gewesen und oft so still, dass ein unbehagliches Schweigen entstand. Lou bestieg den Gipfel damals vermutlich auch in Erinnerung an seine sieben Kameraden, die 1969 auf dem Dhaulagiri ums Leben gekommen waren. Er hatte als Einziger eine Eislawine überlebt, die sie aus dem Nebel überrascht hatte.

Sein Brief war sehr direkt: »John: Du bist eingeladen, an Ad Carters Expedition auf den Nanda Devi im kommenden Sommer teilzunehmen. Kannst du mitkommen? Sag mir so bald wie möglich Bescheid, Lou.«

Ich erinnerte mich an ein Foto des 7816 Meter hohen Gipfels in dem Buch »On Top Of The World. Die 14 Achttausender: Von den Erstbesteigungen bis heute«, einer Anthologie von Bergsteigergeschichten, in der eine verkürzte Darstellung der Erstbesteigung von 1936 zu finden war. Das Bild zeigt den Nanda Devi, wie er sich fast 3600 Meter über dem Talgrund des Sanctuary, des »Heiligtums«, erhebt. Eine weiße Kuppe, steil, mit unglaublich langen, scharfen Kämmen: Kein anderer Berg im Umkreis von 250 Quadratkilometern ist von solcher Erhabenheit. Die Schwierigkeiten, die sich einer großen Expedition in eine so abgelegene Gegend stellen würden, beunruhigten mich damals ein bisschen. Aber ich wäre trotzdem an jeden Fleck der Erde gereist, um an einer weiteren Expedition teilnehmen zu können. Für mich waren Expeditionen wie Süßigkeiten: Ich konnte scheinbar nie genug bekommen. Eigentlich war mir egal, um welchen Berg es ging und wie hoch er war.

Zu der Zeit, als ich Lous Nachricht erhielt, hatte ich bereits elf Jahre Bergerfahrung. 1973 hatte ich zusammen mit ihm den Gipfel des Dhaulagiri erreicht, 1974 war ich Mitglied des ersten amerikanischen Bergsteigerteams in Russland gewesen, und auf dem Heimweg aus Russland hatte ich die Eigernordwand bezwungen – Chris Kopczynski und ich waren das erste rein amerikanische Team, dem das gelungen war. (John Harlin, der einzige andere Amerikaner, der das bis dahin geschafft hatte, war mit einem Deutschen geklettert.) Außerdem hatte ich eine bedeutende Erstbegehung auf dem bolivianischen Huayna Potisi gemacht und viele Berge der Schwierigkeitsgrade fünf und sechs in Amerika und Kanada bewältigt. Meine Statur kann man kaum als beeindruckend bezeichnen, ich bin nur 1,77 Meter groß und eher feingliedrig, wenn auch muskulös. Aber ich hatte meine Kraft und Zähigkeit auf einigen der schwierigsten Klettertouren der Welt unter Beweis gestellt. Ich war stark, aber das sind viele, die sich sportlich betätigen. Nur wusste ich nicht, dass ich auch zu schlagen bin.

Mein Ruf als Bergsteiger musste Ad Carter veranlasst haben, mich zu der Expedition einzuladen. Lous Empfehlung wird zweifellos geholfen haben, Ads Besorgnis über meine andere Reputation zu zerstreuen: Ich galt als jemand, der gerne Autoritäten in Frage stellt.

»Wir wollen eine neue Route über die Nordseite ausprobieren«, erklärte Lou mir am Telefon, »die bei etwa 6900 Metern auf den Nordgrat trifft, dem sie dann bis zum Gipfel folgt. Die Fotos, die wir von den oberen 1500 Metern haben, sind sehr ungenau und wir haben leider gar keine Bilder vom Grund des Sanctuary aus.«

»Woher weißt du, dass es dort eine vernünftige Route gibt?«

»Ad meint, sich daran zu erinnern, dass die Nordwestseite zumindest bis zum Kamm geeignet aussah.«

»Wer nimmt sonst noch teil?«

»Willi Unsoeld wird zusammen mit Ad die Leitung übernehmen.«

1976 war Ad Carter Sprachlehrer an einer Privatschule in Boston. Er war 1936 bei der Erstbesteigung des Nanda Devi dabei gewesen und würde die jetzige Expedition organisieren und mitleiten. Ad war ein distinguierter Bostoner, dem unter Anspannung schlimmstenfalls ein »Verdammt« über die Lippen kam, und wegen seiner Erfahrung unbezahlbar für jede Expedition. Erstaunlicherweise hatte er, obwohl er bereits 62 Jahre alt war, immer noch Lust, in die entlegenen Gebirge der Welt zu ziehen. Ich kannte ihn vom »American Alpine Journal«, das er jahrelang herausgegeben hatte. Aufgrund unserer Korrespondenz schätzte ich ihn als entscheidungsfreudig und geradlinig.

Willi Unsoeld, damals 49 Jahre alt, war einer der amerikanischen Bergsteiger, die ich ihrem Ruf nach kannte: Er galt als Legende. Zu jener Zeit arbeitete er als Religionsprofessor am Evergreen State College in Washington. Ich hatte mehrere Bücher über seinen Aufstieg mit Horbein über den Westgrat des Mount Everest im Jahr 1963 gelesen und war von ihrem Unterfangen sehr beeindruckt gewesen. Willi war als unbeschwerter, liebenswerter Mensch bekannt, doch bei den Aufstiegen offenbarte er einen eisernen Willen. Ich war einige seiner Erstbesteigungsrouten auf Gipfel überall in den USA nachgeklettert und hatte festgestellt, dass es schöne, aber auch schwierige Touren waren. Er war ein strapazierfähiger, vielseitiger Alpinist.

»Ein hervorragendes Paar für die Leitung einer Expedition«, bemerkte ich. »Wer noch?«

»Willis Tochter Devi, die sozusagen die Initiatorin dieser Reise ist, und sein Sohn Krag«, erzählte Lou.

»Sind sie je so weit oben gewesen?«

»Gelegentlich, während sie in Nepal lebten.«

»Haben sie schon viel Erfahrung im Bergsteigen?«

Lou zögerte: »Nun ja, mehr oder weniger. Sie waren mit Willi in der Tetonkette und im Kaskadengebirge.« Dann wandten wir uns den anderen Teilnehmern zu, die ich von früheren gemeinsamen Expeditionen gut kannte.

»Mir scheint, wir brauchen noch ein paar technisch versiertere Leute, Lou. Wen hat man noch eingeladen?«

»John Evans kennst du ja. Er will versuchen, es einzurichten, nachdem seine Frau das Kind bekommen hat.«

Von der Expedition ins russische Pamirgebirge wusste ich, dass John Evans stark und zäh war. Er hatte schwierige Besteigungen in Alaska, der Antarktis, Russland und den USA bewältigt. Damals war Evans 37 Jahre alt und für die Programmplanung der Outward-Bound-Schule in Colorado zuständig. Er war ein großer Mann von herkulischer Stärke und konnte Stunde um Stunde ohne ein Zeichen der Ermüdung die schwersten Lasten tragen. Johns größter Beitrag zu einer Expedition war seine Fähigkeit zu führen. Ich ging sofort davon aus, dass er auf dem Berg Seilschaftsführer des Teams sein würde.

»Ad hat außerdem Elliot Fisher gefragt, der mit ihm in Südamerika war«, fuhr Lou fort. Elliot, ein großer, schlaksiger Medizinstudent von 23 Jahren, war bei mehreren Erstbegehungen auf Gipfel der peruanischen Kordilleren dabei gewesen. Er hatte einen wundervollen Humor und war erpicht darauf, an großen Expeditionen teilzunehmen. Elliots Fähigkeiten hatten Ad in Peru sehr beeindruckt, und er war froh, ihn dabeizuhaben.

Lou war irritiert, dass man ihn drängte eine weitere Frau mitzunehmen. Peter Lev, der ebenfalls an der Expedition teilnehmen würde, hatte die beiden Leiter gefragt, ob Marty Hoey, eine gute Bergsteigerin und seine Lebensgefährtin, sich dem Team anschließen könne. Willi war begeistert von dieser Idee. Doch Lou gefiel der Gedanke überhaupt nicht, und mir ging es spontan genauso. Marty konnte mit jedem der erwähnten männlichen Alpinisten mithalten, was sie im russischen Pamir unter Beweis gestellt hatte, aber wir waren der Meinung, dass es nicht gut wäre, zwei Menschen mitzunehmen, die wie Peter und Marty in einer Partnerschaft lebten. Ihre Konzentration aufeinander konnte ihre Aufmerksamkeit und ihr Engagement für die Besteigung mindern. Lou wollte unsere Bedenken an Ad weitergeben.

Als Lou mich bat, einen Arzt für unsere Expedition zu empfehlen, dachte ich sofort an Jim States. Alle Besteigungen, die wir zusammen unternommen hatten, waren bedeutende Erstbesteigungen gewesen – auch die, von der wir weniger als zwei Wochen zuvor aus Bolivien zurückgekehrt waren. Jim schien voller Energie zu stecken, die er kaum zurückhalten konnte. Die harten und langen Arbeitstage als Leiter des Methadonprogramms in Spokane hinderten ihn nie daran, sich am Wochenende einen überdimensionalen Rucksack auf den Rücken zu schnallen und so weit und schnell zu wandern, wie er nur konnte. Zwischen roten Locken und einem ebensolchen Bart strahlten funkelnde Augen und ein warmes Lächeln, und seine Freundlichkeit und gute Laune steckten die Menschen um ihn herum an. Er zögerte nicht lange zuzusagen, und schon eine Woche später war er offizielles Mitglied des Teams.

Die Idee zu der Expedition zum Nanda Devi war Nanda Devi Unsoeld während eines Besuchs bei Ad Carter und dessen Frau in Boston gekommen. Sie schlug vor, eine neue Route für die Gipfelbesteigung zu wählen und Ad, in Erinnerung an den 40. Jahrestag seiner Teilnahme an der erfolgreichen Expedition von 1936, die Leitung zu übertragen. Der Nanda Devi war damals und für die folgenden 14 Jahre der höchste Gipfel, der je bestiegen worden war. Da Ad einen großen Anteil am Gelingen der damaligen Expedition gehabt hatte und Devi außerdem nach dem Berg benannt worden war, setzte sich die Idee schnell fest. Willi Unsoeld wurde gebeten, die Führung mit zu übernehmen.

Ad Carter war genau der Richtige für die Organisation einer solchen Expedition. Bei der indischen Regierung beantragte er umgehend die Genehmigung, während der Monsun- und der Nachmonsunzeit den Berg zu besteigen, was zwar nicht gerade der ideale Zeitpunkt für das Klettern im Himalaja ist, aber gut in die Ferienzeiten eines Lehrers passt. Unsere Gruppe sollte einem Zeitplan folgen, der dem der Expedition von 1936, die den Gipfel am 29. August 1936 erreicht hatte, sehr ähnlich war. Zwar war es damals beim Aufstieg recht feucht, aber die Kletterbedingungen waren erträglich gewesen. Wir erwarteten das Gleiche.

Ad und Willi hatten die Größe des Teams vorsichtig auf zehn bis zwölf Amerikaner festgelegt. Ad verhandelte mit den indischen Behörden, damit man zwei ihrer besten Bergsteiger erlaubte, uns zu begleiten. Er hoffte, so das Wohlwollen der indischen Regierung zu gewinnen und damit die Expedition vor Ort zu erleichtern. Die Verhandlungen kamen allerdings nur schleppend voran.

Da wir bis zu unserem geplanten Abfahrtstag nur sechs Monate Zeit hatten, vertraute Ad darauf, dass wir die Genehmigung erhalten würden, und machte sich an die unangenehme Aufgabe, das nötige Geld aufzutreiben und mit allen möglichen Firmen in Verbindung zu treten, die Material und Proviant zur Verfügung stellen sollten. Lou, Elliot und Andy Harvard, die in Boston oder in der Nähe lebten, halfen ihm dabei; Willi, Jim States und ich übernahmen die Verantwortung für die Westküste.

Wir wurden alle Experten darin, uns selbst und die Expedition den zukünftigen Spendern zu verkaufen. Die wenigsten Firmen konnten der Vorstellung widerstehen, mit einem so respektablen, von Männern wie Unsoeld und Carter geleiteten Unterfangen in Verbindung gebracht zu werden. Es dauerte nicht lange, und wir waren das bestausgerüstete Team, das sich je an einem Himalajagipfel versucht hatte.

Willi rief mich Ende September 1975 an und lud mich ein, zum Abendessen vorbeizusehen, damit wir Expeditionsangelegenheiten besprechen könnten. Da ich zu der Zeit in Seattle eine Messe besuchte, hielt ich das für eine gute Gelegenheit, Krag und Devi kennen zu lernen. Ich hatte eine angenehme Fahrt und fand problemlos das Haus der Unsoelds westlich von Olympia. Willi begrüßte mich an der Tür und bat mich hinein. Zu meiner Überraschung saß Peter Lev im Wohnzimmer.

Ich kannte Peter von zwei Expeditionen: einer nach Nepal und der anderen 1974 in den russischen Pamir. Peters Kenntnisse als Bergsteiger beruhten auf seiner sechzehnjährigen Tätigkeit als Bergführer für die Exum Mountain School in der Tetonkette und auf Reisen in die kanadischen Rocky Mountains, nach Alaska und nach Asien. Peter war ein freundlicher und sanfter Mensch, der tausende zufriedener Alpinisten bei ihren ersten Aufstiegen geführt hatte. Nie erpicht darauf, sich zu überanstrengen, konnte er ohne Ungeduld stunden- oder gar tagelang ausruhen, ein großes Plus bei langen Bergtouren. Obwohl Peter damals erst 35 Jahre alt war, zeigten sein Haar und sein Bart schon erste Spuren von Grau, was seine stahlgrauen Augen nur noch betonte. Außer dass er ein hervorragender Bergsteiger war, hatte ihn die US-Forstbehörde über Jahre zum Lawinenexperten geschult, ein Wissen, das 1976 sehr rar war.

Willi und Peter spannten mich nicht lange auf die Folter, sondern brachten gleich die Frage nach Marty Hoeys Teilnahme auf. Marty hatte sich, obwohl sie eingeladen worden war, gegen das Mitkommen entschieden, weil sie gehört hatte, Lou und ich seien gegen ihre Teilnahme.

Da ich tatsächlich nach wie vor dagegen war, sagte ich das auch. Ich war der Meinung, dass manche Männer und Frauen auf einer großen Expedition, die so lange dauert, nicht gut zusammen klettern könnten. Es kann auf einem Himalajagipfel, wenn die Nerven blank liegen und das kleinste Problemchen plötzlich kaum lösbar erscheint, verheerende Folgen haben, wenn sich dort Paare bilden, Partner sich während des Aufstiegs nicht trennen wollen oder wenn Konkurrenz zwischen den Geschlechtern entsteht – um nur einige mögliche Probleme zu nennen.

Wir diskutierten lange über das Thema, ohne dass irgendjemand ein wirklich schlagendes Argument vorgebracht hätte. Ich konfrontierte Peter mit dem Problem, das mich am meisten beunruhigte.

»Was ist denn, wenn ihr beiden euch vor oder während des Aufstiegs streitet?«, fragte ich ihn. »Könnte das nicht der Expedition schaden?« Doch Peter schmunzelte nur und erklärte, er und Marty seien unzertrennlich.

Schließlich griff Willi auf das einzige Argument zurück, das wir bislang nicht zu erwähnen gewagt hatten.

»Lasst uns mit der Nanda-Devi-Expedition beweisen, dass Männer und Frauen so eine Sache problemlos zusammen bewältigen können«, sagte er.

Da wurde mir plötzlich klar, dass ich einem großen amerikanischen Experiment im Wege stand, und so gab ich widerwillig nach.

»Verdammt, es hat doch bisher noch nie geklappt. Warum glaubt ihr, dass es jetzt funktioniert?«

Aber damit war die Sache noch nicht erledigt. Eine halbe Stunde später hatte Willi mich überredet, Marty anzurufen und sie zu bitten, es sich noch einmal zu überlegen.

Dann besprachen wir drei die anderen größeren Unstimmigkeiten, die während der vorangegangenen Monate aufgetreten waren. Ich war überrascht von der Kluft, die sich bei so wichtigen Fragen wie dem Aufstiegsstil, dem Einsatz von Fixseilen und der Wahl der Nahrungsmittel auftat. Peter schien die Gipfelbesteigung des Nanda Devi in einem Tag, im Alpinstil mit einem Minimum an Proviant und Ausrüstung durchführen zu wollen. Willi wiederum gefiel zwar die Idee eines alpinen Aufstiegs, er bevorzugte aber eine größere Auswahl an Proviant und Ausrüstung. Ich dagegen hatte mir in Anbetracht der Größe unseres Teams und der bislang unbekannten Route – von der wir nicht einmal ein brauchbares Foto besaßen – vorgestellt, wir würden im traditionellen Himalajastil aufsteigen, also Lager einrichten und Seile anbringen, um den Transport der Ausrüstung zu erleichtern. Wir verschoben diese Entscheidungen dann klugerweise auf das Teamtreffen in Issaquah in Washington im Dezember.

Kurz vor dem Abendessen stürmte Devi wie ein Wirbelwind ins Haus. Sie kam von einem Fußballspiel mit Freunden vom Evergreen State College, das offensichtlich nicht zimperlich gewesen war. Ihr warmes Lächeln und ihre Zwanglosigkeit wirkten entspannend. Ich konnte sehen, dass sie sehr selbstbewusst war und keine Auseinandersetzung scheute. Im Laufe des Abends, als die

Unterhaltung sich auf die Expedition konzentrierte, begann mich ihr Selbstbewusstsein allerdings zu beunruhigen. Devi hatte in ihrer Jugend sieben Jahre in Nepal gelebt, wo sie fließend Nepalesisch gelernt hatte. Ihre Erfahrungen im Bergsteigen waren begrenzt. Sie glaubte, Berge sollten eher mit dem Herz erfühlt und mit den Augen abgetastet als tatsächlich mit Füßen betreten werden. In vielen wichtigen Fragen basierte ihre Meinung nicht auf Erfahrung, sondern auf Idealismus. Aber ich mochte sie. Sie war natürlich, ausgelassen, lebendig. Und diese Eigenschaften würde sie zu unserem Team beisteuern.

Krag dagegen wirkte so zurückhaltend und still, dass man ihn für unfreundlich halten konnte. Er schien sein Territorium vor einem Fremden zu beschützen – in diesem Fall vor mir. Krag umriss das Ziel der Expedition: Er war der Auffassung, das Ganze würde ein Familienausflug und die Gelegenheit werden, ein neues Gebiet zu erkunden. Ich konnte kaum glauben, dass ihm das Bergsteigen selbst nicht wichtig war. Ihn muss wiederum irritiert haben, dass ich nur an der Besteigung des Gipfels interessiert war, denn wir sprachen danach kaum noch miteinander. Später auf dem Berg vertraute Willi Jim States an, dass Krag sich hauptsächlich wegen dieses Gesprächs gegen eine Teilnahme entschieden hätte.

Während der Rückfahrt zu meinem Hotel fragte ich mich zum ersten Mal nach den wirklichen Beweggründen für diese Expedition. Sollte das wirklich ein »Familienausflug« werden? Die Auswahl des Teams ist der wichtigste Punkt einer Expedition. Jeder Berg hat seine Schwierigkeiten, Herausforderungen, Gefahren und Probleme, für die es unterschiedlicher Persönlichkeiten und Fertigkeiten bedarf. Ich prüfe eine Route erst, bevor ich das passende Team auswähle. Jede ist einzigartig und komplex. Wenn ich die kniffeligen Passagen einer Strecke kenne, suche ich eine entsprechende Mannschaft, die in der Lage ist, die Probleme zu bewältigen. Jeder der Alpinisten wird zu einem Teil eines dreidimensionalen Puzzles. Alle müssen sich schnell an eine sich wandelnde Umgebung anpassen, und es muss ein breites Spektrum an Fähigkeiten vorhanden sein, die auf die Art der Kletterstrecke abgestimmt sind.

Das Nanda-Devi-Team war mehr aufgrund von Bekanntschaften als aufgrund der besonderen Anforderungen zusammengestellt worden. Diese Auswahlmethode ist bei weitem die üblichere beim Klettern, mindert aber häufig die Erfolgsaussichten einer Expedition.

Wie ich Willi und Peter versprochen hatte, rief ich Marty an, die verschlafen klang. Sie war so überzeugt davon, dass man sie nicht dabeihaben wollte, dass ich ganz schön arbeiten musste, bis sie schließlich doch noch zusagte. Erleichtert, Willi nicht gestehen zu müssen, dass meine Überzeugungskraft versagt hatte, plauderte ich ziellos weiter.

»Wie läuft es denn so mit dir und Peter?«

»Tja, John, ich versuche gerade, mich behutsam von ihm zu trennen, um ihn nicht zu verletzen. Ich möchte wieder allein sein.«

Meine schlimmsten Befürchtungen waren wahr geworden. Ich musste unweigerlich an Peters Versicherung denken, er und Marty seien »unzertrennlich«. Peter liebte Marty, und diese Trennung würde ihn so tief treffen, dass er für die Expedition nicht mehr zu gebrauchen war. Ich hoffte, Marty würde vorsichtig mit ihm umgehen.

Das erste offizielle Teamtreffen fand in Issaquah in Washington während der Jahresversammlung des American Alpine Club im Dezember 1975 statt. Fünf Expeditionsteilnehmer und ein paar Freunde und Familienmitglieder waren anwesend. Ad reichte Willi, Devi, Elliot und mir undeutliche Fotos von unserer geplanten Route sowie Landkarten der Gegend. Chris Boningtons Bild, das er vom Changabang aus gemacht hatte, einem der Gipfel, die sich vom

Sanctuary erheben, zeigte die oberen neunhundert Meter unserer Route. Das Foto war aber aus so großer Distanz geschossen worden, dass es nur wenig weiterhalf. Eines wurde auf der Aufnahme jedoch deutlich: Zwischen etwa 6700 und 7300 Metern Höhe befand sich ein Unheil verheißender Felsvorsprung, der senkrecht von einem messerscharfen Kamm aufstieg. Es schien keine andere Alternative zu geben, als dieses Problem frontal anzugehen, was in dieser Höhe eine schwierige Aufgabe ist. Die unteren 2400 Meter unserer geplanten Route blieben völlig im Dunkeln.

Nachdem wir die Strecke so weit wie möglich festgelegt hatten, standen Logistik und Reiseplanung auf der Tagesordnung. Es wurde sofort deutlich, dass sich die Expedition aus zwei Fraktionen zusammensetzte: denen, die den Nanda Devi im Alpinstil besteigen wollten, und denen, die bei einem dreizehnköpfigen Bergsteigerteam die traditionelle Himalajamethode für sinnvoller hielten.

Peter, Willi, Marty und Devi waren zu den stärksten Befürwortern eines alpinen Aufstiegs geworden. Dieser Stil wurde gerade populärer im Himalaja, wurde aber vor allem von zwei- oder vierköpfigen Teams aus sehr erfahrenen, gleich starken Alpinisten angewendet. Er erfordert den raschen Aufstieg von einem sehr niedrig liegenden Lager, bei dem die Kletterer alles Notwendige bei sich tragen, um über mehrere Tage bis zum Gipfel aufsteigen zu können. Es ist offensichtlich, welche Gefahren dabei drohen. Ein Sturm kann für Tage oder sogar Wochen den Rückweg abschneiden. Eine Höhenkrankheit kann ohne die Versorgung mit Sauerstoff tödlich verlaufen. Die Bergung eines verletzten oder kranken Kletterers ist in den meisten Fällen nur durch die Mannschaftskameraden möglich, die sich eventuell in einem ähnlichen Zustand befinden. Die Vorteile des alpinen Stils liegen darin, dass man sich kürzer in großen Höhen aufhält und weniger Transportgänge über gefährliche, möglicherweise von Steinschlag oder Lawinen bedrohte Hänge machen muss. Und schließlich benutzt man auch einen reineren Aufstiegsstil, der nicht so stark an der Nabelschnur zum Nachschub hängt.

Die traditionelle Himalajamethode bedeutet eine langsamere und beschwerlichere Expedition, die jedoch größere Aussichten auf Erfolg hat. Dabei richtet man ein Lager nach dem anderen ein und stattet jedes mit so viel Ausrüstung und Proviant aus, wie für die nachfolgenden Lager benötigt wird. Fixseile zwischen den Lagern ermöglichen einen gefahrlosen Rückzug und sichern die Alpinisten beim täglichen Lastentragen. Der Gipfel kann dann schließlich vom letzten Lager aus von den gut akklimatisierten Kletterern in einem Tag erreicht werden. Die Gefahren dieser Methode sind ein bisschen subtiler. Die Bergsteiger sind über einen wesentlich längeren Zeitraum der Gefahr von Schneelawinen, Eisstürzen und Steinschlägen ausgesetzt. Erkrankungen wie Husten, Infektionen, starker Durchfall und Höhenkrankheit, die bei einem alpinen Aufstieg nicht besonders problematisch sind, können bei längerem Aufenthalt in großer Höhe sehr schwerwiegend werden oder sogar tödlich enden. Lou, Jim und ich sind gewöhnlich Fürsprecher des alpinen Kletterstils, aber bei 13, zum Teil in großer Höhe unerfahrenen Bergsteigern mit unterschiedlichen Fähigkeiten hofften wir, dass sich das Team für den traditionellen Stil entscheiden würde. Wären Lou, Jim und ich allein gewesen, hätten wir sicher den Alpinstil gewählt.

Die Frage, wie viel Fixseil mitzunehmen sei, wurde für beide Fraktionen entscheidend. Niemand wollte sich so früh in diesem Treffen geschlagen geben. Die traditionelle Methode erfordert eine beträchtliche Menge an Fixseil, die alpine hingegen nicht. Wir ließen das Thema schließlich fallen, nachdem wir uns vorsichtig darauf geeinigt hatten, 1200 Meter Seil mitzunehmen, inklusive der elf Millimeter starken Vorstiegsseile. Lou und ich schätzten, dass diese 1200 Meter nur etwa die Hälfte des Seilbedarfs für ein Team von unserer Größe abdeckten.

Die Diskussion wandte sich vom Seil ab und dem Proviant zu, was die Spannungen etwas abklingen ließ. Das Essen ist immer die allerwichtigste Sache bei jeder Bergbesteigung, ob nun in im Kaskadengebirge von Washington oder im asiatischen Himalaja. Auf langen Expeditionen, bei denen die Alpinisten Monate auf einem Berg verbringen und täglich zahlreiche Unannehmlichkeiten ertragen müssen, wird es natürlich besonders wichtig. Jeder Bergsteiger hofft, dass die Verpflegung während der Expedition nicht nur nahrhaft, sondern sogar wohlschmeckend sein wird.

Alle gaben ihre Meinung darüber zum Besten, welcher Proviant in welcher Menge mitzunehmen sei. Peter wollte auf dem Berg nur indisch essen (sein alpiner Stil würde unter dem Gewicht von Kohl, rohem Ziegenfleisch und ungesäuertem Brot leiden). Ich bevorzugte gefriergetrocknete Mahlzeiten sowohl für den Trekkingteil als auch für das Klettern (trotz der schrecklichen Blähungen, die diese Mahlzeiten verursachen). Ad wollte »so wie 1936« nur Grundnahrungsmittel wie Hafer mitnehmen. Wir einigten uns darauf, während der Bergwanderung indisch und beim Klettern hauptsächlich gefriergetrocknete Mahlzeiten zu essen. Ad übernahm die Planung der Menüs und der Mengen. Keiner stellte seine Fähigkeiten in Frage, obwohl er dafür bekannt war, manchmal von wichtigen Nahrungsmitteln zu wenig einzupacken. Mit ein bisschen Glück würde er ja das Hafermehl vergessen.

Unser Treffen endete schließlich am späten Abend, nachdem wir alle Fragen, angefangen vom Abreisetag bis hin zum Toilettenpapier diskutiert hatten. (Letzteres war ein ziemlich umstrittener Punkt gewesen. Devi, die als Umweltschützerin geboren und groß geworden war, fand es lächerlich, Toilettenpapier auf eine Expedition mitzunehmen. Ich nahm mir vor, sechs Rollen Toilettenpapier in mein persönliches Gepäck zu packen, falls sie diesen Streit gewinnen sollte.)

Unter den gegebenen Umständen hatten wir eine Menge erreicht und trennten uns mit freundschaftlichen Gefühlen. Zwar gab es noch einiges zu erledigen, aber wir waren sicher, dass sich alles in den sieben Monaten bis zu unserer Abfahrt schaffen ließe. Ich verstand nicht recht, weshalb Willi trotz seiner Erfahrung Devi und Peter bei einigen ihrer Ideen unterstützte. Eines war jedoch deutlich geworden: Die beiden gegensätzlichen Fraktionen mussten vor der Abfahrt nach Indien zu einer Einigung finden.

Während der nächsten Monate gingen Briefe zwischen den Mannschaftsmitgliedern hin und her, angefangen bei Ad, der jeden über seine Verantwortlichkeiten informierte, bis hin zu meinen Berichten über das gespendete Material. Anfang März 1976 begannen Lou, Ad und ihre Frauen, die zwei Tonnen Ausrüstung, die sich in Ads Keller angesammelt hatten, zusammenzupacken.

Nach Lous Beschreibung verlief ein solches Packtreffen typischerweise leicht chaotisch und fast immer in Unterbesetzung. Es beunruhigte ihn immer stärker, dass Ad die Menge des benötigten Proviants unterschätzte und zu wenig einpackte. Da Lou Ad nicht verstimmen wollte, die Situation aber heikel fand, begann er, mit seiner Frau Kathy zusätzliche gefriergetrocknete Nahrung und Getränkepulver in die halb gefüllten Kisten zu stopfen, sobald Ad wegen eines Telefonats oder einer kleinen Besorgung den Keller verlassen musste. Dann versiegelte er die Kisten und stellte sie zu den fertigen. Wenn Ad zurückkehrte, bepackten die beiden schon wieder eine neue Kiste mit der vorgesehenen Ausrüstung. Dieses System funktionierte so gut, dass Lou bald auch die Abteilung Fixseile aufstockte. Es schien, als klärten sich dadurch schließlich all die Fragen, die in der Mannschaft so viele Unstimmigkeiten verursacht hatten.

Eine Weile vor unserer Abfahrt stürzte Lou beim Bergsteigen und verletzte sich die Bänder in beiden Schultern. Da er glaubte, er müsse operiert werden, informierte er Ad, dass er nicht zum Nanda Devi mitkommen würde. Doch Willi wollte nicht, dass er so schnell aufgab. Anstatt sich operieren zu lassen, ging Lou also zur Physiotherapie und erholte sich zur Erleichterung aller so weit, dass er doch teilnehmen konnte. Allerdings würde er einige Wochen verspätet in Indien zu uns stoßen.

Marty, Willi und ich flogen planmäßig am 5. Juli 1976 von Seattle zum New Yorker Kennedy Airport. In New York trafen wir einen Teil des Teams; die anderen würden in Indien dazustoßen. Ich freute mich, mit Marty über alte Zeiten zu reden. Durch ihre Arbeit als Führerin auf dem Mount Rainier war sie außerordentlich fit, und ihr Gesicht hatte eine angenehme Bräune. Letzten Endes war ich doch froh, dass sie mitkam.

Willi war fröhlich und voller Ungeduld. Wir unterhielten uns über einen Bergsteigerprozess, bei dem wir beide als Sachverständige fungierten. Wir lachten und scherzten darüber, dass wir, wie schon so häufig in den vergangen sechs Monaten, wieder einmal gegensätzlicher Meinung waren.

New York litt zu der Zeit unter einer erdrückenden Hitzewelle. Um Geld zu sparen, schulterten wir die schweren Lasten und gingen zu Fuß zum internationalen Terminal, der ein paar Blocks entfernt lag. Wir waren die ersten, die eintrafen, blieben aber nicht lange allein. Jim States, der von 36 Kilo medizinischer Ausrüstung und seinem persönlichen Gepäck schier erdrückt wurde, betrat kurz nach uns die Wartehalle von Air India.

Jim war unbeschreiblich glücklich. Er hatte gerade das erste Mal seit vielen Jahren drei Tage mit seiner gesamten Familie in Pittsburgh verbracht und hatte sich seinem Vater und seiner Schwester näher gefühlt als je zuvor, weshalb allen die Trennung schwer gefallen war, als er schließlich los musste. Jetzt stand er vor dem Abenteuer seines Lebens.

Peter und Andy Harvard trafen wenige Minuten nacheinander

ein. Zitternd vor Aufregung checkte Peter sein Gepäck ein und gesellte sich zu Marty im oberen Wartebereich.

Andy Harvard, ein 27-jähriger Jurastudent, war ein vorsichtiger, besonnener Alpinist und Abenteurer. Er hatte 1973 an der Dhaulagiri-Expedition teilgenommen und war mehrfach in Alaska und Südamerika gewesen. Ruhig und bedächtig und mit einer tiefen, volltönenden Stimme zog er die Aufmerksamkeit auf sich, wenn er seine Meinung äußerte. Andy schien es sich mit seinen schlaksigen 1,82 Metern in jeder Situation bequem machen zu können. Sein Gesicht war gebräunt und von einem schwarzen Bart und zotteligem Haar umrahmt. Oft bemerkte ich einen abwesenden Blick in seinen dunklen braunen Augen. Das Bergsteigen war Andys Vorwand für Reisen in ferne Länder, und obwohl es mit seinen technischen Fähigkeiten etwas haperte, war er aufgrund seiner Erfahrung eine Bereicherung für jedes Team.

Andy wirkte ungewöhnlich still, und ich hatte das Gefühl, ihn kaum zu kennen, obwohl wir während der Expedition auf den Dhaulagiri drei Monate zusammen verbracht hatten. Kurz vor dem Abflug trank ich mit ihm ein Bier in der Wartehalle. Wie üblich war er sehr ernst. Er fühlte sich nicht danach, auf eine Expedition zu gehen, und war sich immer noch nicht sicher, weshalb er eigentlich dabei war. Andy erwähnte, er hätte gerade die Trennung von einer Frau hinter sich, die er sehr mochte, und hätte sein seelisches Gleichgewicht noch nicht wiedergefunden. Dann wurde unsere Unterhaltung vom Aufruf unseres Flugs abrupt unterbrochen.

Als wir unsere Plätze in der 747 einnahmen, fühlte ich mich zum ersten Mal seit Monaten ruhig und entspannt. Ich dachte nicht mehr an die Probleme, die sich der Mannschaft bei der Organisation der Expedition gestellt hatten. Es war an der Zeit, dass wir auf ein gemeinsames Ziel hinarbeiteten – auf die Besteigung des Nanda Devi.

# Zwei

Die Sonne stand noch tief im Osten, als wir auf dem Internationalen Flughafen von Neu-Delhi landeten. Obwohl es noch früh am Morgen war, drang beim Öffnen der Flugzeugtüren ein schwülheißer Windstoß in den Passagierraum. Shuttlebusse brachten uns zusammen mit müden Touristen zum Terminalgebäude und zum indischen Zoll. Die großen, sich gemächlich über unseren Köpfen drehenden Propellerventilatoren ähnelten der apathischen, ineffizienten indischen Bürokratie. Willi, der etwas Hindi sprach, kam unbeanstandet an seinem Zollbeamten vorbei, aber ein anderer Beamter entdeckte einen kleinen Fehler in einem unserer Visumsanträge. Wir wurden alle einzeln vorgebeten, und man sammelte unsere Pässe ein. Dann verlangte man unser persönliches Gepäck zur Durchsuchung. Die Szene, die dann folgte, hatte ich schon viele Male erlebt: Der kontrollierende Zollbeamte glaubt immer, er habe einen amerikanischen Spion erwischt. Denn warum sonst sollte man Haken, Karabiner und Steigklemmen – ein Gerät mit einem Griff, einer gezahnten Sperre und einem Lösemechanismus, das zum Aufstieg am Seil eingesetzt wird – bei sich tragen?

Zufrieden, dass er seine Pflicht getan hatte, lächelte der Zollinspektor schließlich und stempelte meinen Pass ab. Nachdem es mir gelungen war, den größten Teil meiner 34 Kilogramm Gepäck wieder in meinem Bordrucksack unterzubringen, schulterte ich den Rest und lief zum Ausgang. Draußen stürzten sich die

Fliegen und die jungen Kofferträger auf mich. Wir waren in Indien.

In der Ankunftshalle warteten Ad und seine Frau Ann, Devi und Elliot auf uns. Es sind solche persönlichen Gesten, die das Entstehen eines starken Teams fördern. Jim wurde allen vorgestellt, die ihn noch nicht kannten, und wir anderen begrüßten einander herzlich. Dann erzählte uns Ad, welche Fortschritte er beim IMF, dem Indischen Bergsteigerverband hatte erzielen können.

»Zwei hervorragende indische Bergsteiger werden uns begleiten«, erklärte er. »Captain Kiran Kumar, der bei Boningtons Changabang-Expedition dabei war, und Sergeant Nirmal Singh, der Bergsteigerlehrer ist. Kumar werden wir heute Nachmittag treffen, und Nirmal stößt dann in Joshimath zu uns.«

Das waren aus verschiedenen Gründen erfreuliche Nachrichten. Erstens konnten die indischen Bergsteiger die Funktionen eines Verbindungsoffiziers übernehmen, der normalerweise von der indischen Regierung eingesetzt, aber von der Expedition bezahlt und ausgerüstet wird, um die Alpinisten vom Basislager bis zum Abschluss der Expedition zu begleiten. Verbindungsoffiziere können ziemlich lästig sein, wenn sie darauf bestehen, dass die Vorschriften exakt eingehalten werden. Außerdem braucht die Expedition immer die Erlaubnis des Verbindungsoffiziers, um die Route oder Abfahrtsdaten zu ändern. Und die meisten Verbindungsoffiziere ziehen die Bequemlichkeit eines Büros in Neu-Delhi dem Leben auf dem Berg vor. Von Kiran und Nirmal hieß es dagegen, sie wären starke und erfahrene Himalaja-Alpinisten. Kiran hatte außerdem bereits 1974 bei der Expedition zum Changabang als Verbindungsoffizier fungiert, die derselben Anmarschroute gefolgt war wie unsere Expedition.

Zweitens wollte der IMF für die beiden indischen Teilnehmer jeweils 1500 Dollar spenden, was dem Betrag entsprach, den jeder von uns hatte aufbringen müssen. Der IMF wollte außerdem einige Schüler als Hochgebirgsträger zur Verfügung stellen, von denen einer unser Koch werden sollte. Die Expedition würde die Schüler ausrüsten und ihnen das übliche Gehalt zahlen.

Auf dem Weg vom Flughafen zum YMCA, einem der moderneren Hotels der Hauptstadt, kurvte unser Taxifahrer durch den Verkehr, machte große Bögen um die zahlreichen heiligen Kühe und schoss nur haarscharf an den abgerissenen Straßenkindern vorbei. Die bleierne, heiße Luft, von der Neu-Delhi bei 38° C erdrückt wurde, gab einen Vorgeschmack auf den Monsun, der sich um einige Wochen verspätet hatte.

Es waren Doppelzimmer für uns reserviert. Jim und ich schrieben uns rasch ein, schnappten unser Gepäck und gingen auf das Zimmer, um den Staub und den Schweiß der beiden Reisetage abzuwaschen. Langsam fühlte ich mich wieder wie ein Mensch. Nachdem wir im Speisesaal des YMCA ein westliches Mittagessen zu uns genommen hatten, bat Ad alle zu einem Treffen in sein Zimmer.

»Der IMF hat mich gefragt, ob wir gerne einen Armeesender und eine zweiköpfige Mannschaft zu seiner Bedienung für unser Basislager hätten«, erzählte er. »Findet irgendjemand, dass wir einen Sender brauchen?« Unsere Ablehnung war einstimmig. Dann reichte Ad Passierscheine und Formulare zur Visumsverlängerung herum, die wir ausfüllten, während Jim über die medizinischen Probleme sprach, mit denen wir während der Bergwanderung und im Hochgebirge konfrontiert werden konnten. Das alles erinnerte mich daran, dass Expeditionen zu neunzig Prozent aus vorbereitender Arbeit und nur zu zehn Prozent aus aktivem Sport bestehen.

Kurze medizinische Schulungen sind für größere Expeditionen notwendig, da es oftmals nicht möglich ist, einen Arzt bis zu dem kranken oder verletzten Bergsteiger zu bringen. Da in einem solchen Fall einer der anwesenden Alpinisten den Kranken behandeln muss, wird jeder Kletterer mit den Symptomen und Behandlungsmethoden für Gebirgserkrankungen wie Lungenödem, Hirnödem und akute Höhenkrankheit vertraut gemacht. Eine von einem Laien gestellte richtige Diagnose im Frühstadium einer Erkrankung im Hochgebirge kann lebensrettend sein.

»Ich schlage vor, dass wir uns ab sofort alle um die Einhaltung äußerster Hygiene bemühen, um die Verbreitung von Krankheiten zu vermeiden«, bat Jim. »Das heißt, dass ihr alle eigene Becher, die eigene Wasserflasche und euer eigenes Besteck verwendet. Außerdem sollten wir alle ab sofort Jod ins Wasser geben, um Ruhrerkrankungen vorzubeugen. Sind alle damit einverstanden?« Wir stimmten zu, nachdem wir kurz über den schlechten Geschmack geschimpft hatten, den Jod im Mund hinterlässt.

Ad informierte uns, dass die Ausrüstung, die im März in Boston eingeschifft worden war, in Neu-Delhi angekommen war und nun zum YMCA gebracht wurde, damit wir sie umpacken konnten. Da wir geplant hatten, am 9. Juli aus Neu-Delhi abzureisen, blieben uns zwei Tage Zeit, um mit dem Packen fertig zu werden. Nach dem Abendessen wurde uns der 31-jährige Captain Kiran Inder Kumar, Fallschirmjäger eines Eliteregiments der indischen Armee, vorgestellt. Captain Kumar würde sich um Regierungsvorschriften und Transportprobleme kümmern, Träger einstellen, Proviant kaufen und alles in allem die Expedition wie eine Truppenkolonne durch Nordindien zum Fuß des Nanda Devi führen. Zehn Jahre strenge Armeedisziplin hatten dem überaus gepflegten Kiran die Haltung eines Königs und die Muskeln eines Ringers verliehen. Er hatte bereits an vier großen Expeditionen teilgenommen und 1973 die indisch-bhutanische Expedition zum Gong Kar geleitet. Seine letzte Expedition hatte ihn 1974 mit Bonington zum Changabang geführt, wo er sich bei einem schlimmen Sturz die Schulter so verletzt hatte, dass er nicht an der Gipfelbesteigung teilnehmen konnte. Obwohl er seiner Schulter noch nicht

Das Team beim Packen im YMCA von Neu-Delhi.

ganz vertraute, war er entschlossen, auf dem Nanda Devi sein Äußerstes zu geben. Er hatte eine klare, glockenhelle Tenorstimme, die ihm unsere Aufmerksamkeit sicherte, wann immer er sprach. In seinem Gesicht standen dichte Bartstoppeln um einen dicken, widerspenstigen Schnauzbart herum, und seine dunkelbraunen Augen schienen immer zu lächeln.

Am nächsten Morgen stand uns das Umpacken der Ausrüstung bevor. Ad hatte den geschlossenen Hinterhof des YMCA für die gerade eingetroffenen Ausrüstungskisten in Beschlag genommen. Dort lagen sie nun wie Bausteine aufgestapelt. Elliot besaß die einzige Gesamtliste der Kisteninhalte und versuchte, uns spezifische Aufgaben zuzuweisen. Die Lasten der Träger mussten unter 27 Kilo bleiben, und keines der Bündel durfte den gesamten Bestand eines Postens enthalten, für den Fall, dass eines verloren gehen sollte, gestohlen würde oder während der Wanderung in einen Fluss fallen sollte. Während der Nanda-Devi-Expedition von 1936 war einer der Träger bei der Überquerung der Rishi-Schlucht ausgerutscht, wobei seine Last in den tief unten rauschenden Fluss gestürzt war. In dem Bündel hatten sich alle Steigeisen der Bergsteiger befunden. Glücklicherweise hatten die Männer Tricouni-Beschläge an ihren Bergsteigerstiefeln gehabt, die ihnen im tiefen Monsunschnee gute Dienste leisteten.

Wir begannen, die Kisten zu öffnen, die Ausrüstung in Haufen zu sortieren, leicht verderbliche Lebensmittel und Kleidung in Plastikbeutel zu verpacken und die fertigen Bündel zu wiegen und aufzustapeln. Kalte Cola und *Limca,* eine indische Limonade, stillten unseren nicht enden wollenden Durst. Die Sonne forderte ihren Tribut. Einzelne Teammitglieder verschwanden stundenlang und überließen das Packen den zurückgebliebenen Unverwüstlichen. Was immer wir an Organisation gehabt hatten, verflüchtigte sich schnell.

Zur mühsamsten und anspruchsvollsten Arbeit entwickelte sich das Entwirren der zweihundert Meter langen Seilrollen, die sich auf dem Seeweg von Deutschland geöffnet hatten. Es dauerte Stunden, die 3000 Meter Seil zu entwirren, zu ziehen und wieder aufzuwickeln. Jedes zweihundert Meter lange Stück wurde halbiert, zusammengerollt und verpackt. Mehrere Hundert Meter Seil, die Ad, Jim und ich nicht mehr heimlich in die Bündel schmuggeln konnten, blieben in Neu-Delhi zurück, weil die Befürworter des Alpinstils darauf bestanden.

Am folgenden Morgen, dem 9. Juli, gruben sich die meisten von uns durch den verbliebenen Berg an Ausrüstung, die noch vor unserer Abreise am Abend umgepackt werden musste. In dem Hinterhof stand die Luft wie in einer Sauna. Schweißperlen hingen an meinen Augenbrauen und tropften auf die wasserdichten Kartons, wo sie sich fast zischend auflösten. Einer nach dem anderen suchte Schutz vor der Sonne und verschwand in seinem Zimmer. Unsere Ausrüstungsliste verwandelte sich in ein unordentliches Gekritzel. Ich musste meine Stimme erheben, um mir über dem Summen der vielen Fliegen Gehör zu verschaffen. So wie uns diese Fliegen umschwärmten, schienen wir schlimmer zu riechen als die Kuhfladen, die die Straßen Neu-Delhis pflastern. Sie waren so unbarmherzig, dass ich mich am Ende des Tages wie benommen ihren Angriffen ergab.

Devi schien von der Hitze und der Fliegenplage unberührt. Sie sah mich an, als wollte sie sagen: »Müde, John?«, lächelte und hob noch eine 27 Kilogramm schwere Kiste über ihren Kopf auf den Stapel. Devi wirkte kraftvoll und lebendig, und sie schien glücklich, in Indien und in der Nähe ihres Namensvetters zu sein. Während unseres Aufenthalts in Neu-Delhi hatte ihre Teilnahme an der Besteigung viel Aufmerksamkeit bei den indischen Medien erregt.

»Ich fühle mich dem Nanda Devi sehr eng verbunden«, erzählte sie einem Reporter der indischen »Times«, der sie interviewte. »Ich kann es nicht beschreiben, aber ich habe seit meiner Geburt ein besonderes Gefühl für diesen Berg.« Wie ihr Vater träume sie davon, den Gipfel des Nanda Devi zu erreichen.

Ich fragte mich, ob sie wohl je eine Pause machen oder auch nur kurz verschnaufen würde, um sich auszuruhen. Doch die einzige Ermüdungserscheinung, die sie zeigte, war ein rauer Husten, den sie und Elliot sich einige Wochen zuvor in Nepal zugezogen hatten und der sich noch einige Zeit halten sollte.

Unsere beiden Expeditionsführer fanden, es sei jedem Einzelnen überlassen zu entscheiden, was seine oder ihre Rolle während der Reise sein sollte. Für mich hieß das bloß, dass sie keine direkten Befehle geben und niemand zu einer Arbeit zwingen wollten. Das gab uns allen Mitverantwortung, womit einige Teammitglieder besser klar kamen als andere. Das gemeinsame Überwinden von Schwierigkeiten, auf dem Berg oder schon davor, kann den Mannschaftsgeist formen. Dieser Mannschaftsgeist ist der Schlüssel zum Erfolg großer Expeditionen. Aber irgendwie wollte er in Delhi nicht so recht aufkommen.

Der schimmelpilzgrüne Laster, den wir zum Transport der Expedition in das 190 Kilometer nordöstlich gelegene Rishikesh gemietet hatten, traf pünktlich um 18 Uhr ein. Einer nach dem anderen versammelten wir uns im Hinterhof, um die zwei Tonnen Gepäck auf den alten Diesellaster zu packen. Was an Ausrüstung und persönlichem Gepäck übrig blieb, warfen wir in ein leeres Hotelzimmer, damit unser Reiseveranstalter es dort abholen und für uns lagern konnte. Freunde und Schaulustige versammelten sich hinter dem Laster, als wir uns verabschiedeten. Ad umarmte seine Frau Ann, die ursprünglich die Expedition bis zum Basislager hatte begleiten wollen, nun aber wegen einer Rückenverletzung zurückblieb. Kirans junge Frau Rama drückte allen mit dem Zeigefinger ein Glück bringendes rotes *Tilak* auf die Stirn, und seine beiden jungen Söhne reichten Gebäck herum, während wir auf den Laster kletterten, um uns ein bequemes Eckchen für die nächsten zwei Tage zu suchen.

Ich quetschte mich in das Abteil über dem Fahrerhaus, in dem sich Planen, Reservereifen, Werkzeugkasten und Öl befanden. Die flimmernde Tageshitze war einem kühlen Wind gewichen, ein Vorbote eines nahenden Sturms. Devi, Jim und Elliot hatten sich flach auf die Regenplane gelegt, die stramm an das zaunartige Gestänge gespannt war, das die Ladefläche umgab. Jim zog einen Teil der Plane als Decke über sie und spannte ein Seil darüber, damit sie nicht im Schlaf herunterrollen konnten.

Gelegentliche warme Regenschauer spülten uns den Straßenstaub und die Dieselabgase der Lastwagen, die uns im Dunkeln überholten, aus den Gesichtern. Kiran kümmerte sich um die immer häufiger werdenden Kontrollpunkte, deren Wachposten immer misstrauischer wurden. Je müder Kiran wurde, umso schriller wurde sein Hindi und um so größer seine Ungeduld mit den neugierigen Wachen. Ich fand seine Geduld trotzdem erstaunlich.

Wir folgten den mit einem Damm befestigten Ufern des Ganges durch die heilige Stadt Hardwar. Bei Tagesanbruch rollten wir in die Himalajaausläufer. Doch auch die voll gestopften Straßen Rishikeshs, auf denen bereits geschäftiges Treiben herrschte, konnten uns nicht mehr als ein paar Gähner und einige verschlafene Blicke hervorlocken. Wir fuhren einige Kilometer aus der Stadt heraus, wo wir auf einen anderen Laster warteten. Während die meisten von uns weiterschliefen, kehrte Kiran nach Rishikesh zurück, um sicherzustellen, dass der Laster kommen würde. Jim und ich spielten mit einer Frisbeescheibe herum und konnten einen kleinen indischen Jungen zum Mitmachen bewegen.

Eine Stunde später kehrte Kiran mit der Information zurück, dass wir uns geirrt hätten und der Laster in der Stadt auf uns wartete. Also zwängten wir uns wieder auf die Ladefläche und waren bald wieder in Rishikesh. Wir hatten seit einiger Zeit nichts mehr gegessen oder getrunken, und in der Nähe befanden sich ein paar Obststände. Ein etwa sechsjähriges, verwahrlostes Mädchen verkaufte mir ein paar Mandarinen, die sie einzeln an ihrem zerlumpten Kleid polierte, als handele es sich um wertvolle Edelsteine.

Jim, der sich für die örtliche Heilkunde interessierte, betrat gebückt einen kleinen Raum, der durch ein bebildertes Schild ausgewiesen war. Ich folgte ihm, und er stellte mich mit den Worten: »Mein Assistenzarzt, Mr. Roskelley« vor. Ein professionell aussehender Herr in den typischen, schlabberigen weißen Hosen feilschte um unsere Kameras. Nachdem wir den Verkauf jedoch abgelehnt hatten, führte er uns zu einer ambulanten Klinik. Der dortige »Arzt« erzählte Jim, welche Wunderheilungen er mit gewissen Kräutern bei den schlimmsten Erkrankungen vollbracht hatte. Höflich lehnten wir das von ihm angebotene Gebräu ab und kehrten zum Laster zurück.

Einige von uns ließen sich bei einem Straßenschneider weit sitzende Pyjamahosen zum Wandern anfertigen, die in der indischen Hitze sehr angenehm sind. Während sie genäht wurden, trieben Jim und ich Regenschirme für alle und zwei Schneeschaufeln für das Gebirge auf. Während wir um die Waren feilschten, traten vier Jugendliche auf zu uns zu.

»Sie besteigen Nanda Devi?«, fragte ein lächelnder Junge in passablem Englisch.

»Nun ja, wir wollen es zumindest versuchen«, antwortete Jim. »Woher wisst ihr das?«

Sie lachten alle, während einer der Jungs eine indische »Times« hinter seinem Rücken hervorzog, die ein Schwarzweißfoto der Mannschaft und einen kurzen Artikel enthielt. Der Junge zeigte auf unsere Köpfe auf dem Foto.

Jim konnte kaum glauben, dass wir sogar im entlegenen Norden Indiens schon Berühmtheiten geworden waren, und musste schallend lachen. Dann nahmen wir unsere Einkäufe und kehrten zu unserem neuen Fahrzeug zurück, einem grell gestrichenen Laster, dessen Hinterklappe und Fahrerhaus gelbe, rote und grüne Blumen zierten.

Wegen der vielen Passierstationen und Armeekontrollpunkte kamen wir nun langsamer voran. Während unser Laster den Ganges entlangkroch, wandelte sich das farblose, flache Ackerland zu bewaldeten Schluchten und Bergausläufern mit scharfkantigen Graten. Unser Fahrer stellt sein Können unter Beweis, als er den Laster durch die zahllosen Haarnadelkurven manövrierte, die sich in die Schluchtwand schnitten. Immer wieder warnten neben der Straße von großen Felsen oder aufsteigenden Felswänden herab rote Buchstaben auf gelbem Grund in Englisch und Hindi: *Bitte hupen* oder *Geschwindigkeit reduzieren!* War man um die Ecke gebogen, leuchtete einem vom nächsten Stein ein *Danke* entgegen. Von meinem erhabenen Sitz auf dem Laster hatte ich einen hervorragenden Ausblick über die Hindutempel und *Ashrams*, die Gasthäuser für die Pilger, die sich weit unten an beiden Seiten des Ganges aneinander reihten.

48 Kilometer hinter Rishikesh erreichten wir Devapryog, wo die beiden großen Flüsse Bhagirathi und Alaknanda zum Ganges zusammenfließen, der dann mehr als 2400 Kilometer bis zur Mündung zurücklegt. Hunderte Sadhus mit Haarknoten auf dem Kopf säumten die Badestufen, die in die beiden Flüsse hinunterführten. Viele waren während ihres Bads im heiligen Wasser mit Ketten verankert, damit die starke Strömung sie nicht wegreißen konnte. Schwer arbeitende Träger, mit hervorstehenden Adern an Hals und Beinen, mühten sich auf ihrem Weg zum Markt unter achtzig Kilogramm schweren Säcken mit *Atta*, dem indischen Weizenmehl.

Unser Fahrer schaltete knirschend die Gänge herunter, als wir zum Bhagirathi Ganga hinabfuhren, die neu erbaute Brücke überquerten und dem Flusslauf des Alaknanda in Richtung Norden folgten. Rasch gewannen wir wieder an Höhe, während wir uns durch in Terrassen angelegte Felder und üppige Wälder schlängelten, die von lebhaften Languren bevölkert waren. Die Straße war häufig durch morastige Löcher und Schlammlawinen zerstört. Immer wieder mussten wir Gruppen von Straßenarbeitern ausweichen, die in mühsamer, tagelanger Handarbeit Teilstücke reparierten, eine Arbeit, die in den USA mit Hilfe von Maschinen innerhalb weniger Stunden fertig gewesen wäre.

Langsam begannen wir, die Auswirkungen der langen Autoreise zu spüren, zumal wir seit Rishikesh nur wenig gegessen und getrunken hatten. Schließlich wurde am späten Abend in einem kleinen Dorf namens Srinigar eine Pause angeordnet. Die meisten von uns bestellten Cola, gebratenes Fleisch und Teigtaschen mit Reis. Doch es gelang nur Willi und Devi, die kalte, fettige, von Fliegen bedeckte Mahlzeit herunterzubringen. Nachdem ich ein paar Bissen gegessen hatte, kaufte ich auf der anderen Straßenseite einheimische Kekse, die dem Reisenden im Himalaja als Hauptnahrungsmittel dienen. Willi aß seine Portion restlos auf und machte sich dann über die Reste der anderen her.

»Was ist denn los mit euch?«, erkundigte er sich mit einem Lachen in den Augen. »Das ist die beste Mahlzeit, die ich seit Tagen bekommen habe.«

Wir sahen einander an und verzogen angeekelt die Gesichter. Jim murmelte etwas davon, dass er seine Eingeweide vollständig behalten wolle. Marty, die auf der Ladefläche geblieben war, lehnte sowohl Tee als auch Essen ab, was durchaus vernünftig war. Da ich mich nach Schlaf sehnte, war ich nicht allzu begeistert darüber, dass wir weiterreisten.

Während wir weiterfuhren, fand ich einen freien Platz unter der Plane, aber die Strecke war nach wie vor sehr holperig, und die Dieselabgase verursachten uns Übelkeit. Gegen 2 Uhr, nach etwa dreißig schlaflosen Stunden, hatte ich die Nase voll. Ich war mit den Nerven am Ende. Dieses pausenlose Fahren war völlig irrsinnig. Es schwächte das ganze Team körperlich, und einige schienen bereits krank zu werden. Trotzdem wollten alle das »eisern durchstehen« und hatten anscheinend den gesunden Menschenverstand ausgeschaltet. Eigentlich gefiel es mir nicht, Wirbel um ein Problem zu machen, das bereits vor der Abfahrt hätte geklärt werden sollen, aber schließlich musste irgendjemand Willi darauf aufmerksam machen. Wir setzten die Gesundheit aller aufs Spiel, wenn wir weder zum Schlafen hielten noch etwas Vernünftiges aßen. Ich kroch ans Ende des Lasters, wo ich Willi fand.

»Willi! He, Willi!«

»Ja, was ist, John?«, murmelte er verschlafen.

»Verdammt, Willi, warum halten wir nicht zum Schlafen? Der Laster muss jetzt anhalten, damit wir uns alle ein bisschen ausruhen können. Sonst sind wir schon körperliche Wracks, bevor wir

Das Team bei Joshimath.

uns überhaupt auf den Weg zum Gipfel machen. Ich lasse den Wagen jetzt an den Straßenrand fahren.«

»Ja, ja, beruhig dich«, erwiderte Willi. »Ich steige aus und sage dem Fahrer, er soll an der nächsten Haltebucht anhalten.«

Als wir endlich hielten, waren alle unglaublich erleichtert. Fünf Stunden lang schliefen wir, ohne den Dieselabgasen, dem Schwanken, dem Staub oder den knirschenden Gängen ausgesetzt zu sein. Am Morgen wirkten alle erfrischt, wenn auch sehr hungrig. Bei Tagesanbruch fuhren wir durch Chomoli und waren noch vor 10 Uhr in Joshimath, der Kreishauptstadt.

Joshimath, ein steil in Terrassen angelegtes Dorf mit getünchten, schiefergedeckten Gebäuden, liegt sechshundert Meter über dem schnell fließenden Alaknanda. Dreihundert Meter hohe Wände begrenzen es an zwei Seiten. Kiran trieb mehrere Zimmer im Himalayan Hotel auf, einem der neueren Etablissements im Ort. Erfrischt von der kühlen Luft in 1800 Metern Höhe luden wir unser persönliches Gepäck ab. Kiran verschwand in Begleitung von Ad und Willi: Pässe mussten kontrolliert, Wandergenehmigungen ausgestellt, Proviant gekauft und Nirmal Singh, unser zweites indisches Mannschaftsmitglied, gefunden werden. Nirmal hatte früher als wir in Joshimath eintreffen sollen, um Träger anzuwerben.

Wir anderen duschten kalt, wuschen Wäsche und vervollständigten die Berichte in unseren Tagebüchern. Jim und ich schulterten unsere Kameras und schlenderten die Straße entlang, um das Leben dieses garwhalischen Dorfes einzufangen. Sofort waren wir von Kindern in Schuluniform umringt, die ihre frisch erworbenen Sprachkenntnisse an uns ausprobieren wollten. »Wie spät ist es?«, riefen sie in makellosem Englisch und griffen sofort nach meinem Handgelenk, um selbst nachzusehen, weil sie meine Antwort nicht verstanden. Neckend hielt ich ihnen meine Digitaluhr entgegen, eine der ersten ihrer Art, und ergötzte mich an ihrer Verwirrung über diese Uhr ohne Zifferblatt. Als ich auf den Knopf drückte, der die Zahlen erleuchtete, schnappten sie nach Luft und wichen zurück. Jim nutzte die Gelegenheit, um ein paar wunderschöne Porträtaufnahmen zu machen.

Am späten Nachmittag kehrten wir zum Hotel zurück, wo wir die anderen im Restaurant antrafen, in dem sie auf ihr Abendessen warteten. Ein mit einem grünen Turban bekleideter Sikh, der an Omar Sharif erinnerte, stand neben Kiran am Tisch.

Willi machte Jim und mich mit unserem zweiten indischen Teammitglied bekannt, Sergeant Nirmal Singh, der indische Soldaten im Hochgebirgskampf ausbildete. Nirmal sollte für die Logistik und die Hochgebirgsträger zuständig sein und Kiran helfen, die Expedition zum Basislager und auf den Nanda Devi zu bringen.

Nirmal war 32, seit 15 Jahren in der Armee und galt als einer ihrer qualifiziertesten alpinen Ausbilder. Er hatte an einer Expedition nach Kaschmir teilgenommen und dort den 5800 Meter hohen Kola Hoi bestiegen. Wenn er nicht für die Armee tätig war, arbeitete er auf seinem Bauernhof, wo er eine Frau und zwei Kinder hatte. Er sprach nur gebrochen Englisch und schien es nicht häufig zu gebrauchen, aber es war immer noch besser als unser Hindi.

Nirmals spielerische Lebensfreude gefiel mir sofort. Kaum zehn Minuten nach unserem Kennenlernen standen wir vor einem Spiegel und ich setzte unter dem Gelächter der umstehenden Inder seinen Turban auf. Wenn er so gut ist, wie alle sagen, ist das hier der Mann, mit dem ich wahrscheinlich den Gipfel besteigen werde, dachte ich. Es freute mich, dass er unser Team verstärkte.

Das Essen im Himalayan Hotel erinnerte unangenehm an das in Srinigar – es gab ein kaltes, unangenehm riechendes Gericht aus Reis und Ei, auf dem sich die Fliegen nur so tummelten. Da ich unter einem leichten Durchfall litt, aß ich an diesem Abend nur wenig, trank dafür aber Kanne um Kanne heißen Tee. Nach dem Abendessen beging ich dann den Fehler, die Küche zu betreten, was ich sofort bereute. Der verrauchte Raum aus gestampftem Lehmboden wurde über eine durch das Gebäude laufende Abflussrinne im Boden mit Wasser aus dem Dorfbach versorgt. Das Wasser kam von sehr weit oben, wo es bereits von allen anderen Haushalten nicht nur zum Trinken, sondern auch zum Putzen und sogar als Abwasserkanal benutzt wurde. Hunde suchten auf dem Boden nach Resten und einer der Köter hatte es sich zwischen dem Gemüse bequem gemacht. Der Koch sah aus wie ein Bettler, nur nicht ganz so sauber. Offensichtlich hatte er an diesem Abend Besuch von seiner Familie, denn zwei ältere Menschen saßen auf so etwas wie Feldbetten. Nackte Kinder spielten zwischen den herumliegenden Nahrungsmitteln. Alle hatten schlimmen Husten und laufende Nasen, Erkrankungen, die im Garhwal alltäglich sind. Der Rauch von dem kaminlosen Kochfeuer vernebelte den kleinen Raum. Meine Augen begannen bereits, zu tränen und zu brennen, als ich genug gesehen hatte und mich durch die winzige Tür bückte.

Um den anderen nicht den Appetit zu verderben, vergaß ich einfach, meinen Besuch in der Küche zu erwähnen, und gab stattdessen bei den nächsten Mahlzeiten vor, ich wäre noch satt, weil ich im Dorf so viel gegessen hätte.

Als wir uns in unseren Zimmern schlafen legen wollten, stellten wir fest, dass uns ein Bett fehlte. Elliot war so nett, sein Lager auf dem Boden aufzuschlagen. Ich lenkte seine Aufmerksamkeit auf eine riesengroße, langbeinige Spinne direkt über seinem Kopf.

»Sieh mal ihre Augen, Elliot... ich glaube, sie beobachtet dich.«

»Ja, Elliot«, stieg Andy mit ein, »Monsterspinne mag es nicht, wenn Leute auf ihrem Boden herumliegen.«

»Tja, dann wird Monsterspinne wohl damit leben müssen«, scherzte Elliot und löschte das Licht. Nachdem wir etwa fünf Minuten weitergewitzelt hatten, schaltete Elliot das Licht wieder ein. Zu unserer Überraschung war Monsterspinne die Wand heruntergekrabbelt und befand sich höchstens dreißig Zentimeter über Elliots Schlafsack. Der verewigte sie mit einem lauten Klatschen seines Tennisschuhs an der Wand. Die restliche Nacht schliefen wir sehr friedlich.

Am nächsten Morgen, dem 12. Juli, erwachte ich von dem ständigen Geräusch der Toilettenspülung. Viele von uns, inklusive Jim und mir, litten in unterschiedlichem Maß an Durchfall. Diejenigen, die das einheimische Essen zu sich genommen hatten, waren am Schlimmsten dran. Was auch immer die Ursache gewesen sein mochte, Toilettenpapier wurde jedenfalls selbst für diejenigen zu einem beliebten Artikel, die vor der Abreise noch darüber gelacht hatten.

Nichtsdestotrotz machten Jim, Marty und ich uns auf den Weg, um die Ausläufer des Dorfs zu erkunden. Der nur allzu bekannte

Gestank menschlicher Abfälle nahm entlang der Straßen zu. In den Rinnsteinen floss eine schwärzliche, alkalische Kloake, die aus dem Dorfzentrum kam. Wir suchten uns einen Felsvorsprung am anderen Ende des Dorfs, um mehreren Himalaja-Goldadlerpärchen zuzusehen, wie sie mit den Aufwinden aufstiegen, die entstanden, wenn sich die Luft in der tiefen Schlucht über dem Fluss erwärmte. Fast mühelos schwebte ein Adler am Rand der Schlucht entlang, kreiste gelegentlich und stieg auf einem warmen Aufwind in die Höhe, um schließlich auf der Suche nach Beute davonzugleiten. Nach einiger Zeit wollte Jim das Dorfkrankenhaus besuchen, um einen Eindruck zu bekommen, welche Erkrankungen bei den Trägern eventuell zu behandeln seien. Da auch Marty reges Interesse daran bekundete, rissen wir uns von dem Anblick der Adler los und folgten den roten Kreuzen, die auffällig auf die Felsen am Rande der engen Straßen gemalt waren.

Vor dem Hauptbüro hielten wir an und wurden, nachdem wir uns gestikulierend mit einem Stabsoffizier verständigt hatten, zum Büro eines Armeekommandanten geleitet. Der Mann war alles andere als freundlich und beäugte uns äußerst misstrauisch. Auf Jims medizinische Fragen reagierte er abweisend und gab seiner Verwunderung Ausdruck, warum wir für derartige Informationen gerade zu einem Armeehospital kämen. Jim verstand den Wink schließlich, und wir verabschiedeten uns kühl.

Da wir um 17 Uhr alle Angelegenheiten im Dorf erledigt hatten, luden wir unser persönliches Gepäck auf den Laster und machten uns auf den Weg nach Lata, das nur etwa zwanzig Kilometer, aber trotzdem Stunden entfernt lag. Schon nach einigen hundert Metern hielten wir noch einmal im Ort, um die Träger und ihren Proviant aufzuladen, der sich aus *Atta*, *Daal*, Reis, Zucker, Tee, *Ghee*, Gewürzen und jeder Menge Zigaretten zusammensetzte. Zwei IMF-Schüler – Jatendra und Surrendra –, die uns als Hochgebirgsträger dienen sollten, begleiteten Nirmal und kletterten zusammen mit den Indern aus dem Dorf, denen man Arbeit versprochen hatte, auf den überladenen Laster.

Kiran bemühte sich fieberhaft, uns so schnell wie möglich durch die drei Kontrollpunkte zu schleusen, die uns auf den ersten zwei Kilometern hinter dem Ort erwarteten. Es dauerte nicht lange, bis wir eine neuere Eisenbrücke überquerten und im rechten Winkel zu einer Felswand auf eine steile Anhöhe zusteuerten. Doch hier kapitulierte der schwer beladene Laster. Wir sprangen von der Ladefläche und warteten, während der Fahrer zurücksetzte. Er ließ den überforderten Motor aufheulen und preschte auf die Steigung los. Aber der Laster schaffte es nicht.

Wir entluden die achtzig Kilogramm schweren Proviantsäcke und trugen sie auf die Kuppe der Anhöhe. Nirmal bestand darauf, jeden Sack allein zu tragen, während die Amerikaner der Meinung waren, Teamwork wäre schmerzloser. Ich nahm Nirmals Herausforderung jedoch an, lud mir einen Sack *Atta* auf und stürmte los. Meine Landsleute johlten und pfiffen, aber das verschaffte mir kaum Erleichterung, als meine Beinmuskeln nachgaben und mir die Last über den Kopf zu Boden rutschte. Mehr als das vom Sackleinen aufgeschürfte Ohr schmerzte mein verletzter Stolz. Der halb entladene Laster schaffte den Hügel schließlich mit letzter Kraft. Oben warfen wir alles wild durcheinander auf die Ladefläche und fuhren weiter.

In jener Nacht hielten wir einige Kilometer hinter dem Dorf Reni in einer briefmarkengroßen Haltebucht. Willi, Ad und Kiran besprachen, welchen Vorteil eine Übernachtung dort gegenüber der Weiterfahrt zum etwa fünf Kilometer entfernten Lata hätte. Während sie diskutierten, schliefen wir anderen. Zehn Minuten später entschieden sie, ohne ersichtlichen Grund, weiterzufahren. Verärgert packten wir wieder zusammen und setzten uns erneut dem Lärm und dem Gestank aus. Unmittelbar unterhalb von Lata hielt der Laster endgültig an. Willi und Marty schliefen auf der Ladefläche, während wir anderen Kiran zum Schulgebäude folgten, um dort zu übernachten.

Ich fühlte mich entmutigt. Wir waren kein Team. Einige Vorkommnisse in Neu-Delhi, wie zum Beispiel das Packen, hatten gezeigt, dass es manchen Expeditionsteilnehmern deutlich an persönlichem Verantwortungsbewusstsein fehlte. Trotzdem hatten unsere beiden Führer keinen Versuch unternommen, Verantwortlichkeiten zu delegieren. Darüber hinaus hatte die Reise von Neu-Delhi nach Lata die meisten von uns geistig und körperlich erschöpft, weil wir nicht angehalten hatten, um ordentlich zu essen und uns auszuruhen. Ich hatte das Gefühl, das Team erwartete von Ad und Willi, dass sie als Expeditionsleiter diese Entscheidungen trafen. Wir brauchten jemanden, der die unterschiedlichen Meinungen von dreizehn Individuen, die alle sehr wohl in der Lage waren, sich selbst zu leiten, zu einem gemeinsamen Ziel verbinden konnte.

Da ich nicht schlafen konnte, dachte ich im Mondschein über die vergangenen Reisetage nach und schrieb alles auf, was ich am folgenden Tag bei einem Gruppentreffen besprechen wollte.

Ich sprach Willi am frühen Morgen an. Er lag noch im Laster, regte sich aber schon unter den schräg einfallenden Sonnenstrahlen der niedrig stehenden Sonne. »Willi, wir brauchen ein Gruppentreffen.«

»Gut«, meinte er. »Wir werden loslegen, sobald in der Schule alle aufgestanden sind. Was für ein schöner Morgen!«

Die Expeditionsmitglieder versammelten sich im Halbkreis vor dem Laster. Willi und Ad saßen auf der verrosteten eisernen Stoßstange.

»Ich hoffe, dieses Treffen wird das Team zusammenbringen«, setzte ich vorsichtig an. »Wir sind im Moment ein viel zu loser Haufen, um einen Berg wie den Nanda Devi besteigen zu können. Wir brauchen jeder einen Verantwortungsbereich, damit wir zu einem Team werden.«

Noch bedachter fuhr ich fort: »Willi und Ad, ich finde, uns reicht ein Leiter. Zu zweit werdet ihr bloß immer hin und her überlegen und nur schwer zu einer Einigung finden, weil ihr euch nicht gegeneinander stellen wollt. Willi, du hast zu Hause in den Staaten einmal gesagt, ihr wäret ein zweiköpfiges Monster – Ad im Osten und du im Westen. Vielleicht ist es an der Zeit, das zu ändern. Vielleicht brauchen wir einen einzigen Führer, um uns zu einer Mannschaft zu machen.«

Willi und Ad reagierten sofort ablehnend und fanden meine Aussage offensichtlich unverschämt, eine Beleidigung ihrer Autorität. Sie hörten gar nicht, was ich wirklich zu sagen versuchte.

»Papa, beruhige dich«, mischte sich da Devi ein. »Du starrst ihn an, als würdest du gleich in die Luft gehen. Er versucht doch nur zu helfen, damit die Expedition ein bisschen runder laufen kann.«

Ich traute meinen Ohren kaum. Obwohl ich gerade alles andere als taktvoll zu verstehen gegeben hatte, dass wir eine andere Art der Führung brauchten, zeigte sich Devi, von der ich erwartet hatte, dass sie sich in dieser Frage hinter ihren Vater stellen würde, offen für das, was ich zu sagen versuchte.

Ich brachte ein paar Beispiele. »Denk nur mal an die letzen paar Monate, Willi. Wir sind uns immer noch unsicher, wie viel Ausrüstung und welchen Proviant wir mitnehmen sollen. Niemand hat sich die Mühe gemacht herauszufinden, ob Lou Reichardt mitkommt oder John Evans es zeitlich schafft. Wir haben keine Pausen zum Essen oder Schlafen eingelegt. Wir haben in miserablen Restaurants gegessen und damit unsere Gesundheit aufs Spiel gesetzt. Es läuft doch darauf hinaus, dass keiner von euch beiden klare Entscheidungen trifft und sie durchsetzt.«

Ad war berechtigterweise verärgert. Er erklärte, er habe die Reise schließlich organisiert und das auch gut. Ich konnte diesem Einwand nichts entgegensetzen, aber trotzdem war jegliche Organisation abhanden gekommen, sobald sich die Mannschaft versammelt hatte.

Willi hatte sich so weit beruhigt, dass er seinen Standpunkt darstellen konnte. »Ich habe nicht das Gefühl, dass eine Gruppe mit so erfahrenen Leuten eine starke Führung braucht. Wir sind doch keine Zweijährigen mehr, die ihre Mutter brauchen, sondern Erwachsene, die ihre eigenen Entscheidungen fällen können. Ich finde nicht, dass wir euch am Händchen halten sollten.« Er erinnerte an die Everest-Expedition von 1963, bei der seiner Meinung nach der erdrückende Führungsstil zu Konflikten geführt hatte.

»Ich möchte doch gar nicht, dass man mich am Händchen hält, Willi«, erwiderte ich, »aber genauso wenig möchte ich eine führungslose Expedition. Ich hätte gerne, dass jeder einen Verantwortungsbereich zugewiesen bekommt, damit wir wissen, dass gekocht wird, Toiletten und Zelte errichtet werden und heißes Wasser zubereitet wird. Denn das sind die Voraussetzung für eine gesunde, gut laufende Expedition.«

Die anderen stimmten mir zu, wenn auch wesentlich taktvoller. Innerhalb einer Stunde hatten sich alle dazu bereit erklärt, während des Anmarschs die Verantwortung für eine bestimmte Arbeit zu übernehmen.

Willi griff mich noch ein letztes Mal an, diesmal, weil unsere Gesamtliste der Ausrüstungsgegenstände in Neu-Delhi so schlampig erstellt worden war. Sie war so miserabel, dass alle Kartons noch einmal geöffnet, ihr Inhalt genau aufgenommen und die verderblichen Lebensmittel zum Schutz vor dem Monsunregen in Plastiktüten umgefüllt werden mussten.

»Du warst die meiste Zeit dabei und hast Expeditionserfahrung. Warum hast du nicht dafür gesorgt, dass vernünftig gepackt wird?«

Willi hatte Recht. Als erfahrener Expeditionsteilnehmer hätte ich es eigentlich besser wissen müssen. Ich hatte versäumt, die Verantwortung zu übernehmen, obwohl mir aufgefallen war, dass die Sache nicht richtig erledigt wurde. Ich gab das zu und versprach, die Verantwortung für das Umpacken zu übernehmen. Dann trennten wir uns und begannen beinahe ungeduldig mit dem Umpacken, der Frühstückszubereitung, dem Wasserkochen und ganz allgemein damit, als Team zusammenzuarbeiten.

Der Tag verlief reibungslos. Bis zum Nachmittag hatten wir alles Notwendige erledigt, um früh am nächsten Morgen loswandern zu können. Kiran hatte achtzig Träger für die Expeditionsausrüstung organisiert und 120 Ziegen für den Transport ihres Proviants. Die *Bhakrawallas*, einheimische Ziegenhirten, füllten die grob gewebten Satteltaschen mit etwa 15 Kilogramm *Atta*. *Daal*, Reis und sogar unsere Seile fanden noch Platz in den Taschen.

Am Spätnachmittag gingen Jim, Peter, Andy, Elliot und ich hinunter zum Fluss Dhaoli und badeten in dem eiskalten Gletscherwasser. Dann spielten wir ein bisschen Frisbee und kehrten schließlich durch die leuchtend grünen Stängel der einheimischen Marihuanapflanzen zur Schule zurück, wo Surrendra, unser neu ernannter Koch, eine hervorragende Mahlzeit aus Kartoffeln, *Chapatis* und *Daal* zubereitet hatte. Nach dem Essen servierte er uns den herkömmlichen heißen »Sherpatee«, der zu gleichen Teilen aus Zucker, Sahne und Wasser mit einem Hauch von Tee besteht. Wir freuten uns auf den kommenden Morgen und den Beginn unserer Wanderung in die Tiefen des garhwalischen Himalajas.

# Drei

Dicke Wolken verdeckten die Wälder und Terrassenfelder. Wir kauerten uns unter dem Schiefervordach des Schulhauses zusammen. Aus dem Nieselregen tauchte Surrendra mit einem verbeulten Aluminiumeimer auf, der einen dampfenden, wässrigen Brei enthielt, dem etwas mehr Hafermehl nicht geschadet hätte. Dicht hinter ihm und sehr vorsichtig, damit er nichts verschüttete, folgte Jatendra mit süßem Sherpatee.

Wir waren früh aufgestanden, um für unseren ersten Marsch zu packen, der uns vom knapp 2000 Meter hoch gelegenen Lata nach Lata Kharak, den Hochweiden Latas auf 3600 Metern Höhe führen sollte. Unsere Route zum Sanctuary umging die unteren sechs Kilometer der Rishi-Schlucht, durch die nur ein von senkrechten Wänden gesäumter, unbefestigter Pfad führte, den man besser den wilden Schafen und den Goldadlern des Garhwal überließ.

Jagatsingh*, der aus Lata stammende Führer unserer Träger, verteilte emsig die Lasten. Er war einem Dorfführer angemessen gekleidet, mit einem recht neuen, beigefarbenen Pulli, sauberen schwarzen Baumwollhosen und khakifarbenen Tennisschuhen. Er stolzierte um die Träger herum und gestikulierte wild in Richtung

---

* Inder aus den nördlichen Regionen, die nicht der Religion der Sikhs angehören, hängen Singh direkt an ihren Namen, wie Jagatsingh. Nirmal Singh ist ein Sikh und trägt Singh daher als separaten Namen.

der Lasten, die zu tragen waren. In schneidendem Hindi, das immer wieder von Schreien und Gemurmel durchbrochen wurde, versuchte er, seine Männer zur Arbeit zu bewegen. Fast jeder Träger bestand erst einmal darauf, dass seine Last zu schwer sei. Dazu wurden dann jedes Mal die anderen Träger herbeigerufen, die die Gewichte der Lasten vergleichen und ihn unterstützen sollten. Unser Verbindungsoffizier Kiran nahm dann seine Waage heraus, wog das entsprechende Paket und nahm entweder etwas heraus oder entfernte sich triumphierend. Kiran folgte Jagatsingh und schrieb Namen und Lohn jedes Trägers auf seine Gehaltsliste. Jeder Lastenträger erhielt 15 Rupien pro Tag, was 1,25 Dollar entsprach.

Unsere Träger waren ein zerlumpter Haufen, die eher wie obdachlose New Yorker als wie Männer aus dem ländlichen Indien gekleidet waren. Einige von ihnen waren tibetanischer Herkunft, mit schmalen Augen und ahornbrauner Haut. Sie hatten kurze Beine, waren grobknochig und sehr muskulös. Andere wiederum waren dünn und sehnig, mit heller Haut und hellbraunen bis tiefschwarzen Haaren. Wir konnten uns nie sicher sein, bis zu welcher Höhe sie uns begleiten würden.

Bis zu dieser Expedition hatte ich nur wenig Erfahrung in der Beaufsichtigung von Lastenträgern. 1973 auf dem Dhaulagiri hatten sich die Sherpas darum gekümmert. Als wir losgingen, benahmen sich die Träger wie ein Haufen Pfadfinder auf einem Wochenendausflug – sie scherzten, lachten und rauchten. Die meisten waren jung, einige sogar erst 16 Jahre alt. Wir hatten viel Spaß zusammen, und ich fotografierte sie. Trotzdem lernten sie schnell meine Hitzköpfigkeit kennen, wenn sie mehr Geld forderten oder sich weigerten weiterzutragen.

Unabhängig von seinem Alter trug jeder Mann möglichst bis zu 27 Kilogramm in seinem Paket. Nur selten legte einer von ihnen eine Schicht seiner zerrissenen Kleidung ab, die aus mehreren Baumwollhemden, einem Pullover und einem Tweed- oder einem einfachen Wolljackett bestand. Ihre Kleidungsstücke hatten mehr Flicken als Originalgewebe.

Knöpfe oder Reißverschlüsse an den Hosen schienen, wohl mehr aus Bequemlichkeit als aus Kostengründen, ein seltener Luxus zu sein. Ihre Wollhosen waren meist am Hosenboden, den Knien und den Taschen geflickt, und nur die wenigsten Lastenträger trugen Unterwäsche. Ihre Socken schienen ihnen, genau wie ihre Schuhe, nie zu passen, und waren ihnen höchstwahrscheinlich von ihren Vätern und Onkeln vererbt worden. Anders als nepalesische Träger, die am liebsten barfuß laufen, tragen die meisten Garhwalis schwarze Gummihalbschuhe oder, falls sie wohlhabend sind, indische Armeeturnschuhe, die sich für die matschigen Wege des Nanda Devi hervorragend eignen.

Überrascht sah ich, dass die Träger ihre schweren Lasten wie Rucksäcke schulterten. Anstelle von weichen, schaumgummigepolsterten Schulterriemen benutzten sie etwa sechs Millimeter dickes Manilaseil oder einen langen, schmalen Baumwollstreifen. Ein so genannter Trägerknoten, der im Notfall durch einen einzigen Zug rasch gelöst werden konnte, wurde unter der Achsel festgezogen. Richtig zu schätzen lernte ich diese Vorsichtsmaßnahme erst während unserer Bergwanderung, als die Lastenträger ständig Gefahr liefen, auf steilem Terrain durch einen Sturz zu Tode zu kommen.

Nur die wenigsten schienen keine Krankheiten oder Hautprobleme zu haben. Ihre Hände und Füße waren voll offener Wunden, und alle litten unter einem trockenen, stoßweise auftretenden Bronchialhusten. Wir amerikanischen Alpinisten waren alle übervorsichtig mit dem Verleihen von Kleidung oder Schlafsäcken, weil wir befürchteten, das Ungeziefer, das jeden Faden ihrer ungewaschenen Kleidung befallen hatte, könnte sich auf unserer Ausrüstung ausbreiten.

Dabei waren die Lastenträger, was gesundheitsbewusstes Verhalten anbelangte, in mancher Hinsicht sehr viel vorsichtiger als wir. Sie setzten nie eine Flasche oder eine Tasse an die Lippen, wie wir das taten, sondern gossen sich die Flüssigkeit wie aus einer Weinkaraffe aus einiger Entfernung in den Mund. Sie gaben nur ungern die Hand, weil sie das als unsauber empfanden, und taten es nur aus Verlegenheit, wenn wir ihnen unsere reichten.

Ich dachte über die Lastenträger nach, während ich oberhalb der Straße saß und die matschige Szene unter mir fotografierte. Unter schwarzen Regenschirmen versteckte Sahibs (die indische Bezeichnung für männliche Europäer und für Asiaten der höheren Kasten) schlenderten ziellos umher und warteten darauf, dass die ersten Lastenträger sich den Berg hinaufkämpften und den Weg wiesen.

»John«, rief Jim von unten hoch. »Lass uns losgehen.«

Wir entdeckten einen bunt gekleideten Träger, der die 36 Kilogramm schwere Arztkiste trug, und folgten ihm.

Weder Jim noch ich machten uns die Mühe, unsere Wasserflaschen im Bach oberhalb der Straße aufzufüllen, weil wir lieber auf saubereres Wasser warten wollten. Die sirupartige Flüssigkeit, die durch Lata floss, roch unangenehm und erweckte keinen guten Eindruck. Unsere Chancen standen aber gut, weiter oben schon bald einen Bach zu kreuzen und damit möglicherweise eine Ruhrerkrankung zu umgehen.

Marty war von dem nebligen Nieselregen schon völlig durchnässt, als sie hinter uns aufschloss, um mit uns die 1600 Höhenmeter nach Lata Kharak in Angriff zu nehmen. Der Träger, dem wir eigentlich folgen wollten, bog im Dorf Lata ab, wohl um dort ein letztes Mal für die nächsten zwei Wochen zu Hause zu frühstücken. Da der Pfad recht deutlich vor uns lag, folgten wir ihm mühelos weiter.

Der breite, felsige Pfad, der sich aufwärts schlängelte, war von

Dornenbüschen überschattet, die an meinem Regenschirm rissen. Dann durchquerte er terrassenförmig angelegte Gerstenfelder, die jetzt im Frühsommer gelbgrün dalagen. Nach etwa einstündigem Aufstieg kamen wir an ein schattiges, dicht bewachsenes Flussbett mit einem ruhigen Bach. Jim verschwand mit unseren Wasserflaschen den Bach hinauf im Unterholz, weg von dem Kot von hunderten von Ziegen, die vor kurzem die Stelle passiert hatten. Marty und ich suchten in einer rußgeschwärzten Höhle Schutz vor dem Regen, aßen dort unsere *Chapatis* und warteten auf Jim, der kurze Zeit später völlig durchnässt aus dem feuchten Gebüsch trat.

Jim und ich gingen weiter und ließen Marty mit mehreren der anderen Amerikaner zurück, die uns eingeholt hatten. Wir kletterten aus dem Flussbett und näherten uns den *Bhakrawallas*, die sich unter einer großen Kiefer versammelten. Sie hatten die Ziegen bereits entladen und ihre Satteltaschen ordentlich neben dem Feuer aufgestapelt. Die Hirten deuteten zum Himmel und auf die Satteltaschen und redeten in Hindi auf uns ein, als würden wir genau verstehen, was sie sagten. Sie machten schnell deutlich, dass sie genau hier die Nacht zu verbringen gedachten. Es war gerade einmal 9 Uhr.

»Hast du auch das Gefühl, dass es ihnen zu viel regnet?«, fragte ich Jim.

»Kiran wird sie schon auf Trab bringen«, erwiderte Jim. »Lass uns weitergehen.« Das entfernte Donnern des Dhaoli deutete darauf hin, dass wir schon mehrere hundert Meter an Höhe gewonnen hatten, doch wegen der dunstigen Wolken konnten wir unseren wohlverdienten Ausblick nicht genießen. Bald schon waren das Platschen der Regentropfen auf den breiten Blättern und das Glucksen des Matsches unter unseren Turnschuhen die einzigen Geräusche, die Zeugen unserer Anstrengung wurden. Gelegentlich riß der Nebel auf und gab den Blick frei auf steil ansteigende Wälder und spitze, bewachsende Kämme.

»John, was hältst du davon, wenn wir auf die anderen warten?«, fragte Jim. »Das sieht nicht nach dem richtigen Weg aus.«

Das war es auch nicht. Der Regen hatte aufgehört, und wir konnten sehen, dass unser Weg wenig später in einen Ziegenpfad auslief.

Die meisten der Gruppe zottelten den Weg bis zu unserem Rastplatz hinauf. Ad entschied, dass es Zeit für eine Mittagspause war, deshalb zauberten diejenigen, die Nahrungsmittel trugen, Dosenkäse, Erdnüsse und *Chapatis* hervor. Dann warteten wir über eine Stunde, während Devi den Weg hinunterrannte, um den Rest der Expedition zu finden. Kiran hatte den Hirten sein Wort gegeben, dass es den restlichen Tag nicht mehr regnen würde, und hatte sie so zum Weitergehen bewegen können. Wie befürchtet, hatten die Träger und die restlichen Bergsteiger weiter unten den richtigen Weg eingeschlagen, weshalb sie uns nun ein ganzes Stück voraus waren und gerade eine steile Rinne hinaufstiegen.

Wir holten den letzten der Träger an der Abzweigung der beiden Wege ein und folgten Ad in die Rinne.

»Halte ich euch auf?«, erkundigte er sich ständig.

»Mach dir keine Sorgen, Ad«, beruhigten wir ihn. »Das ist ein hervorragendes Tempo.«

Ad, dessen kräftige Beine von der Anstrengung anschwollen, wirkte trotz seiner 62 Jahre wie ein Mann von Vierzig. Weil er einen relativ leichten Rucksack trug, erreichte er das Lager meist vor allen anderen Sahibs. Ad hatte am Tag zuvor Jim gegenüber erwähnt, dass er sich nicht gebraucht fühle und überlege, nicht mitzukommen.

Da ich etwas überschüssige Energie verbrennen musste, legte ich einen Zahn zu und kletterte stetig hinauf. Ich überholte Träger um Träger, von denen einige ausruhten, andere sich den fünfzig Grad steilen Weg hinaufarbeiteten. Bald überquerte ich den Bergkamm und gelangte auf eine Blumenwiese mit hohem Gras. Jim folgte nur wenige Minuten hinter mir.

Wir waren zwar erschöpft, aber viel zu durstig, um auszuruhen, und so folgten wir den erstbesten Trägern zu einer ein Stück unter uns liegenden Birkengruppe. Dort grub einer der Träger ein Loch in den Boden, bis ein kleines Rinnsal zu fließen begann. Dann bog er ein großes Blatt trichterförmig zusammen, und schon hatten wir eine langsame, doch stetige Wasserversorgung, die für mehr als einhundert Personen reichen musste.

Innerhalb einer halben Stunde erschienen die anderen Bergsteiger, erschöpft und durchnässt. Ich stapelte das Gepäck der Träger auf, das diese vor meinen Füßen abluden, sobald sie ins Lager geschlurft kamen. Zuletzt traf Elliot mit der dringend benötigten Gesamtliste ein. Schnell hatten wir die drei Viermannzelte, das Abendessen und Sachen für die Nacht gefunden.

Während der Rest des Teams sich um seine eigene Ausrüstung kümmerte, zeigte Devi den Trägern, wie man das alte Bishop-Viermannzelt aufbaute, das Ad mitgebracht hatte. Geduldig steckte sie die Aluminiumstangen zusammen und erklärte in gebrochenem Hindi, das sie durch Nepalesisch ergänzte, wenn man sie nicht verstand. Ich half ihr, die alte, abgenutzte Zeltklappe mit Hilfe von Stöcken vor dem Zelt aufzuspannen, damit die Träger nicht nass wurden. Schließlich sammelte sie von den Sahibs überzählige Isomatten ein, damit die Träger bequem auf dem Boden schlafen konnten. Zum Abendessen steuerte sie zu Surrendras Nudeln, der Suppe und dem Fleisch eine besondere Käsesauce bei. Es war eine hervorragende Mahlzeit. Devis Energie schien keine Grenzen zu kennen.

Marty, Andy, Elliot, Peter und ich legten uns wie Sardinen in das Viermannzelt. Die anderen sechs Amerikaner begaben sich in das ganz in der Nähe stehende zweite Zelt. Ich achtete darauf, direkt neben dem Ausgang zu liegen, nicht nur, damit ich während der Nacht leichter hinaus konnte, sondern auch um – so weit wie möglich – den unangenehmen Blähungen zu entgehen, die entstehen, wenn fünf Sahibs einheimisches Essen zu sich nehmen.

Am nächsten Morgen packten wir um halb sechs bereits zusammen, obwohl wir fürchteten, nicht weitergehen zu können, weil es in der Nacht konstant geregnet hatte. Kiran kehrte aus dem Hirtenlager zurück und teilte uns mit, dass sie nicht noch einmal im Regen gehen würden.

»Sie sind überzeugt, dass ihr *Atta* verderben wird, wenn es noch nasser wird«, erklärte Kiran und zuckte hilflos mit den Achseln. Das Mehl wurde ebenso wie *Daal* und Reis in den Satteltaschen der Ziegen transportiert.

»Wären sie zufrieden, wenn wir ihnen Plastiktüten gäben?«, erkundigte sich Willi. »Sobald das *Atta* in den wollenen Satteltaschen in Plastiktüten untergebracht ist, haben sie keinen Grund mehr, uns aufzuhalten.«

Wir entschieden uns, einen Tag dort zu bleiben, während die Hirten ihr *Atta* umpackten. Wir hofften, dass der Regen am folgenden Tag aufhören würde. Devi kramte ihre Flöte hervor und Willi seine Mundharmonika, und sie begannen, Lagerfeuerlieder zu spielen. Wir anderen stimmten ein, während die Hirten umpackten.

Später fanden wir heraus, dass uns die *Bhakrawallas* mit ihrer Beschwerde über das nasse Mehl hereingelegt hatten. Jim erfuhr nämlich von einem der Träger, dass nur das Mehl, das direkt an der Wolle liegt, nass wird und dann das Eindringen weiterer Feuchtigkeit verhindert. Als wir das hörten, hatten die Hirten aber bereits mehrere Hundert Plastiktüten und einen zusätzlichen Tag Lohn von uns erhalten.

Der Regen verwandelte sich in ein dunstiges Nieseln. In der Hoffnung, die Schönheit der Blumen dieser Region festhalten zu können, spielten Jim und ich mit Stativ und Fotoapparat herum.

Devi und Andy sehen in Lata Kharak den Trägern beim Schlachten einer Ziege zu.

Die Träger, die immer nach einer Entschuldigung zum Feiern suchten, schlachteten eine junge Ziege, häuteten und zerlegten sie. Dann brieten sie das Blut und reichten es als besonderen Leckerbissen herum. Fast alle probierten widerwillig ein Stückchen.

Jim und ich sprachen über Lou Reichardt und John Evans, die beide noch zur Expedition dazustoßen sollten. Für mich gab es keinen Zweifel daran, dass eine neue, technisch anspruchsvolle Route ohne die beiden nicht machbar war. Reichardt und Evans waren erfahrene alte Hasen, die alle Gefahren kannten, die wussten, was sie zu erwarten hatten, die wussten, welche Arbeit notwendig war, um Fixseile anzubringen, und die wussten, dass man Tag für Tag bis zur Erschöpfung arbeiten musste. Ohne sie war die Mannschaft nur von mittelmäßiger Stärke und es mangelte ihr an technischen Fähigkeiten. Es gab jedoch auch Gruppenmitglieder, die der Meinung waren, eine neue Route wäre auch so kein Problem für das Team.

Alter und unterschiedliche Motivationen arbeiteten von Anfang an gegen uns. Es gab nicht nur ältere Teilnehmer, deren körperliches Leistungsvermögen unsicher war, sondern auch unerprobte junge Leute. Ad Carter war für mich nur ein Organisator – jemand für das Basislager. Willi war ein Grenzfall wegen seiner verkrüppelten Füße und seines Alters (obwohl er sich als wesentlich kräftiger und willensstärker erweisen sollte, als ich ursprünglich gedacht hatte). Dann waren da noch Elliot, Peter, Andy und Devi. Ich wusste nicht viel über Elliot; er hatte noch keine große Vergangenheit als Alpinist. Peter war seit der erst kürzlich entschiedenen Trennung von Marty ziemlich abwesend. Andy hielt ich aufgrund unserer Unterhaltung beim ersten Treffen in New York für instabil. Und von Devi wusste ich, dass sie sehr unerfahren war. Unglücklicherweise hatte sie Einfluss. Sie konnte andere davon überzeugen, indische Mahlzeiten zu essen oder auf Fixseile und auf Toilettenpapier zu verzichten. Ihre Ideen waren mir viel zu radikal. Marty, eine gute Bergsteigerin, wollte im Alpinstil aufsteigen – ohne Fixseile. Aber bei einem Team unserer Größe war ich skeptisch. Und um die Sache noch komplizierter zu machen, wusste wohl Gott allein, was die Inder dachten.

Jim States war verlässlich. Er war kräftig und willensstark und konnte auf technisch anspruchsvollem Terrain führen, überließ aber, wenn nötig, auch mir die Führung, damit es schneller und effizienter voranging. Auf ihn konnte ich zählen.

Das Wetter sah vielversprechend aus, bevor es dunkel wurde. Nach einer Diskussion über die Vorteile von Ziegenfleisch (einigen von uns war schlecht) legten wir uns früh schlafen. Marty und Andy, die am äußersten Ende des Zeltes lagen, schienen sich mehr herumzuwälzen als gewöhnlich. Ich nahm eine Schlaftablette und schlief problemlos ein.

Wie der vergangene Abend versprochen hatte, war es am Morgen des 16. Juli kühl und klar. Um uns herum lagen niedrigere Gipfel.

Frischer Neuschnee bedeckte den Nanda Ghunti (6045 Meter), der die hereinkommenden Wolken von uns abhielt.

Marty, Andy und Jim litten unter starkem Schüttelfrost, Durchfall und Erbrechen. Jim war in der Nacht ständig aus seinem Zelt gekrochen, und das nächtliche Herumwälzen von Marty und Andy war offensichtlich auf die Schauer zurückzuführen. Peter war ebenfalls krank. Marty brauchte Medikamente und sprach mit Jim über ihre Symptome. Er verabreichte ihr ein Antibiotikum sowie Lomotil gegen den Durchfall. Wie bei allen derartigen Krankheiten gerade in solcher Höhe empfahl er ihr außerdem, ständig etwas zu trinken.

Andy verließ sein Zelt erst im letzten Moment, bevor es abgebaut und für den Transport verpackt wurde. Er suchte Jim auf, um ihm seine Symptome zu schildern, und äußerte den Wunsch, mit Marty noch einen Tag in Lata Kharak zu bleiben. Jim war zwar einverstanden, aber die Zelte, Öfen und der Proviant waren bereits verpackt und wurden schon den Berg hochtransportiert. Andy wollte Willi trotzdem ansprechen.

Während ich frühstückte, sprach Andy mit Willi. Er bat darum, dass ihm und Marty ein Zelt, etwas zu essen und ein paar Träger zurückgelassen würden. Willi war allerdings der Meinung, Andy wäre eine Stunde zu spät. Denn während die beiden sprachen, verschwand die Ausrüstung gerade mit den Lastenträgern hinter dem Berg.

Willi musterte Andy von oben bis unten: »Was ist los, schaffst du es nicht?«

»Das ist doch nicht der Punkt, Willi«, wehrte Andy ab. »Die Frage ist doch vielmehr, ob es das Risiko wert ist.«

Doch Willi setzte sich durch. Die Diskussion endete friedlich, und Andy machte sich wieder ans Packen. Jim stimmte zu, dass alle weitergehen konnten. Im Vorjahr war er in Bolivien auf 4800 Metern Höhe an Amöbenruhr erkrankt und hatte trotzdem den

6000 Meter hohen Huayna Potisi auf einer neuen Route bestiegen. Aus diesem Grund und weil das Gepäck bereits abtransportiert war, glaubte Jim, dass Marty, Andy und er die kurze Wanderung des Tages bewältigen könnten.

Ich lud Jims Gepäck in meinen Rucksack, damit er keine Last zu tragen hatte, dann folgte ich ihm im Schneckentempo den Berg hinauf. Marty war anfänglich sehr schwach, weigerte sich jedoch, einem der Träger ihr Gepäck zu überlassen. Erst nach einer Streiterei gab sie nach. Ein anderer Träger übernahm Andys Gepäck.

Alle gesunden Sahibs suchten sich einen Kranken, den sie während des Tages begleiten und betreuen würden. Jim und ich folgten den Trägern zum Rücken eines flachen Felsenkamms, dann querten wir entlang eines kaum sichtbaren Ziegenpfades. Da uns die Träger weit voraus waren und die anderen Gruppenmitglieder ein ganzes Stück hinter uns, wanderte Jim langsam vor sich hin und hielt häufig an, um Lomotil gegen den permanenten Durchfall zu nehmen und viel zu trinken. Ich genoss diese seltsame Wanderung und versorgte Jim mit Wasser, Toilettenpapier und ein paar Witzen auf seine Kosten.

Es dauerte nicht lange, bis wir steil zum Dharansi-Pass aufstiegen, der mit Steinhaufen wie mit Pockennarben bedeckt war. Dann querten wir an Felsvorsprüngen entlang und gewannen langsam weiter an Höhe. Wolken stiegen aus dem Tal auf und ließen regelmäßig Regenschauer auf uns niedergehen, was uns auf der Höhe von 4200 Metern ziemlich frieren ließ. Ad und Elliot holten uns zusammen mit einer Gruppe von Trägern unterhalb einer Felsrinne ein, grüßten kurz und verschwanden in den Nebelfetzen. Schon bald waren sie gar nicht mehr zu sehen, und nur gelegentlich wehte eine gespenstische Stimme zu uns hinunter. Am Ende der Rinne und nach einem langen Quergang kamen wir auf einer großen Wiese an, auf der wir kampieren konnten.

Jim ruhte sich aus, während Nirmal, Kiran und ich zunächst

eines der Zelte aufbauten und dann Ad und Elliot beim Errichten eines weiteren halfen. Surrendra kochte schon Wasser ab und begann, die Abendmahlzeit vorzubereiten. Also kletterte ich zu einem kleinen Hügel hinunter, um eine solide Latrine zu bauen, da mir klar war, wie häufig die Erkrankten sie brauchen würden.

Die anderen trafen zwei Stunden später in Zweier- und Dreiergruppen ein. Marty war völlig am Ende. Sie hatte die Arme rechts und links um den Hals je eines Trägers geschlungen und war fast komatös. Die beiden mussten sie buchstäblich ins Lager zerren.

Devi, die Marty den ganzen Tag lang bemuttert hatte, traf kurz vor Marty ein, um ihren eigenen Schlafsack für sie auszubreiten. Marty wurde in den Sack gelegt und dann kroch Devi mit hinein, damit Marty nicht so stark zitterte.

Marty hatte nichts trinken können und auch die Medikamente nicht eingenommen, die Jim ihr auf der Wanderung von Lata Kharak gegeben hatte. Bei jeder Steigung war es schlimmer geworden; sie hatte sich immer wieder mit den Worten: »Ich kann nicht mehr« auf den Boden fallen lassen. Den anderen war es nur durch Überredungskunst und schließlich durch Tragen gelungen, sie bis ins Lager zu bekommen.

Jim sah beim Eintreffen im Lager, nach dem Abendessen und mehrmals während der regnerischen Nacht nach Marty, hatte aber keine Möglichkeit, eine richtige Untersuchung durchzuführen. Devi blieb die ganze Nacht bei ihr.

Am frühen Morgen, dem 17. Juli, versammelten sich die Gesunden kurz und entschieden, bis zum Mittag mit der Verlegung des Lagers und somit auch von Marty zu warten. Jim hielt es für notwendig, dass sie Flüssigkeit zu sich nahm, bevor man sie weitertransportieren konnte. Eine halbe Stunde später wandte er sich an mich, nachdem er Marty untersucht hatte.

»John, Marty sieht ziemlich schlecht aus. Sieh dir bei Gelegenheit mal ihre Augen an.«

Im »Krankenzelt« kämpfte Marty darum, aufzustehen und mit Devis Hilfe das Zelt zu verlassen. Kaum hatte ich ihre Augen gesehen, wusste ich, dass es schlecht um sie stand: Sie waren trübe und teilnahmslos und wanderten ziellos umher. Marty versuchte, zusammenhängend zu sprechen, aber ihre Zunge schien schwer und unbrauchbar zu sein, und ihre Lippen bewegen sich wie in Zeitlupe. Sie nahm ihre Umgebung überhaupt nicht wahr. Meiner Meinung nach konnten wir sie gar nicht schnell genug den Berg hinunterbringen. Nach wie vor fiel ein starker, kalter Regen vom Himmel.

Jim hatte frühmorgens erklärt, Marty zeige Symptome von Ruhr, Flüssigkeits- und Elektrolytarmut, Hypothermie und Brechreiz. Er war der Ansicht, das Allerwichtigste sei jetzt, sie dazu zu bewegen, Flüssigkeit zu sich zu nehmen. Nach der Morgenuntersuchung wurde ihm jedoch klar, dass sie wegen ihres ständigen Erbrechens und ihres Durchfalls keine Flüssigkeit bei sich behalten würde. Seine Verärgerung wuchs noch, als er sich daran erinnerte, dass man ihn gedrängt hatte, intravenöse Flüssigkeiten zurückzulassen.

Ich verließ das Krankenzelt und begab mich schnurstracks zu Willi, der gerade von der Toilette zurückkehrte.

»Willi, wir müssen Marty sofort auf eine geringere Höhe bringen«, platzte es aus mir heraus.

Willi wollte widersprechen, doch ich fiel ihm ins Wort und erzählte, was ich gerade gesehen hatte. Offensichtlich gelang es mir, ihn von der unmittelbaren Gefahr zu überzeugen, in der Marty steckte, denn wir kehrten gemeinsam zu ihrem Zelt zurück, um ihren Abtransport zu organisieren. Nirmal wählte drei starke Träger aus, die bei Martys Abtransport helfen sollten, und die Gruppe entschied, sie nach Dibrugheta zu bringen, das etwa sechshundert Meter tiefer lag und die nächste Station vor uns war.

Marty und die Rettungsmannschaft bei einer Pause auf dem Weg nach Dibrugheta.

Willi als Seil- und Knotenexperte improvisierte aus einem Kletterseil ein Sitzgeschirr, mit dem Marty Huckepack getragen werden konnte. Devi zog ihr Regenkleidung an, und da sie nicht allein stehen konnte, wurde sie anschließend auf Nirmals Rücken gehoben. Willi, die drei Träger und ich umringten Nirmal, damit er im glitschigen Matsch nicht die Balance verlor. Die anderen Bergsteiger würden das Lager zusammenpacken und uns so bald wie möglich nach Dibrugheta folgen.

Wir verließen die Senke, in der die Wiese lag, und wanderten zu einem 4200 Meter hohen Pass, dessen Spitze ein von Trägern errichtetes Steintor zierte. Das Gelände war selbst für diejenigen von uns tückisch, die ganz gewöhnliche Lasten trugen. Dharamsingh trug Marty als nächster. Mit dem Geschick eines Mannes, der sein gesamtes Leben im Garhwal zugebracht hat, tänzelte er vorsichtig über rutschige Felsen und durch den glitschen Schlamm.

Wir überquerten eine weitere ausgedehnte Wiese und hielten häufig an, um den Träger zu wechseln und Marty ausruhen zu lassen. In ihrem Delirium entschuldigte sie sich bei jedem Halt dafür, uns so viel Mühe zu machen.

»Entschuldigt, bitte lasst mich selbst gehen«, sagte sie schleppend. »Ich will euch keine Umstände machen.«

»Marty, das macht wirklich gar keine Umstände, entspann dich und sag uns, wenn dir übel wird oder wenn du halten möchtest«, antwortete ich ihr dann und wandte mich ab, um meine Tränen zu verbergen.

Elliot überholte uns mit mehreren Trägern, damit sie vor uns ankamen und das Lager aufgeschlagen hatten. Marty ging es immer schlechter.

»John, lauf zu dem Träger mit dem Arzneikasten und sag ihm, er soll dicht bei uns bleiben«, flüsterte Willi mir zu.

Ich legte meinen Rucksack ab, um bei der Verfolgung des Trägers schneller den gefährlichen Hang hinunter zu kommen.

»Elliot! Elliot!«, schrie ich verzweifelt. »Halt den Arzneikasten an!«

Ich rannte zurück zum Pass hinauf und kam den Trägern gerade rechtzeitig zu Hilfe, um Marty den rutschigen, steil abfallenden Hang hinunterzuschleppen.

»Wie fühlst du ich, Marty?« Ich sprach langsam, damit sie mich verstand.

»Oh, John ...«, antwortete sie mit schwerer Zunge. »Ich bin so müde. Bitte verzeih mir.«

»Trink ein bisschen Wasser, Marty«, forderte Willi sie auf. »Du musst etwas zu dir nehmen.«

Marty versuchte es, musste sich aber sofort übergeben.

»Wir müssen jetzt weiter. Bist du bereit?«, fragte Willi.

»Ich fühle mich nicht gut«, antwortete sie. »Können wir noch ein bisschen bleiben?«

Bis zu diesem Zeitpunkt hatte Marty nicht auf die Skistöcke verzichten wollen, die sie zum Wandern benutzte, aber wir bestanden darauf, dass sie die Stöcke abgab und sich darauf konzentrierte, ihre Arme um die beiden Träger zu legen. Sie hing jetzt wie ein 59 Kilo schwerer nasser Sack herunter. Die durchnässten Träger liefen jetzt rascher. Sie schienen zu wissen, dass Martys Leben davon abhing, dass sie sie rechtzeitig nach unten brachten. Für den Abstieg durch Schlamm und Felsen mussten sie jeweils zwei Träger von jeder Seite stützen. Allein hätten wir das nie geschafft. Ich ging vor Marty rückwärts den Berg hinunter und setzte ihre Füße auf dem Boden auf, damit sie sich ein bisschen abstützen konnte.

Der Regen ließ nach, aber das Gelände wurde schlechter. Unten angekommen mussten wir ein Bachbett durchqueren. Dort hielten wir kurz, um uns den Schlamm von Beinen und Kleidung zu waschen, während Marty sich ausruhte. Jim holte uns ein und sah nach ihr; dann ging er voraus, um das Krankenzelt aufzustellen.

Unsere vereinten Kräfte waren nötig, um Marty über eine Felsstufe, die über dem Bach lag, hinaufzuziehen und anschließend über eine Blumenwiese nach Dibrugheta zu bringen, einer von dichtem Wald umgebenen Lichtung, neben der ein kleiner Bach floss.

Marty wurde in das bereits vorbereitete Zelt gebracht, von ihrer nassen Kleidung befreit und in einen dicken Daunenschlafsack gesteckt. Jim begann, sie zu untersuchen. Dann verabreichte er ihr ein Medikament gegen die Übelkeit und ein Zäpfchen, von dem er hoffte, dass es dem Erbrechen Einhalt gebieten würde. Es gab keine schnelle Abhilfe. Jim befürchtete, wir könnten Marty verlieren.

Es war immer noch früh am Nachmittag. Willi und Jim blieben ständig bei Marty, weil uns der Ernst ihrer Erkrankung endlich bewusst geworden war. Jim begann, Martys Flüssigkeitszufuhr und -verlust exakt zu dokumentieren. Man zwang sie, jede Viertelstunde eine Tasse Tang zu trinken, damit sie Salze und Flüssigkeit zu sich nahm.

Gegen 18:00 Uhr, als die Lage gerade besonders besorgniserregend war, traf Lou Reichardt im Lager ein. Er hatte mit seinem Träger die zweieinhalb Etappen von Lata Kharak in einem Tag bewältigt. Lou war unermüdlich, ein Wissenschaftler mit dem kraftvollen Körper eines Sportlers. Ich hatte ihn seit zwei Jahren nicht gesehen, aber ich erkannte an seinem entschiedenen Blick und seinem festen Händedruck, dass er mit der gleichen Entschlossenheit wie ich den Nanda Devi bewältigen wollte. Ich wusste, dass wir jetzt eine Chance hatten, auf einer neuen Route aufzusteigen. Lou begrüßte alle herzlich.

Erleichtert erklärten wir Lou Martys Zustand. Lou beschäftigte sich als Biophysiker an der Medizinischen Fakultät von Harvard aktiv mit Hirnforschung. Nun waren also alle Entscheidungen über Martys Behandlung in guten Händen. Lou war ein Experte auf dem Gebiet des Gehirns, und genau hier waren bei Marty offensichtlich auch Störungen aufgetreten.

Um halb sieben hielten wir eine kurze Mannschaftsbesprechung ab. Jim umriss kurz Martys Gesundheitsprobleme und welche medizinischen Maßnahmen er für sinnvoll hielt. Dann wurden Zweiergruppen benannt, die in der Nacht abwechselnd in zweistündigen Schichten bei Marty wachen sollten. Willi und Jim übernahmen die erste Schicht, Kiran und ich waren als zweite dran. Jim beendete das Treffen, schien aber mein unbehagliches Schweigen zu bemerken.

»John, du scheinst noch etwas zurückzuhalten. Was ist es?«

»Ich glaube, dass Martys Zustand ernst ist und dass sie evakuiert werden sollte.«

»Möchte noch jemand etwas dazu sagen?«, erkundigte sich Jim. Niemand sagte einen Ton.

An diesem Nachmittag arbeitete Devi fieberhaft im Lager und kochte uns später Kartoffeln mit Käsesauce, was zu unserer Lieblingsmahlzeit wurde. Sie hatte in den Gruppentreffen eine gute Urteilskraft bewiesen und Mitgefühl gezeigt. Zwar war sie jung und idealistisch, aber sie zeigte auch die Bereitschaft, auf erfahrene Stimmen zu hören. Sie war lernbegierig. Mich erstaunten ihre Energie und die Bereitwilligkeit, mit der sie anderen, insbesondere Marty, half. Jedenfalls musste ich meinen ersten Eindruck, dass sie störrisch und eigensinnig sei, revidieren, auch wenn ich immer noch das Gefühl hatte, sie hielte mich für einen Chauvi.

Andy und Peter legten sich aufs Ohr, sobald sie ins Lager kamen. Sie erholten sich gerade erst von ihren Krankheiten und brauchten Ruhe. Lou, Kiran, Nirmal und ich unterhielten uns kurz in unserem Zelt.

Ich konnte nicht schlafen. Lou und ich hatten abends über die Symptome eines Hirnödems, einer Flüssigkeitsansammlung in der Hirnhöhle gesprochen. In Gedanken ging ich alle Symptome aufmerksam durch und verglich sie mit denen von Marty, die mir mittlerweile sehr vertraut waren. Ohne ein Wort zu Lou schlüpfte ich hinaus ins Freie und stolperte im Dunkeln zu Martys Zelt, in dem Jim und Willi Wache hielten.

Ich öffnete die Zelttür und flüsterte: »Ich glaube, ein paar ihrer Symptome weisen auf ein Hirnödem hin. Wir sollten ihr Sauerstoff geben.« Jim und Willi blickten sich überrascht an. »Genau das haben wir auch gerade überlegt«, meinte Jim.

Ich weckte Elliot, der die Gesamtliste hatte, und wir suchten nach den Masken und Reglern, die auf die Sauerstoffflaschen passten.

Willi legte Marty die Sauerstoffmaske an und gab ihr die maximale Dosis, fünf Liter pro Minute. Und ob es nun auf die Medikamente, die Zeit, den Sauerstoff oder ihren eisernen Willen zurückzuführen war, Marty wurde jedenfalls wacher und konnte fast unmittelbar darauf auch wieder Flüssigkeit zu sich nehmen. Nachdem sie drei Stunden lang Sauerstoff erhalten hatte, war sie ganz wach und konnte wieder zusammenhängend sprechen. Wir ließen sie eine Weile schlafen und halfen ihr nur gelegentlich zu urinieren und Tang zu trinken. Um halb fünf nahm sie selbstständig Lomotil und eine Tasse Tee zu sich und war einigermaßen ansprechbar.

Jim untersuchte sie am Morgen des 18. Juli sehr intensiv und stellte fest, dass ihre Symptome zurückgegangen waren. Bei einer Besprechung um 19 Uhr erklärte Jim, dass er es für sinnvoll hielte, Marty hinunterzubringen, uns aber gegen Mittag seine endgültige Meinung mitteilen würde.

»Wir werden Jim die Entscheidung überlassen«, erklärte Willi. »Er weiß, was er tut, und wenn er mit einer Entscheidung zurückkommt, soll es so sein.«

Wir waren einverstanden. Jim brauchte Zeit, um die Umstände und die Auswirkungen seiner Entscheidung abzuwägen. Jim, Lou und ich zogen uns an den Bach zurück, um dort eine Stunde zu baden und abzuschalten. Lou erklärte, Marty habe seiner Meinung nach deutliche neurologische Probleme – Amnesie, Spasmen, die mangelnde Fähigkeit, sich zu artikulieren und ihre Augenbewegungen zu kontrollieren – und sollte ohne weitere Untersuchungen nicht höher auf den Berg aufsteigen.

Wir kehrten zum Lager zurück, wo Devi gerade Marty zum Bach führte, damit sie sich waschen konnte. Alle bis auf Jim waren begeistert. Mehrere Mitglieder des Teams kamen herüber und erklärten glücklich, wie bemerkenswert Marty sich erholt hätte. Deshalb erwarteten die meisten nun auch, dass Jim sich beim nächsten Treffen sicherlich für Martys Weiterreise aussprechen würde.

»Das braucht sie jetzt wirklich nicht«, flüsterte Jim mir zu.

Ich persönlich war schon beeindruckt von der Tatsache, dass Marty nach der vergangenen Nacht überhaupt stehen konnte.

Jim bat mich, seine Gedanken aufzuschreiben, während er über Martys Probleme nachdachte und alle Möglichkeiten durchging.

»Wir könnten hier zwei Extreme haben«, setzte er an. »Erstens: Marty könnte völlig genesen, das Team einholen und ein leistungsfähiges Teammitglied werden. Dann könnten alle hundert Menschen auf dieser Expedition auch ohne einen Arzt sicher das Basislager erreichen.«

»Zweitens«, fuhr er fort, »könnte sie sterben. Oder das Leben der hundert anderen Menschen, die weitergehen müssen, könnte dadurch aufs Spiel gesetzt werden, dass der einzige Arzt mit ihr zurückbleiben muss.«

»Wir haben es hier mit einem Menschen zu tun, der sich in einer lebensbedrohlichen Situation befunden hat. Sie hat unter einem Gehirnproblem gelitten, dessen Diagnose nicht eindeutig war. Ich bin medizinisch nicht in der Lage, weitere, absichernde Diagnosen zu stellen.«

Er erklärte das anhand eines Beispiels. »Wenn ein Footballspieler auf dem Platz das Bewusstsein verliert, schickt der Trainer ihn auch nicht einfach wieder zurück, bevor nicht durch weitere Untersuchungen wie eine Computertomographie oder ein Elektroenzephalogramm überprüft worden ist, ob es weitere Schädigungen gibt, die nicht sofort ersichtlich waren. Das ist die Situation, mit der wir es hier zu tun haben. Man kann sagen, ich habe nur Eckdaten, die aber auf ein größeres Problem hindeuten, und außerdem weiß ich nicht, ob ihr Gehirn Schaden genommen hat.«

Jim hatte nicht nur Martys Wohlergehen, sondern das des gesamten Teams zu bedenken. Was würde ein Abtransport oder aber eine Rekonvaleszenzzeit für die Mannschaft bedeuten? Wir alle mochten Marty. Peter – und möglicherweise auch Andy – waren zumindest vernarrt in sie, wenn nicht sogar verliebt. Peter wollte, dass wir alle zwei Wochen warteten, bis Marty sich vielleicht erholt hatte. Andy, Peter und Elliot hatten auch schon davon gesprochen, Marty gemeinsam zurückzubringen. Falls sie jetzt gingen, würde möglicherweise nur Andy zurückkehren. Die gesamte Expedition stand auf dem Spiel.

Auch um den Proviant für die Träger mussten wir uns Gedanken machen. Wir hatten für sie noch einen Vorrat für acht Tage, was uns fünf Tage Zeit ließ, um das Basislager zu erreichen, damit ihnen genug Proviant für den Rückweg blieb. Sollte es zu weiteren ungeplanten Regen- oder Krankentagen kommen, würden wir warten müssen, bis die Träger nach Lata zurückgekehrt waren und dort neuen Proviant geholt hatten, um uns den restlichen Weg begleiten zu können.

Kurz nachdem Marty in ihr Zelt zurückgekehrt war, begann unsere Mittagsbesprechung. Jim erklärte, wie er Martys Zustand diagnostizierte und welche Möglichkeiten er für eine Genesung oder aber für das Erleiden weiterer Schäden sah.

»In Anbetracht dieser Ergebnisse bin ich der Meinung, Marty sollte so schnell wie möglich weggebracht werden«, schloss er.

Es herrschte langes Schweigen, während allen die volle Bedeutung von Jims Entscheidung deutlich wurde. Das war nicht das, was die meisten erwartet hatten.

»Ich finde, wir sollten Jim die Verantwortung abnehmen«, schlug Willi vor. »Als Arzt muss er natürlich vom schlimmsten Fall ausgehen und nicht vom wahrscheinlichsten. Aus der Diagnose lässt sich nichts Definitives ableiten, und wir sind schließlich alle hier, um etwas zu riskieren.«

Jim war von diesen Worten offensichtlich schockiert. Noch morgens hatte die Gruppe erklärt, sie wollte Jims medizinische Entscheidung, egal wie sie ausfiel, uneingeschränkt akzeptieren.

»Ich möchte doch genauso gerne wie ihr, dass Marty bleibt«, erläuterte Jim. »Es könnte aber zu Blutgerinnseln und zu ernsten Komplikationen mit ihrem Kopf kommen. Ohne weitere Untersuchungen können wir das nicht wissen.«

Peter wandte ein, es wäre für Marty vielleicht eine viel stärkere emotionale Verletzung, wenn wir sie zurückschickten. Lou und ich wiesen diese Bedenken zurück.

Alle suchten nach einer Alternative. Willi drängte, Marty so lange bleiben zu lassen, bis sie sich erholt hatte, damit sie zu einem späteren Zeitpunkt weiter oben zum Team dazustoßen könnte. Für Andy, Peter, Devi und Elliot klang das natürlich wie Apfelkuchen mit Schlagsahne. Aber Marty benötigte eigentlich weitere Untersuchungen, Ruhe, nahrhaftes Essen und eine geringere Höhe. Abwarten hieße, bleibende Schäden in Kauf zu nehmen.

Willi widersprach Lous Empfinden, dass eine Schädigung des Gehirns schlimmer sei als jede andere körperliche Verletzung. Obwohl er zugab, dass er 1963 auf dem Mount Everest eine Minderung seiner geistigen Fähigkeiten hatte hinnehmen müssen, fand er nicht, dass sein Leben dadurch ärmer geworden wäre.

Andy, der zuvor erklärt hatte, dass er die Entscheidung eines Arztes respektiere und dass wir danach handeln sollten, sagte jetzt nicht einen Ton.

Ad war der Meinung, dass Marty dem ärztlichen Rat entsprechend vom Berg hinuntergebracht werden sollte, vertrat diesen Standpunkt während des Treffens aber nicht. Stattdessen bat er ständig darum, noch einmal Lous »Expertenmeinung« zu hören.

Lou wiederholte also ein ums andere Mal, dass Marty evakuiert werden sollte.

Ich unterstützte Jims Entscheidung voll und ganz, weil ich Martys Zustand für ernst hielt.

Kiran erzählte, etwas an der Sache vorbei, immer wieder von seiner enttäuschenden Erfahrung 1974 auf dem Changabang, wo er sich die Schulter verletzt hatte. Die anderen Teilnehmer hatten ihm nicht erlaubt, die Gipfelbesteigung zu versuchen, weil sie befürchtet hatten, er könnte vielleicht nicht allein zurechtkommen und so die Erfolgsaussichten aller mindern.

Willi fuhr fort: »Es läuft doch auf die Frage hinaus, ob wir das Recht haben, ein medizinisches Urteil zu fällen, wenn wir nicht sicher sind, was das für Marty bedeutet? Jim äußert doch nur Vermutungen über den zu erwartenden Ausgang.«

Willis Meinung über Ärzte und deren Diagnosen wurde mehr als deutlich. Er hatte mehrere Jahre in Nepal als Leiter eines Ärzteteams des Friedenscorps gearbeitet und war der Meinung, die Rolle eines Arztes sollte beschränkt sein. Die Besprechung war zu einem Kampf der Philosophien geworden.

»Wir müssen nach den letzten 48 Stunden urteilen«, insistierte Jim. »Marty sollte nicht der Gefahr von weiteren möglichen Schäden ausgesetzt werden. Sie war vierzig Stunden lang fast komatös, hat deliriert und hatte schwere neurologische Probleme. Können wir diese Symptome einfach ignorieren, nur weil sie sich besser zu fühlen beginnt? Ich bin der Arzt hier und deshalb verantwortlich.« Jim wusste, dass jede Entscheidung auf seine medizinische Urteilskraft zurückfallen würde. Wenn er Marty weitergehen ließ und sie daraufhin an Komplikationen wie einem Blutgerinnsel im Gehirn oder einem Hirnödem starb, würde er sowohl in der Ärzteschaft als auch in Bergsteigerkreisen dafür verurteilt werden. Er hatte den einzigen Weg gewählt, der ihm als Arzt offen stand.

»Lasst uns doch herausfinden, wie Marty darüber denkt«,

schlug Willi vor. »Ich würde gern allein mit ihr sprechen, wenn ihr alle damit einverstanden seid.«

Mir gefiel dieser Vorschlag überhaupt nicht. Willi konnte sehr überzeugend sein. »Ich finde, jemand anderes sollte mit ihr reden«, erklärte ich der Gruppe. Ich wollte nicht um den heißen Brei herumreden und ich würde auch nicht mit ansehen, wie Willi das Team mit seiner altväterlichen Art beruhigte, so als wisse nur er allein alle Antworten. Für viele war er der »Mann der Berge«, so etwas Ähnliches wie ein Guru – und ein Meister der Überzeugungskunst. Es gab eine Zeit und einen Ort für seine Philosophien, aber ich würde nicht zusehen, wie Marty etwas zustieß.

»Willi, du kannst einfach viel zu überzeugend sein. Am Ende wirst du sie noch zum Bleiben überreden«, sagte ich.

»Das ist aber nicht der Grund, weshalb ich mit ihr reden möchte, John«, wiegelte Willi ab. »Ich möchte bloß, dass sie uns ihre Meinung in dieser Frage sagt, da sie hauptsächlich davon betroffen ist. Ich werde nicht versuchen, sie von dem einen oder dem anderen zu überzeugen.«

Zögernd akzeptierte ich seinen Vorschlag. Wir trennten uns, und alle ruhten sich ein bisschen aus. Um 15 Uhr wollten wir uns wieder treffen, um die Diskussion weiterzuführen.

Kiran und Nirmal ruhten sich in unserem Zelt aus, als ich eintrat. »Nirmal und ich sind deiner Meinung, was Martys Abtransport anbelangt«, sagte Kiran. »Nirmal findet, dass sie sofort hinuntergebracht werden sollte, nicht nur zu ihrem eigenen Besten, sondern auch zum Besten der Mannschaft.«

»Verdammt, Kiran, dann sag das auch der gesamten Gruppe«, verlangte ich. »Jim braucht eure direkte Unterstützung, es reicht nicht, wenn ich das wiederhole.«

Während der Ruhepause vor dem nächsten Treffen besuchte ich Marty.

»Du siehst schon viel besser aus«, stellte ich fest. »Eine Zeit lang habe ich geglaubt, wir würden dich verlieren.«

»John, findest du, dass ich zurückfahren sollte?«, fragte sie. »War ich so krank?«

»Meiner Meinung nach warst du so gut wie tot, Marty. Du hast Glück, dass du noch lebst.«

Ich machte mich zu einem Spaziergang in den Wald auf und fragte mich, welche Auswirkungen diese Streitereien auf die Moral der Expedition haben würden. Jim und ich hatten entschieden, zwischen den Treffen nicht miteinander zu sprechen. Offensichtlich gefiel es einigen Expeditionsteilnehmern nicht, dass ich Jim so unterstützte. Sie hatten das Gefühl, ich beeinflusste seine Entscheidungen. Wie aber konnte ich Jim unterstützen, ohne der Manipulation beschuldigt zu werden? Und warum pickte man mich in diesem »Machtkampf« so heraus, obwohl Jim der Arzt war und die Verantwortung für ihren Abtransport übernommen hatte? Ich wollte doch auch, dass Marty weitermachte. Weshalb konnten die anderen das nicht erkennen?

Die Besprechung am Nachmittag wurde in einem anderen Zelt in der hinteren Ecke des Lagers abgehalten. Wir gingen hinein und setzten uns in einen Kreis.

Willi begann: »Ich habe Marty von unserem letzten Treffen und Jims Entscheidung erzählt... Und sie hat sich so entschieden: Am liebsten möchte sie sich hier einige Tage erholen, dann zum Basislager weiterwandern und an der Besteigung teilnehmen. Wenn aber irgendein Mitglied des Teams wirklich dagegen ist, wird sie in die USA zurückkehren.«

Jim erinnerte die Gruppe erneut an seine ärztliche Diagnose und die Implikationen. Bei seiner letzten Untersuchung hatte Marty immer noch schleppend gesprochen und unter Schwindel, verminderter Sehschärfe und Balanceproblemen gelitten. Er blieb bei seiner früheren Entscheidung.

Ich insistierte: »Willi, Marty hat sich doch unter anderem deshalb nicht so wie die anderen drei erholt, weil sie nicht die nötige Nahrung und das nötige Wasser zu sich genommen hat, um bei Kräften zu bleiben. Sie hat sich geweigert, Medikamente zu schlucken. Wenn sie jetzt zum Basislager weitergeht, wird sicherlich das Gleiche passieren.«

»Wir werden Marty das Versprechen abnehmen, richtig zu essen«, wandte Willi ein. »Das ist wirklich kein Problem.«

Andy war der Meinung, es sei Martys Recht als Patientin, Jims Rat auszuschlagen, weil der Arzt immer nur Vorschläge machen, aber keine Befehle erteilen könne. Wären wir auf Meereshöhe gewesen, hätte ihm sicher keiner widersprochen. Willi schlug sich auf Andys Seite: Die Gruppe könnte Marty nicht das Recht vorenthalten, einen ärztlichen Rat anzunehmen oder abzulehnen. Devi war ebenfalls Andys Meinung.

Während Andy sprach, erschien Marty, erkennbar schwach, im Zelteingang. Niemand sagte ein Wort.

»Ich möchte zuhören«, sagte sie, immer noch leicht schleppend. »Ich will nicht, dass noch mehr gestritten wird. Wenn es wegen mir irgendwelche Schwierigkeiten gibt, möchte ich zurückfahren.«

Irgendjemand versicherte ihr, wir würden uns nicht streiten.

Nun, da Marty in Hörweite war, spielte Willi seine letzte Karte aus.

»Marty hat gesagt, sie kehrt in die Staaten zurück, falls irgendjemand dagegen ist, dass sie bleibt«, begann er. Dann sah er mich an: »Bist du dagegen?«

»Ja«, erwiderte ich in dem vollen Bewusstsein, dass ich in der Klemme saß. »Ich möchte nicht, dass Marty mit mir an einem Seil hängt, wenn ihre Höhenprobleme wiederkommen.« Das klang nach einer lahmen Ausrede.

An Marty gewandt sagte ich: »Ich glaube nicht, dass du in der

Lage bist, in dieser Frage eine vernünftige Entscheidung zu treffen.«

Willi kochte vor Wut. Devi mischte sich ein und versuchte, ihren Vater zu beruhigen.

»Mir reicht es!« Plötzlich brach Jim in Tränen aus.

Er beugte sich zu Marty vor und umarmte sie schluchzend: »Ich will doch bloß dein Leben retten und tun, was für dich am besten ist.« Dann drehte er sich um und sah die Gruppe an. »Wir haben es hier mit einer Frage von Leben und Tod zu tun. Wenn ihr endlich bereit seid, realistisch über Leben und Tod zu sprechen, könnt ihr mich holen.«

Damit verließ Jim das Zelt und stürmte in den Wald. Auch Marty ging; sie war völlig außer Fassung. Peter folgte ihr.

Es lag eine solche Spannung in der Luft, dass ich dachte, es würde gleich zu einer Explosion kommen. Willi war wütend und drehte sich sofort zu mir um.

»Es scheint hier einen Machtkampf zu geben«, blaffte er mich an.

»Damit will ich nichts zu tun haben, Willi«, erklärte ich ruhig. »Ich unterstütze Jim lediglich in einer medizinischen Frage.«

Peter betrat das Zelt. »Marty hat entschieden, nicht weiter mitzukommen«, sagte er leise. Mit diesen Worten trennten wir uns.

»Ich war auch der Meinung, sie sollte nach Hause zurückkehren«, flüsterte Ad mir zu, als wir das Zelt verließen.

Es ärgerte mich, dass er während des ganzen Streits nicht ein Wort in dieser Hinsicht geäußert hatte. Wenn er als zweiter Führer seine Meinung früher kundgetan hätte, wäre die Debatte vielleicht nicht so emotional geworden.

Die kühle Luft und der Geruch von Holz und Farnen hoben meine Stimmung. Ich fand Jim am Bach, und wir wanderten mit schnellem Schritt zu der Blumenwiese hinauf. Wir sprachen über die Versammlung und versuchten zu ergründen, warum sie so aus dem Ruder gelaufen war.

»Ich werde um einen Hubschrauber bitten«, erklärte Jim abschließend. »Ad hat gesagt, er wird das unterstützen, aber ich fürchte, Willi wird dagegen sein.«

Wir kehrten zu einem späten Abendessen ins Lager zurück. Nachdem ich ein paar Briefe geschrieben hatte, fiel ich erschöpft in den Schlaf.

Der 19. Juli sah sogar noch scheußlicher aus, als er in meinem Zelt geklungen hatte. Es war halb sechs, und es schüttete wie aus Eimern. Rauch trieb träge durch die riesigen Bäume. Die Träger bereiteten gerade ihren Morgenreis und die *Chapatis* zu, sichtbar unglücklich über den Wolkenbruch. Jatendra schob mehrere Tassen brühheißen Sherpatee durch die Zeltöffnung, als ich gerade Kuli und Tagebuch hervorholte. Kiran und Nirmal, die noch tief in ihren Schlafsäcken vergraben waren, unterhielten sich neben mir leise in Hindi, und Lou begann sich gerade erst zu regen.

Ich hatte das Gefühl, dass wir an diesem Tag etwas tun mussten. Wenn wir noch einen Tag blieben, flammte der Streit sicherlich wieder auf, und dann würde möglicherweise die Entscheidung, Marty zurückzuschicken, zurückgenommen. Andy und Peter hatten beschlossen, mit Jim und Ad bei Marty zu bleiben.

Lou schrieb seiner Frau über Marty: »Ich fürchte, Peter wird zurückfahren und, wenn überhaupt, erst viel später nachkommen. Ich mache ihm dafür überhaupt keine Vorwürfe, weil ich dieselbe Entscheidung treffen würde, wenn es um dich ginge. Aber wir sind jetzt genau in der Situation, vor der wir gewarnt haben, als zur Debatte stand, ob Marty überhaupt mitkommen soll. Es war ganz klar, dass Peters Loyalität eher ihr als der Gruppe gelten würde...«

Mein Gepäck lag zum Abmarsch bereit, aber ich fühlte, dass

noch etwas anderes im Lager passieren würde, und da wollte ich dabei sein. Also verschob ich meinen Start, indem ich einen Brief an meine Frau begann. Die Träger blickten sich ängstlich um, während sie ihre Lasten einsammelten, so als befürchteten sie, jemand könnte sie des Stehlens beschuldigen. Dann zogen sie sich zum Essen an ihre Lagerfeuer zurück und warteten darauf, dass wir den Startschuss für den Weitermarsch zu unserem nächsten Lager, Deodi, gaben.

Willi betrat unser Zelt und fing ein Gespräch über das Jagen mit mir an. Er kannte ein paar spannende Geschichten über Menschen fressende Tiger, die ihren Ursprung im Garhwal hatten. Es freute mich, dass Willi versuchte, die Wogen zu glätten.

Die Zusammenkunft von Ad, Lou und Jim wegen des Hubschraubers mündete in einem erneuten Streit mit Willi. Sie hatten mehrere Stunden damit verbracht, einen Brief an den indischen Armeekommandanten in Joshimath aufzusetzen, mit dem Ersuchen um einen Hubschrauber. Ad hatte beschlossen, die Frage zu einer »Führungsentscheidung« zu machen, hatte sich aber nicht mit Willi abgesprochen, der nun vor Wut beinahe platzte. Anfangs glaubte Willi, Jim wolle den Hubschrauber bloß zur Show haben, um seiner Entscheidung, Marty in ein tiefer liegendes Gebiet zu bringen, mehr Nachdruck zu verleihen. Doch währenddessen betrat Peter, der nie wirklich geglaubt hatte, dass Marty etwas Drastischeres tun müsste als sich eine Woche zu erholen, völlig aufgelöst unser Zelt.

Man muss Marty hoch anrechnen, dass sie die Situation entschärfte: Sie hatte Peter gesagt, ihr wäre egal, wie sie von hier wegkäme, solange es nur schnell ginge.

Es gelang mir, mich aus diesem Streit herauszuhalten.

Lou konnte kaum glauben, dass »verantwortungsbewusste Himalajaveteranen« auf einer solchen Expedition versuchten, die Autorität eines Arztes zu untergraben.

Jim erklärte Willi, dass Marty weiteren Schaden erleiden könnte, wenn man sie über einen Zeitraum von mindestens zwei Tagen zu Fuß über zwei 4200 Meter hohe Pässe brachte.

»Sie braucht jetzt einen schnellen, bequemen Abtransport«, sagte er. »Ich habe sie mir heute Morgen noch einmal angesehen. Sie hatte Probleme mit dem Sprechen und der Koordination. Eine sensorische Untersuchung ergab, dass sie über dem linken Unterschenkel weniger fühlt und Taubheitsgefühle auf der Stirn hat, was auf Verletzungen in mehreren Regionen des Schädels hindeutet.«

Als er diese Diagnose hörte, verstand Willi den Ernst der Situation und stimmte einer Bergung mit dem Hubschrauber zu. Zum ersten Mal waren alle einer Meinung.

Willi vertraute uns an, Peter hätte ihm gesagt, er würde wahrscheinlich mit Marty in die USA zurückkehren.

»Kommt, wir wollen versuchen, Peter davon zu überzeugen, dass wir ihn brauchen und bei uns haben wollen«, bat Willi.

Da von dem morgendlichen Regenguss nicht mehr als ein Nieseln übrig geblieben war, wies ich Jagatsingh an, die Träger zum nächsten Lager zu schicken. Wir anderen würden folgen, sobald wir gepackt hatten.

Ich ging zu Martys Zelt hinüber und kniete mich vor den Eingang. Als sie sah, dass ich es war, wandte sie den Blick ab.

»Marty, es tut mir nicht Leid, denn ich will, dass du lebst. Ich will, dass du gesund bist und keine dauerhaften Schäden bekommst...« Ich lauschte angestrengt auf irgendeine Art von Antwort, aber sie blickte weiterhin in die andere Richtung.

»Auf Wiedersehen, Marty«, verabschiedete ich mich von ihr. Als ich fühlte, wie mir Tränen in die Augen stiegen, wandte ich mich ab. Marty sagte kein Wort.

Ich suchte Peter und bat ihn, mit mir den Berg hinaufzusteigen.

»Willi hat uns erzählt, dass du überlegst, mit Marty abzureisen. Er wollte, dass wir dich vom Bleiben überzeugen... Aber das werde ich nicht. Wenn du nicht hundertprozentig hinter der Bergbesteigung stehst, wäre es schlimmer für dich weiterzugehen.«

»Danke, dass du so ehrlich zu mir bist, John. Ich werde noch einmal nachdenken müssen.«

Jim kam zu mir, als ich meinen Rucksack auflud.

»Wir sehen uns in ein paar Tagen, John. Ich denke, Andy, Peter und Ad werden ein paar Tage hier bei mir bleiben. Wir haben Dharamsingh wegen des Hubschraubers losgeschickt, und er sollte morgen dort sein. Dann brauchen wir nur noch gutes Flugwetter.«

»Pass auf dich auf, Jim.«

Wir hielten einander für einen Moment an den Armen. In den letzten Tagen waren wir uns sehr nahe gekommen. Aus Angst, meine Gefühle könnten erneut hervorbrechen, riss ich mich schnell los.

Mit der Hilfe mehrerer Träger fand ich den undeutlichen Pfad, der in der dichten Vegetation kaum zu sehen war. Ein letztes Winken zum Abschied, und dann verschwand Dibrugheta, der Ort, den ich nicht schnell genug vergessen konnte.

Der Vorfall in Dibrugheta hätte die Expedition zum Scheitern bringen können. Falls wir je den Nanda Devi erklimmen wollten, mussten wir unsere verletzten Gefühle beiseite schieben. Aber die Mannschaft sollte nie wieder die Gleiche sein, weder während der Expedition noch nach unserer Rückkehr. Willi, Andy, Devi, Peter und Elliot bildeten bei unserem Aufstieg das »zweite Team«; Jim States, Lou Reichardt und mich sollte man später als das »erste Team« bezeichnen.

# Vier

Von Dibrugheta führte der Pfad zwischen riesigen Tannen steil nach oben. Tief hingen die Wolken in den Bäumen, es regnete immer noch gleichmäßig. Träger rauchten unter dem Blätterdach selbst gedrehte Zigaretten und warteten darauf, dass die ersten Sahibs auftauchten. Als ich an ihnen vorbeiging, folgten sie mir schweigend. Mit jedem Schritt fiel etwas von den Spannungen aus Dibrugheta von mir ab.

Etwa 300 Meter oberhalb von Dibrugheta überwand der matschige Pfad einen Grat, der im rechten Winkel kreuzte und neben mir hunderte von Metern bis zum Rishi Ganga abfiel, der in dem gespenstigen Dunst dort unten kaum zu erkennen war. Die Sonne ließ den nassen Felsen und die glänzende Vegetation auf der anderen Seite der Schlucht aufleuchten. Der Pfad erreichte einen steinigen Grat und schlängelte sich dann durch eine Reihe von Felsrippen, die die exponierte Felswand durchschnitten. Da, wo der Trampelpfad zu verschwinden schien, hatten Träger provisorische Verbindungsstege aus Steinen und Ästen gebaut. Um mich zu waschen und etwas zu trinken, hielt ich an dem ersten Gewässer an, das ich passierte – einem kleinen Bach, der durch eine große Schlucht mit verstreuten Felsblöcken floss.

Plötzlich durchbrachen Explosionen die frühmorgendliche Stille. Die Geräusche waren unverkennbar… Steinschlag! Rasch blickte ich nach oben und sah, wie Steinblöcke, so groß wie Volkswagen, geradewegs die Schlucht herunterkamen und die Büsche auf ihrem Weg zerquetschten. Mir blieb keine Zeit, an den Rand der Schlucht zu rennen, und so warf ich mich in die einzige Deckung, die sich anbot, ein Loch unter einem tischgroßen Felsen.

Ich krallte mich fest und wand mich in den kleinen Hohlraum, während die Felsen, manchmal nur wenige Zentimeter von mir entfernt, torkelnd ihren vernichtenden Weg den Berg hinunter nahmen. Mein Herz schien stehen zu bleiben, während ich auf das Ende des Steinschlags wartete. Als der letzte Laut tief unter mir erstarb, kroch ich unter meinem offenbar nutzlosen Unterschlupf hervor. Ohne einen weiteren Blick rannte ich zum Pfad und aus der Schlucht hinaus.

Mehrere Träger umrundeten gerade den mir gegenüberliegenden Kamm. Sie durchquerten die Schlucht in langsamem Laufschritt, ohne anzuhalten. Einer wies seine Kameraden auf die frischen, von den Felsblöcken hinterlassenen Narben hin. Die Männer wurden langsamer, gingen mit dem üblichen »Namaste, Sahib« an mir vorbei und verschwanden über die Anhöhe. Zum ersten Mal wusste ich wirklich zu schätzen, was die Träger für lächerliche 15 Rupien am Tag in Kauf nahmen.

Immer noch zitternd, folgte ich ihnen auf dem kleinen, gewundenen, auf- und absteigenden Pfad. Langsam ließ das Schlottern in meinen Knien nach. Deodi, unser nächster Lagerplatz, lag mehrere Kilometer stromaufwärts in einem stark bewaldeten Gebiet. Es war eine schöne Wanderung, und schon bald stieg ich durch Wald und dichtes Unterholz zum Flussufer hinunter. Einige Meter entfernt führte eine wackelige Plankenbrücke an einer verengten Stelle über den Rishi.

In der Schlucht eingezwängt, schwoll das Rauschen des Rishi Ganga zu einem wütenden Grollen an. Schäumend donnerte das Wasser vorbei, ein schlammiger Sturzbach, der mehrere Kilometer stromabwärts auf den Dhaoli traf.

Auf dem ebenen Lagerplatz von Deodi, der sich zwischen Birken und Rhododendron schmiegte, herrschte bald reger Betrieb. Die Träger, die in Zweier- und Dreiergruppen im Lager eintrafen, stapelten ihre Lasten auf einen schwankenden Haufen und liefen dann den Berg hinauf, um eine gute Höhle für die Nacht zu finden. Es gab keine »reservierten« Plätze. Es hieß einfach: »Wer zuerst kommt, mahlt zuerst.«

Dann trafen die Hirten mit ihren beladenen Ziegen ein, die zögerlich die Brücke überquerten und sich dann stromabwärts wandten, um durch das saftige Unterholz am Ufer zu streifen. Ich fragte mich, wie es wohl den anderen Bergsteigern auf dem nassen Trampelpfad erging, der nun mit dem Kot von 120 Ziegen übersät war. Ich achtete während des Anmarsches immer darauf, den Tieren und ihrem Dreck vorauszugehen. Aber die Kletterer waren gut gelaunt, und genossen lachend und plaudernd die leichte Wanderung des Tages.

Jim, Andy, Peter und Ad waren bei Marty in Dibrugheta geblieben und würden so bald wie möglich zu uns stoßen, obwohl Peter immer noch in Betracht zog, mit Marty zurückzufliegen. Andy würde mit großer Wahrscheinlichkeit nachkommen, und Jim war ohnehin kaum noch zu halten.

Unser Lager bestand aus zwei Viermannzelten und einer Zeltplane für die Kochstelle, um die wir uns versammelten. Viele der Träger brauchten einen ärztlichen Rat oder dachten das zumindest. Ich erklärte mich bereit, für Jim die Sprechstunde zu übernehmen und wenigstens Tabletten auszugeben. Einige Lastenträger litten unter schrecklich entzündeten Blasen, weil sie die schlecht passenden Gummihalbschuhe ohne Socken trugen. Diese offenen Wunden brauchten Jims Fachkenntnisse, doch aus Sicht der Träger erfüllte ich den Zweck ebenso gut.

Kiran, Nirmal, Lou und ich belegten zusammen ein Zelt. Wir alle mochten unsere indischen Kameraden. Sie hatten bewiesen, dass sie hart arbeiteten und intelligent und fair waren. Kiran beeindruckte mich als einer der geduldigsten Menschen, die ich je getroffen hatte. Er bestand darauf, uns den Unterschied zwischen Hindi und Pandschabi, Nirmals Muttersprache, beizubringen.

»In Hindi spricht man die Worte sanft und liebevoll aus«, erklärte Kiran. »Aber Pandschabi ist ein grober, rauer Dialekt, und jedes Wort wird schnell ausgesprochen, wie ein Befehl, so wie... NAMASTE!«

Ich schnappte das Pandschabi sofort auf, und Nirmal begann zu lachen.

»Pandschabi entspricht ganz meinem Redestil«, scherzte ich. »Meine Frau hat schon immer behauptet, ich hätte noch nie sanft sprechen können.«

Am nächsten Morgen hatten wir um 6 Uhr bereits gepackt. In dichtem Nebel kletterten Lou und ich 400 Höhenmeter durch hohe, dürre Rhododendronbüsche, bis wir schließlich aus dem Unterholz traten und einen steilen Berghang überquerten. Der Dunst löste sich gerade in der Sonne auf, als wir durch einen moosbewachsenen Wald gingen. Es war eine Szene wie aus dem Märchenbuch.

Unser Trampelpfad führte steil zum Trisuli Ganga hinunter, dem einzigen größeren Fluss, den wir auf unserem Anmarsch zu überqueren hatten. Obwohl es erst 10 Uhr war, hatten die Träger bereits an einer verengten Stelle eine stabile, viereinhalb Meter lange Brücke aus Ästen und Grasnarbe gebaut. Wie Kiran uns erklärte, war sie mehr für die Ziegen als für uns gedacht, aber wir brauchten sie viel dringender.

Die meisten Träger hatten schon den Fluss überquert und kletterten das steile Ufer hinauf, um dann zwischen den Bäumen zu verschwinden. Ich ging rasch über den Fluss und ein Stück stromaufwärts, um ein Foto von Elliot und Devi zu machen, wie sie den milchigen Strom überquerten.

Elliot war mir ein Rätsel. Groß und dünn wie er war, hatte er nichts von einem Bergsteiger. Aber Ad Carter hatte ihn empfohlen, weil er im vorangegangenen Sommer in Südamerika so gut geklettert war. Elliot hatte außerdem in Neu-Delhi hart gearbeitet. In Streitfragen hielt er sich zurück, weil er nicht so erfahren war. Mir gefiel seine gelassene Art. Vor Beginn der Expedition war er mit Devi in Nepal gewesen und hatte die Gruppe in Neu-Delhi getroffen.

Devi passte mit ihren geflochtenen Zöpfen, einer Bluse im Paisleymuster, weißen indischen Pyjamahosen und Sandalen perfekt in die Szenerie. Kein Wunder, dass sie der Liebling der Träger war, die sie *Didi* oder »ältere Schwester« nannten. Wir anderen waren für sie bloß »Sahib«.

Der sonnige Himmel und das klare Wasser eines Zuflusses schrien geradezu nach einer zeitigen Mittagspause. Kiran, Nirmal und ich aßen schnell, weil wir lieber nach Romani weiterwandern wollten, unserem nächsten Lagerplatz am Eingang der Rishi-Schlucht. Die Träger hatten sich bei Kiran lautstark über die unhandlichen langen Kisten beschwert, die wir als Lastenbehälter für sie mitgebracht hatten. Deshalb rechneten wir damit, dass zwei von uns, wahrscheinlich Lou und ich, mehrere Kisten durch die Schlucht würden tragen müssen, um den Trägern zu zeigen, dass das nicht nur möglich, sondern auch sicher war. Und für den Fall, dass das notwendig sein sollte, wollte ich zeitig loskommen.

Nun, da wir so dicht dran waren, machte die Rishi-Schlucht mir Sorgen. Ich erinnerte mich an die beeindruckenden Fotos von Tilman und Odells Expedition von 1936, die mich glauben ließen, dass die Schlucht einige technisch schwierige Abschnitte bereithielt. So weit ich wusste, lag dort das Kernproblem in der Besteigung des Nanda Devi. Wie würden achtzig Träger die beinahe senkrecht aufragenden Wände erklimmen? Warum hatte ich Ad nicht genauer zur Route befragt, als er noch da war?

Es hat viele Versuche gegeben, den Hauptgipfel des Nanda Devi zu besteigen. Der erste große Durchbruch kam 1934, als Eric Shipton und H. W. Tilman, beides englische Bergsteiger, die schwierige, aber relativ sichere Route durch die Rishi-Schlucht ins Sanctuary erkundeten. Im darauf folgenden Herbst fanden sie eine alternative Route zum Anfang der Schlucht.

Im Sommer 1936 kehrte Tilman mit sieben englischen und amerikanischen Bergsteigern, darunter Ad Carter, und sechs Sherpas zurück. Nach einigen Schwierigkeiten mit den Trägern und kranken Mannschaftsmitgliedern erreichten Tilman und Noel Odell, ein weiterer Engländer aus dem Team, am 29. August den Hauptgipfel des Nanda Devi. Mit dieser großartigen Leistung sollten sie für die nächsten 14 Jahre, bis zur Besteigung des Annapurnas, den Rekord über den höchsten bis dahin bezwungenen Berg halten.

1939 gelang es einem polnischen Team, den Gipfel des Nanda Devi East (7400 Meter) zu besteigen, einer mit dem Hauptgipfel verbundenen Satellitenspitze. Dieses Meisterstück wurde 1951 von dem Franzosen Dubost und dem Sherpa Tensing Bhotia wiederholt, der als Tensing Norgay besser bekannt ist und Jahre später mit Sir Edmund Hillary den Gipfel des Mount Everest erreichte. Das französische Team hatte auch versucht, zwischen Nanda Devi East und dem Hauptgipfel zu queren, war jedoch gezwungen gewesen, den Versuch aufzugeben, nachdem zwei Expeditionsmitglieder unterhalb des Hauptgipfels verschwunden waren.

Die Gerüchte von einer CIA-initiierten Expedition in den 1960er Jahren zum Gipfel des Nanda Devi ließen sich leicht bestätigen. Mit dem Ziel, auf mehreren Bergspitzen geheime Instrumente aufzustellen, flog man Bergsteiger mit dem Hubschrauber in tiefer gelegene Lager. Unsere Expedition fand hunderte leerer Bierdosen um den CIA-Lagerplatz und in den umliegenden Wasserläufen verstreut. Die amerikanischen Bergsteiger, die an der Geheimoperation teilnahmen, sind in der Alpinistengemeinschaft wohl bekannt. Einem von ihnen gelang damals über die Originalroute von 1936 sogar die erste amerikanische Besteigung des Nanda Devi. Erst vor kurzem hat die CIA offiziell eingeräumt, dass mehrere solcher Expeditionen stattgefunden haben.

1964 gelang einem indischen Team, geführt von »Bull« Kumar, Kirans Bruder, die zweite offizielle Besteigung des Hauptgipfels. Nach zwei fehlgeschlagenen Versuchen 1957 und 1961 erreichte die erfolgreiche indische Mannschaft den Gipfel schließlich über die Route von 1936.

1975 versuchten die Franzosen wieder, vom Ost- zum Hauptgipfel zu queren, scheiterten jedoch erneut. Vier Mitglieder dieses Teams erreichten den Gipfel des Nanda Devi über die bekannte Route. Drei weitere Teilnehmer gelangten zwar auf den Nanda Devi East, waren dann aber wetterbedingt zu einem Rückzug gezwungen, bevor sie eine Querung zum Hauptgipfel versuchen konnten.

Einen Monat bevor unsere Mannschaft das Sanctuary betrat, vollbrachten zwei japanische Alpinisten, Yoshinori Hashegawa und Masafumi Teramoto die lange gesuchte Querung vom Ost- zum Hauptgipfel.

Die Schwierigkeiten bei früheren Besteigungen über die Südwand ließen uns glauben, dass wir auf der Nordseite eine geringe Aussicht auf Erfolg hatten, aber wir waren entschlossen, einen ernsthaften Versuch zu unternehmen, eine zweite zusammenhängende Route aufzuzeigen. Wir hatten keine Vorstellung von der Beschaffenheit der unteren 2400 Meter unserer Route, weil es von diesem Abschnitt keine guten Fotos gab, und die Route, die wir für die oberen 1200 Meter ausgewählt hatten, war den Bildern nach offensichtlich schwierig. Uns erwartete eine gewaltige Aufgabe.

Romani, bekannt als »das Steilwand-Lager«, lag in einer engen, 45 Meter breiten Schlucht, an deren Seiten senkrechte Wände über hunderte von Metern aufstiegen. Der Rishi Ganga trat aus einer kleinen, V-förmigen Kerbe in mehreren hundert Metern Entfernung aus, schoss in einem donnernden Strahl am Lager vorbei und verschwand zwischen riesigen Felswänden. Große Felsblöcke diktierten uns die Lagerplätze, die manchmal kaum für ein Zelt ausreichten, abgesehen von einer tiefen Höhle, in der frühere Expeditionen eine größere Fläche geebnet hatten. Ihre von unzähligen qualmenden Lagerfeuern geschwärzten Wände waren von Graffitis geziert – Erinnerungen an gestrandete europäische Teams, die sich bei schlechter Witterung oder einem Streik der Träger so sehr langweilten, dass sie die Höhlenwände verunstalteten.

Lou und ich mussten doch keine Lasten in die Schlucht tragen, da Kiran das Problem mit den Kisten erfolgreich mit Jagatsingh klären konnte. Trotzdem waren wir zu unruhig, um einfach sitzen zu bleiben. Wir schnappten uns etwas Seil und Kletterausrüstung und machten uns auf den Weg in die Schlucht. Zunächst bahnten wir uns einen Pfad durch etwa sechshundert Meter Birkenwald bis zu einer Rinne, gingen dann einen Grashang hinauf und landeten auf dem Rücken einer Bergrippe, die die Schlucht durchschnitt. Zu beiden Seiten stiegen Wände auf. Wir querten problemlos etwa vierhundert Meter, dann trafen wir auf zwei unserer *Bhakrawallas*, die Steine von einem steilen Felsvorsprung warfen. Ein altes, verblichenes Seil hing von dem Vorsprung hinunter. Unsere Route war nicht zu übersehen.

Die Hirten wollten die Ziegen bis zum Basislager bringen, um so viel Lohn wie möglich zu verdienen. Nun entfernten sie lose Steine, damit die Ziegen sie beim Aufstieg nicht lostraten und andere Tiere verletzten. Die Ziegen waren talentierte Kletterer: Wenn sie zu neuen Weiden getrieben wurden, hüpften sie behände den Pfad hinauf. Einige machten bemerkenswerte Sprünge über kleine, senkrechte Stufen, indem sie die Rücken ihrer Nachbarn als Zwischentritt nutzten. Trotzdem war ich immer noch skeptisch, dass sie es bis zum Basislager schaffen würden.

Lou und ich legten, zum Teil kletternd, zum Teil wandernd, mehrere Kilometer zurück, dann lagerten wir unser Ausrüstungsmaterial für den späteren Einsatz und kehrten zum Lager zurück. Ob wir durch die Schlucht kommen würden, hing allein vom Wetter ab. Bei Regen wäre die Rishi-Schlucht unpassierbar. Aber das Wetter sah nicht schlecht aus.

Die Ziegenhirten entschieden sich zur Rückkehr nach Lata, nachdem sie sich mit Kiran und Willi um Geld gestritten hatten. Kiran hatte sie nur für die tatsächlich von den Ziegen getragene Last bezahlt und jeden Tag das Gewicht des von den Trägern verzehrten Proviants abgezogen. Da die Hirten mit diesen Abzügen nicht einverstanden waren, beschlossen sie zurückzukehren. Die Träger jedenfalls freuten sich, denn die Extralasten bedeuteten mehr Lohn für sie. Sie waren damit einverstanden, eine doppelte Etappe durch die Schlucht zu tragen und die Expedition innerhalb eines Tages ins Sanctuary zu bringen – genau das, was wir bei dieser Schönwetterperiode brauchten.

Als die Schatten in der Schlucht länger wurden, marschierten Jim, Andy und Peter, die sich morgens in Dibrugheta aufgemacht hatten, ins Lager. Wir freuten uns alle, sie zu sehen, und dann auch noch in so guter Laune. Unsere Differenzen, der Ärger und die harten Worte lagen jetzt hinter uns. Die Kameradschaft war immer noch da und minderte die Einsamkeit und die Angst. Unsere Beziehungen waren allerdings lose und flüchtig; nur während der Expedition suchten wir die Gesellschaft der anderen. Sobald wir in die reale Welt zurückkehrten, würden sich diese Beziehungen verlieren und erst auf anderen Klettertouren wieder aufleben.

Jim berichtete uns über Martys Zustand, der sich kaum gebessert hatte. Ihre neurologischen Symptome wurden deutlicher: Am 19. hatte sie Kopfschmerzen bekommen und hatte unter Erinnerungsverlust gelitten. Dann hatte sie Taubheitsgefühle auf der Stirn und im linken Bein entwickelt, was auf eine Nervenschädigung hindeutete. Jim meinte, Marty hätte schließlich gemerkt, dass etwas mit ihr nicht in Ordnung war und dass sie medizinische Hilfe benötigte. Selbst Peter musste zugeben, dass er es mittlerweile für die richtige Entscheidung hielt, sie zurückzuschicken.

»Es war wirklich das Beste«, stimmte Peter zu. »Es fiel mir nur so schwer zu akzeptieren, dass sie nicht mitkommen würde.«

An diesem Abend traf ich Jim am Fluss, wo er dem Widerhall des schäumenden Wassers lauschte. Jetzt machte er sich Sorgen um Devi. Sie hatte ihn in Dibrugheta gebeten, sich einen Leistenbruch mit einer Schwellung von der Größe zweier Golfbälle anzusehen, den sie sich während des Packens in Neu-Delhi zugezogen hatte. Jim erklärte mir, dass sich der Leistenbruch von selbst geben beziehungsweise die Schwellung von selbst zurückgehen könnte. Er hatte Devi angewiesen, keine Lasten zu tragen und den Hüftgurt des Rucksacks als eine Art Bruchband anzulegen. Eigentlich war Jim nicht der Meinung, dass Devi noch hier sein sollte, aber da es schon in Martys lebensbedrohlicher Situation zu einer anstrengenden, emotionalen Auseinandersetzung gekommen war, wusste er, dass Willi ihm nicht zustimmen würde. Wir konnten damals nicht ahnen, welche Konsequenzen unser Zögern, Willi erneut in einer ärztlichen Frage zu konfrontieren, haben würde.

Wir setzten unsere offene Unterhaltung fort. Die enge Verbindung, die Jim und ich auf den schwierigen Erstbesteigungen in den USA und Südamerika gehabt hatten, existierte immer noch.

»Du hast Marty das Leben gerettet«, sagte ich. »Mit der Zeit wird sie das verstehen.«

»Aber es schmerzt trotzdem, dass im Team so ein Misstrauen herrscht. Wie können wir zusammenwachsen, wenn solche Feindseligkeiten hervorbrechen wie in Dibrugheta?«

»Wir werden es wahrscheinlich nicht, Jim... Wir werden den Gipfel vielleicht ohne sie angehen müssen.«

Endlich war es ausgesprochen.

Wir sahen beide eine so starke Spaltung in der Gruppe, dass es wenig wahrscheinlich war, dass wir alle zusammenarbeiten würden, um ein gemeinsames Ziel zu erreichen. Jim und ich würden uns gegenseitig antreiben müssen. Wenn uns das gelang, würden wir den Gipfel erreichen.

Nach einer Sprechstunde, die bis tief in die Nacht dauerte, fielen wir schließlich in den Schlaf.

Das ganze Lager war vor Sonnenaufgang auf den Beinen, und alle packten für den langen Marsch, der uns in einer doppelten Etappe zu unserem nächsten Lager bringen sollte, nach Pathal Khan im Sanctuary.

Jim, Lou und ich gingen mit zusätzlichem Fixseil voraus, um die ärgsten Stellen zu sichern, die möglicherweise noch vor uns lagen. Das Wetter war perfekt. Ich fühlte mich besonders gut in Form und erreichte den vor uns liegenden Bergkamm einige Zeit vor den anderen. Auf den Anblick, der sich mir bot, war ich nicht vorbereitet. Die riesige Nordwand des Nanda Devi füllte den gesamten Horizont aus. Das war es also, wofür wir so weit gereist waren.

Die V-förmige Kerbe und die senkrechten Wände der Rishi-Schlucht rahmten den breiten nördlichen Fuß des Bergs ein, aber der Nanda Devi erhob sich über die bereits 4800 Meter hoch liegenden Felsvorsprüngen und Kämmen der Sanctuarywand noch weitere 3000 Meter in die dünne, eisige Luft.

Von meinem Ausblick konnte man erkennen, welche Probleme uns wirklich erwarteten. Ich ließ meinen Blick hin und her schweifen, um zu sehen, über welchen Weg man von dem Punkt, den wir sehen konnten – auf etwa 5200 Metern –, bis zur Spitze gelangen konnte. Ich stellte mir eine Linie vor, die die vereisten Hänge hinauf über die vielen Felsbänder verlief, die den scharfkantigen

Nordgrat durchschnitten. Der Nordgrat selbst stieg zu einem Unheil verheißenden, senkrecht aufragenden Felsvorsprung hin an. Dieser Felsvorsprung war eindeutig der entscheidende Punkt des Aufstiegs, falls wir überhaupt so weit kommen sollten. Die Schwierigkeiten, die dort auf uns warteten, mussten wir wohl oder übel in Kauf nehmen. Der Felsvorsprung lag etwa zwischen 6700 und 7300 Metern. In solch extremer Höhe ist das Klettern schwierig. Die Felsbänder fielen nach Norden ab, so dass wir es auf dem gesamten Vorsprung mit abfallenden Tritten zu tun bekommen würden. Doch wir hatten auch einen entscheidenden Vorteil: Der Vorsprung schien ein hervorragender Kletterfelsen zu sein – solides Quarzitgestein. Obwohl Quarzitgestein selten über ein durchgehendes System von Rissen und Spalten oder gute Griffmöglichkeiten verfügt, weil es glasartig springt, würde man an den meisten Stellen höchstwahrscheinlich sicher klettern können. War man einmal oben angekommen, schien die Route einfach zu sein, und es versperrte scheinbar nur noch eine schwierig aussehende Felsstufe den Weg zum Gipfel.

Endlich wussten wir, was auf uns zukam, und ich war mir unseres Erfolgs sicherer als je zuvor.

Jim erschien an meiner Seite, dann Lou, von Ehrfurcht ergriffen.

Jim brach als erster das Schweigen. »Mein Gott, wie beeindruckend! Genau da drüben liegt unsere Route.«

»Wir müssen jemanden das Fixseil aus Neu-Delhi holen lassen«, sagte Lou und blickte uns an.

»Tja, wenn wir nicht so schnell nachgegeben hätten, wäre das Seil jetzt hier«, erinnerte ich ihn. »Wir können von Glück sagen, dass das Seil überhaupt in Neu-Delhi ist, sonst könnten wir diese Route in den Wind schreiben.«

»Und wie überzeugen wir Willi diesmal?«, wollte Jim wissen. Er dachte daran, wie überzeugend Willi sein konnte.

»Am besten überlassen wir das denen, die gegen das Fixseil waren«, empfahl Lou.

Peter, ursprünglich der größte Gegner des Fixseils, kam über den Kamm und gesellte sich zu uns.

»Peter, wir glauben, dass wir das restliche Fixseil aus Neu-Delhi brauchen werden«, wandte ich mich an ihn. »John Evans könnte es vielleicht mitbringen, wenn es uns noch gelingt, mit Martys Hubschrauber eine Nachricht rauszuschicken. Was meinst du?«

Peter war offensichtlich schockiert über die Steilheit des Bergs.

»Ich gebe es ja nur ungern zu, Leute, aber ich war im Unrecht«, entschuldigte er sich dann. »Wir werden jeden Zentimeter Fixseil brauchen, den wir kriegen können.«

»Jim und ich haben im Team derzeit keinen so guten Stand«, sagte ich. »Es liegt also an dir, die anderen davon zu überzeugen, dass wir das restliche Seil holen müssen. Wir wollen ja auch nicht so besserwisserisch rüberkommen. Wenn du auch meinst, dass wir das Seil brauchen, dann gibt es keinen Zweifel daran.«

»Okay. Ich werde mit Devi und Andy sprechen. Lou kann mir ja mit einem Plan helfen.«

Damit war die Frage geklärt. Wir würden die restlichen 1200 Meter Seil aus Neu-Delhi anfordern.

Jim und ich gingen in die Schlucht, um dort Seile für die Träger anzubringen, während Lou und Peter dablieben, um die anderen von der Notwendigkeit des restlichen Seils zu überzeugen. Peters Zustimmung war wichtig, weil er ursprünglich anderer Meinung gewesen war. Auch Elliot, Andy und Devi, die als nächste eintrafen, glaubten, dass wir mehr Seil als vorgesehen brauchen würden. Willi war immer noch unten und zahlte die Ziegenhirten aus, deshalb bot Devi an, die 600 Meter nach Romani hinunterzulaufen und ihm zu sagen, dass Ad und Marty eine Nachricht mitnehmen sollten. Sie meinte, sie sei die Einzige, die Willi überzeugen könnte.

Devi hatte Recht. Willi hörte ihr zu und, was noch wichtiger war, respektierte sie. Wo er unsere Argumente eventuell zurückwies, konnte sie ihn überzeugen. Wie Devi später berichtete, widersprach er nicht, sondern hörte nur zu, ging dann verschiedene Möglichkeiten mit ihr durch und schickte schließlich mit den *Bhakrawallas* eine Nachricht an John Evans. Etwas beruhigter machte sich das Team auf den Weg in die Schlucht.

Am 21. Juli wirkte die Schlucht besonders schön. Hohe Wolken glitten ins Sanctuary und verbargen den steilen Gipfel des Nanda Devi, aber die Sonne schien warm und behaglich ins Tal. Wir wanderten an von Flechten bedeckten Felshängen aus rötlichem Quarzit und kniehohem Wacholder vorbei. Rotgrüner Rhabarber wuchs unter überhängenden Klippen und um die vielen kleinen Quellen. An den unteren Hängen der Schlucht hatten sich Gruppen von Pappeln mühsam festgekrallt. Selbst die steilsten Flächen waren mit dichtem Gras bewachsen und boten, gerade für die besonders schlechten Wegstücke, hervorragende Stufen und Griffmöglichkeiten. Jim und ich hielten uns vor den Trägern, bis wir auf halber Strecke durch die Schlucht in Bujgara eine Mittagspause einlegten.

Die verschwitzten Träger, die immer die gleichen Lagen an Kleidung trugen, ob es nun null oder dreißig Grad waren, luden rasch ihre Lasten an der nächsten verlassenen Lagerstelle ab. Ohne eine Pause gingen einige von ihnen den Berg hinunter in ein bewaldetes Gebiet, um Holz für das Feuer zu holen. Die anderen rührten aus *Atta* und Wasser den Teig für die *Chapatis* an. Normalerweise dauerten die Mittagspausen ein bis zwei Stunden und wurden für ausgedehntes Kochen und ein Schläfchen in der Mittagshitze genutzt. Heute war das anders.

»Jim, wir sollten lieber losgehen«, sagte ich, als mir plötzlich auffiel, dass die Träger ihre Lasten schulterten.

»Irgendetwas in der Schlucht scheint sie heute zu beunruhigen«, stellte Jim fest, während wir rasch zu Ende aßen. »Sie müssen etwas wissen, das wir nicht wissen.«

Während wir packten, gingen sie an uns vorbei, überquerten den Strom und versammelten sich vor einer drei Meter hohen Wand, von der ein fluoreszierendes rotes Seil herabhing, das die kürzlich hier gewesene japanische Expedition zurückgelassen hatte. Von unten angeschoben machte sich jeder Träger mit viel Hilfe von seinen Freunden und dem Seil an die Überwindung des Hindernisses.

Wir halfen den letzten Trägern, dann mühten wir uns selbst hinauf. Die Männer legten eine Pause ein, wodurch Jim und ich die Gelegenheit erhielten vorauszueilen, um weiter Seile für sie anzubringen. Die Japaner hatten bereits viele der gefährlicheren Stellen gesichert, und an den weniger gefährlichen fanden sich alte Propylen- oder Manilaseile früherer Gruppen.

Einige Stellen waren für die Träger mit den langen, unhandlichen Kisten schwierig und gefährlich. Oft hätte ein Ausrutscher zu einem verhängnisvollen, 600 Meter tiefen Sturz in den Rishi führen können oder bei einem weniger tiefen Fall zumindest zu mehreren Knochenbrüchen.

Der Pfad verlor sich ein wenig und überwand mehrere senkrechte Felsvorsprünge. Schmale Bänder zogen sich durch die ungeheuren Wände, und wir erreichten nach einer kurzen Querung über ein sehr schmales Band, das mit alten Manilaseilen gesichert war, eine Rinne. Wir warteten, während einige Träger uns den undeutlichen Weg wiesen, der manchmal über viereinhalb Meter hohe, senkrechte Abschnitte führte, dann wieder über graswachsene Hügel.

Der 450 Meter hoch führende Aufstieg endete abrupt auf einem leicht abfallenden Plateau, das mit zwei großen Steinhaufen markiert war. Wir waren hier nur zweihundert Meter von unserem nächsten Lager, Pathal Khan entfernt. Plötzlich hatten wir die

Schwierigkeiten und Gefahren der Rishi-Schlucht hinter uns gelassen. Vor uns lagen die sanften Hänge und einfachen Wege des inneren Sanctuary. Die Monate der Anspannung, die sich auf diesen Tag konzentriert hatten, schienen wie weggeblasen. Jetzt konnte ich mich auf das Klettern selbst konzentrieren.

Es war sehr heiß an diesem frühen Nachmittag, und wir hatten nur wenige Gewässer passiert, aus denen wir trinken konnten. Ein diesiger Wolkenschleier schützte uns ein bisschen vor den ultravioletten Strahlen der Sonne, während Jim und ich uns nach einem schattigen Platz zum Rasten umsahen. Innerhalb der nächsten halben Stunde stolperten die Träger ins Lager, legten ihr Gepäck ab und suchten in den Höhlen der über dem Lager aufsteigenden Wand Schutz vor der Sonne. Die anderen Sahibs trafen nach und nach erschöpft und durstig von dem langen Marsch im Lager ein.

»Ich kann es kaum erwarten, meinen Kopf in den Fluss zu stecken«, sagte ich. »Hast du Lust mitzukommen, Jim?«

Jim bei der abendlichen Sprechstunde; Kiran übersetzt.

»Schon unterwegs!«, rief er, während er sich Handtuch und Shampoo schnappte. Als Jim und ich etwa achthundert Meter vom Lager entfernt den Fluss erreichten, hatten Lou und Andy bereits ein tiefes Becken gefunden, in dem sie ihre Füße einweichen und sich waschen konnten.

»Ich glaube, ich habe mir gerade Frostbeulen am Hirn geholt«, stammelte Jim, als er seinen Kopf aus dem Wasser zog, das noch zwei Minuten zuvor Gletschereis gewesen war.

»Wie soll das denn bitte gehen?«, wollte ich wissen. »Bergsteiger haben kein Gehirn.«

»Deshalb sind wir ja hier!«, rief Lou herüber.

Wir bewegten uns mit den abgehackten Bewegungen von Stummfilmfiguren, um dem dumpfen Schmerz des eisigen Wassers zu entgehen. Schatten fiel über den Fluss und trieb uns zu den verstreuten Flecken von Sonnenlicht, in denen wir uns aufwärmten. Bald mussten wir uns anziehen und ins Lager zurückkehren.

Für die meisten von uns bedeutete das Lager Essen, Unterhaltungen und Ruhepausen. Für Jim allerdings bedeutete es, Sprechstunde für die Träger zu halten. Sie hatten jedes nur erdenkliche medizinische Problem, von Leberentzündungen bis zu vereiterten Zähnen. Geduldig untersuchte Jim jeden Mann und hörte sich seine Beschwerden an, die Kiran, unser einziger Dolmetscher, für ihn übersetzte.

Die am weitesten verbreiteten Beschwerden waren Hauterkrankungen, die mit Seife geheilt wurden, und Augeninfektionen, unter denen die meisten Garhwalis litten, weil sie in verrauchten Räumen lebten. Ihre Häuser hatten keine Abzüge für die Kochfeuer.

Jim war oft entmutigt. »Sie brauchen mehr, als ich oder irgendein anderer Arzt ihnen geben kann. Für manche Beschwerden brauchen sie Chirurgen, Krankenhäuser und regelmäßige medizinische Betreuung.«

Wenn einer der Lastenträger eine rosa-grüne Tablette erhielt, stieg in den folgenden Tagen der Zulauf an Trägern, die alle unter der Erkrankung litten, die mit ebendieser Tablette geheilt wurde. Je mehr Tabletten ausgegeben wurden und je bunter sie waren, umso mehr Träger wollten sie haben. Salztabletten waren daher das Allheilmittel für alle Träger, die eigentliche keine Beschwerden hatten und trotzdem eine Tablette wollten.

Viel zu schnell kam der Morgen. Es war 5 Uhr, als *Chapatis* und Hafergrütze in der Zeltöffnung erschienen. Im Kochzelt wurde heiße Schokolade serviert. Die Träger wollten zeitig losgehen, obwohl es bis nach Sarson Patal, unserem voraussichtlichen Basislager, nur ein kurzer Tagesmarsch war.

Als ich vom Lager aufbrach, fühlte ich mich hervorragend. Doch ich hatte noch keine fünfzig Meter zurückgelegt, da glitt ich auf einer nassen Steinplatte aus und rutschte etwa sechs Meter bis zu einem schmalen Felssims hinunter. »Hast du dich verletzt?«, wollte Jim wissen.

»Verdammt! Ich habe mir den Knöchel und den Ellbogen angeschlagen. Sie haben ziemlich was abbekommen. Ich glaube aber nicht, dass etwas gebrochen ist.«

»Soll ich mal nachsehen?«

»Nein, lass uns weitergehen, damit der Knöchel locker bleibt, ich werde ihn dann im Lager baden«, erwiderte ich.

Aber der geschwollene Knöchel und der verfärbte Ellbogen waren nicht die einzigen Opfer des Sturzes. Auch mein Ego bekam etwas ab, denn die etwa zwanzig Träger hinter mir lachten mich aus. Ich konnte mehrere deutlich in gebrochenem Englisch sagen hören: »Toll, Sahib, toll!«

Das Wetter war immer noch perfekt. Jim und ich folgten den Trägern zum Fluss, wo der Pfad auf der anderen Seite in die Richtung zurückführte, aus der wir gekommen waren. Wir stiegen steil zu einem Grat hinauf und querten dann entlang von Blockfeldern mit grauem und rötlichem Quarzit. Ein großer Steinhügel markierte eine Weggabelung: Der Pfad, den wir nehmen würden, folgte der Nordseite des Nanda Devi, der andere stieg dreihundert Meter zum Rishi hinab, überquerte ihn auf einer provisorischen Seilbrücke und führte dann weiter zu den hoch aufragenden Spitzen des Kalenka und des Changabang. Wir beschlossen, etwas zu essen und auf die anderen zu warten.

Alle Bergsteiger schlenderten heran, streckten sich in der warmen Sonne aus und steuerten etwas zu unserem zeitigen Mittagessen bei. Devi, Elliot und Andy kamen, gefolgt von Kiran und Nirmal, langsam angebummelt. Seit Tagen waren wir nicht mehr in dieser Form zusammengekommen und hatten die Gesellschaft der anderen genießen können. Der Nanda Devi regte zu einer kurzen Diskussion über unsere beabsichtigte Route an, aber letztlich genossen alle die Schönheit des Sanctuary.

»Jim, warum gehst du nicht voraus? Ich werde es heute Nachmittag langsam angehen.« Ein überwältigendes Gefühl der Lethargie legte sich in der Hitze über mich und ließ mir das Weitergehen sinnlos erscheinen.

»Das kommt mir sehr entgegen, John. Ich möchte das letzte Stück genießen.«

Mehrere große Blockfelder führten zum inneren Sanctuary und einer regenbogenbunten Bergwiese, der eine Quelle entsprang. Devi und Andy ruhten sich im tiefen Gras neben dem Bach aus, als Jim, Lou und ich eintrafen. Der starke Kontrast zwischen der leblosen, feindlichen Welt des über uns aufragenden Gipfels und der warmen Blumenwiese, auf der wir saßen, verschlug uns die Sprache. Nur das Klicken von Jims Fotoapparat durchbrach die Stille.

»Ich habe ihn mir nie so schön vorgestellt.« Devi blickte auf die Hänge unterhalb des Gipfels. »Kaum zu glauben: Morgen werden wir klettern.«

Das Nanda-Devi-Basislager.

»Nur, wenn wir die Ausrüstung heute Nachmittag noch sortiert und umgepackt bekommen«, wandte Andy ein. »Wir hoffen ja immer noch, dass die Träger wenigstens bis zum oberen Basislager mitkommen, aber dafür müssen wir die Route erst mal erkunden.«

Devi packte zusammen und verschwand allein in Richtung Basislager. Ihre weißen Pyjamahosen wehten in der steifen Brise. Man konnte nur raten, worüber sie gerade nachdachte. Für sie war der Nanda Devi weit mehr eine Herzensangelegenheit als für uns.

Die unteren 1200 Meter des Nanda Devi, eine dunkle, zerklüftete Steilwand aus Schiefer und Dolomitgestein, wurden bald völlig sichtbar. Nirgendwo auf der gesamten Breite schien sich die Lücke zu bieten, die wir so dringend benötigten, um die obere Stirn zu erreichen. Auf 4100 Metern lag das Basislager zu niedrig, deshalb brauchten wir ein paar gemäßigte Abschnitte weiter oben auf dem Berg, um die eineinhalb Tonnen Material in akzeptable Reichweite zum Gipfel bringen zu können.

Das Basislager war ein mosaikartiges Muster aus 1,20 mal 2,10 Meter großen Zeltplattformen, die man aus dem saftigen, grünen, geblümten Wiesenteppich ausgehoben hatte. Sie umgaben eine natürliche ebene Fläche, auf der die Reste einer steinernen Schutzhütte zu sehen waren, die anderen Expeditionen als Küche gedient haben mochte. Eine Quelle plätscherte durch das Lager. Das dichte Blätterwerk an ihrem Ufer wand sich in einem Streifen über den kahlen Boden. Ein von der Devistan-Expedition errichtetes Felsdenkmal wachte über das Lager und den Weg zur Südflanke des Nanda Devi. Etwa achtzig Quadratmeter um das Lager herum waren von Abfall verunstaltet. Alte Dochtlaternen, blaue Bleuet-Propangasbehälter, verrostete Dosen, Plastik und alte Turnschuhe waren die Zeichen der Gleichgültigkeit, die frühere Expeditionen der abgeschiedenen Natur des Nanda Devi gegenüber hegten.

Etwa einen Kilometer unterhalb des Lagers strömte der neugeborene Rishi Ganga an den Nordwestflanken des Nanda Devi entlang. Wasserfälle schnitten sich in die gewaltige untere Wand und schrieben sich langsam in die Geschichte ein, unterstützt von den ständigen Steinschlägen, die wir vom Lager aus hören konnten.

Windstöße rissen an uns, als wir ins Lager hinabstiegen. Die Träger hatten bereits im Gestrüpp am Bachufer Holz gesammelt und mit dem Kochen begonnen.

Ich war müde, mein Knöchel und mein Ellbogen pochten und meine Stimmung war den Umständen entsprechend. Die Wanderung zum Basislager und die Höhe hatten mir die letzte Motivation genommen. Jim dagegen war völlig besessen davon, sofort die Zelte aufzubauen. Aber was auch immer Jim antreiben mochte, es funktionierte weder bei mir noch bei den anderen. Wir standen nur aus schlechtem Gewissen auf und halfen. Schließlich hatten wir die Zelte in den lädierten Kisten gefunden, die Plattformen geebnet und gesäubert und unsere Zuhause für die kommenden Wochen aufgeschlagen.

Jims Nervosität war offensichtlich. Er musste sich vergewissern, dass die Route, für die er so weit gereist war, einen Versuch lohnte. Er war sich nicht sicher, ob der Nanda Devi es wert war, dass er seine Praxis und seine Freunde zurückgelassen hatte und ob der Berg seine Bedürfnisse befriedigen konnte. Die Antwort darauf lag nur einen kurzen Marsch entfernt und deshalb wollte er nicht länger warten.

»Lou und ich gehen ein Stück den Berg rauf, um die neue Route auszukundschaften«, sagte er. »Möchtest du mitkommen?«

»Warum ruht ihr euch nicht aus?« Ich konnte ihre Ungeduld, eine Route in diesem Labyrinth zu suchen, nicht teilen. »Geht ruhig vor, ich komme nach.«

Als ich sie schließlich einen Kilometer weiter oben einholte, studierten sie die unteren Hänge mit Ferngläsern.

»Wie sieht es aus?«, erkundigte ich mich. »Irgendwelche Aufgänge entdeckt?«

Keiner der beiden antwortete.

Wolken verdeckten die oberen Hänge, so dass es schwierig war, die unteren Rinnen mit einer möglichen Route im oberen Felsen zu verbinden.

»Es gibt zwei Möglichkeiten, John«, murmelte Lou schließlich, ohne das Fernglas von den Augen zu nehmen. »Die eine ist eine Rinne etwa anderthalb Kilometer stromaufwärts. Es könnte sein, dass sie die gesamte Wand durchschneidet, aber ich kann ihr Ende nicht sehen. Die andere Möglichkeit wäre, über den Südgrat hochzusteigen und dann den ganzen Weg an diesem Rampensystem auf 1200 Metern Höhe entlang zurückzuqueren.« Er reichte mir das Fernglas.

»Ich kann deine Rinne zwar sehen, aber nur die unteren dreihundert Meter. Wir müssen höher steigen und weiter rübergehen, um besser sehen zu können.«

»Wir können es versuchen«, meinte Jim. »Aber der Bach hat Hochwasser.« Wir versuchten, eine Stelle zu finden, an der wir den angeschwollenen, schlammigen Gebirgsbach überqueren konnten, der vom Devistan-Gletscher hoch über uns gespeist wurde, aber er war durch das Abschmelzen großer Eismengen in der Hitze des Tages unpassierbar geworden. Entmutig durch unseren Misserfolg, zogen wir uns demütig ins Basislager zurück.

»He, John!« Es war Elliot. »Peter ist sehr hoch ins Sanctuary gestiegen und sagt, die Route sieht schlecht aus.«

»Wirklich?« Ich ging schnurstracks auf Peters Zelt zu.

Peter war einer der erfahrensten Hochgebirgsbergsteiger Amerikas, die 1976 noch rar gesät waren. Er hatte sich in den 1960er-Jahren dadurch ausgezeichnet, dass er an mehreren wichtigen Ex-

Der obere Teil der Nordwestflanke des Nanda Devi.

peditionen in Alaska teilgenommen hatte. 1973 war er mit mir auf dem Dhaulagiri und 1974 im russischen Pamirgebirge gewesen. Er galt als einer der besten Lawinenexperten der USA und war in Alta, Utah, im Lawinenschutz tätig. Seine Meinung war wertvoll.

Lou und Jim folgten mir in Peters Zelt. Devi und Andy waren bereits da.

»Was hast du gesehen?«, wollte ich wissen.

»Ich will nichts mehr dazu sagen.« Seine Stimme klang zutiefst enttäuscht. Es hatte sich im Lager bereits verbreitet, dass Peter die Route nicht gefiel.

»Ich denke, es wäre das Beste, wenn ihr euch morgen früh eine eigene Meinung bildet.«

»Du kannst uns doch nicht auf die Folter spannen, Peter«, protestierte Lou. »Gib uns wenigstens einen Hinweis, weshalb du so entmutigt bist.«

»Wir haben genügend Erfahrung, um uns selbst ein Urteil zu

bilden«, fügte ich hinzu. »Vielleicht hast du von deiner Position aus noch nicht alle Möglichkeiten gesehen.«

Endlich brachten wir ihn doch zum Reden.

»Ich bin bis auf 4500 Meter ins Sanctuary gestiegen und habe einen guten Ausblick auf die Wand gehabt«, begann Peter. Er sprach langsam und überlegte sich seine Worte genau. »Es gibt keinen Weg die Felswände hinauf. Und selbst wenn wir hochkämen, könnten wir oben nicht queren. Es gibt keine ebene Fläche. Es geht ohne Unterbrechung in einem steilen Winkel nach oben, und die Spalten, die den Felsen durchschneiden, sind unpassierbar. Die Eiswand ist tatsächlich senkrecht.«

Jetzt hatten alle den düsteren Bericht gehört. Unsere Stimmung war am Boden.

»Wenn man frontal darauf sieht, erscheinen Wände immer senkrecht«, erinnerte ich ihn.

Lou unterstützte mich: »Außerdem konntest du aus dieser Distanz weniger deutliche Phänomene wie Bänder oder gute Griffmöglichkeiten gar nicht erkennen.«

Devi versuchte es mit einer Aufmunterung. »Wir haben ja nicht gesagt, dass wir herkämen, um eine bestimmte Route zu besteigen.«

»Wir können flexibel sein«, sagte Elliot.

»Redet keinen Scheiß!«, platzte es aus mir heraus. »Wir sind hergekommen, um eine neue Route auszuprobieren, und genau das werden wir so lange versuchen, bis wir alle Möglichkeiten ausgeschöpft haben.«

Elliot stand kurz davor aufzugeben. Andy war unentschieden. Peter war sehr niedergeschlagen. Devi versuchte, alle aufzumuntern, und sagte, man könnte ja nicht nach dem ersten Eindruck urteilen, insbesondere nicht aus dieser Entfernung.

Willi beschloss später, mich und Lou, der bekanntermaßen ein vernünftiger Mann war, am folgenden Morgen weiter ins Tal hineinzuschicken, damit wir die Route zu den oberen Hängen auskundschafteten. Der Rest des Teams würde nach einem besseren, dichter am Berg liegenden Platz für das Basislager suchen und auf die gegenüberliegenden Hänge klettern, um einen besseren Ausblick auf unsere beabsichtigte Route zu erhalten.

17 Tage nach unserer Ankunft in Neu-Delhi sollten wir mit dem Klettern beginnen. Lou und ich suchten uns Seil, Klettermaterial und unsere Bergsteigerausrüstung aus den Paketen der Träger zusammen, aßen früh zu Abend und legten uns schlafen. Ich war viel zu aufgeregt, um einschlafen zu können. Jetzt begann endlich das, wofür wir so weit gereist waren.

# Fünf

Als Lou und ich uns um 6.30 Uhr auf den Weg machten, fragten wir uns, warum wir bloß auf das Frühstück aus Hafergrütze und *Chapatis* gewartet hatten, das uns jetzt wie Blei im Magen lag und uns schon eine halbe Stunde später nach dem Toilettenpapier suchen ließ.

Der am Vortag so angeschwollene Strom bereitete uns am Morgen wenig Probleme; wir sprangen über ein paar große Flusssteine und kletterten den Moränenschutt auf der gegenüberliegenden Seite hinauf. Der Weg über die steinigen Hänge endete nach einer knappen Stunde abrupt am Rishi Ganga, der zwei Kilometer weiter oben dem Südwestgletscher des Nanda Devi entsprang.

In der Nacht hatte sich der Himmel bewölkt, und die dicken Wolken hingen gerade mal sechzig Meter hoch. Die Suche nach unserer Route musste also auf gut Glück erfolgen, und wir würden jede Rinne ausprobieren müssen.

Trotz des späten Starts in den Tag hatten wir am Rishi unseren ersten großen Durchbruch. Seit Beginn der Expedition hatten wir befürchtet, den Rishi nur überqueren zu können, indem wir bis zur Südseite des Nanda Devi gingen und dort über den Gletscher querten, um schließlich über die Nordwestwand zurückzukehren. Doch nun gab uns der Berg selbst die Antwort auf die große Frage nach dem Aufstieg.

Kleine Lawinen, die sich in 3000 bis 3600 Metern Höhe im Pulverschnee der Nordwestwand des Nanda Devi bildeten, wuchsen auf ihrem Weg nach unten zu Monstern heran. Diese Lawinen donnerten durch große Rinnen die gesamte Wand hinunter, wo sie schließlich auf die unteren Geröllhänge trafen und den Rishi Ganga überbrückten. Der so blockierte Fluss bahnte sich für seine lange Reise zum Meer einen Tunnel durch die Tonnen von Schnee. Über diese natürliche Brücke aus Eis überquerten wir den Fluss. Der Lawinenschutt zeigte uns an, durch welche Rinnen wir lieber nicht aufsteigen sollten.

Schließlich blieb uns nur eine Möglichkeit: eine einzelne, tiefe, 15 Meter breite Rinne, die steil nach oben führte und in den Wolken verschwand. Weder Lou noch ich fanden, dass sie den Trägern mit ihren Lasten eine geeignete Aufstiegsmöglichkeit bot, doch es gab keinen anderen Weg.

Das erste Stück der Rinne war leicht zu ersteigen. Das leichte Klettern dritten Grades, von festem Felsen zu losem Kieselgeröll, war ein guter Test für unser Gleichgewicht und eine gute Vorbereitung auf das schwierigere Klettern weiter oben. Wir hielten uns sehr dicht an der über uns verschwindenden Wand. Doch dann mussten wir erkennen, dass die Rinne eine Sackgasse war. Es eröffnete sich die Möglichkeit, über gefährlichen, losen Fels zu einem schmalen, steilen Grat zu queren, der den Rücken zwischen zwei Rinnen bildete. Die eine waren wir bereits hinaufgestiegen; die andere war eine Sackgasse.

»Das wird verdammt schwer werden für die Träger, Lou.«

»Bis hierhin können sie es schaffen«, antwortete er. »Wir werden wahrscheinlich sowieso nicht viel weiter über die Spitze dieses Grats hinauskommen. Sieht aus, als ob der Grat da oben in der Wand ausläuft.«

Ich nutzte die vielen vorhandenen Felstritte, um den sechzig Grad steilen Grat hinaufzuklettern. Es war, als würde ich eine steile Gerüstdiele im 30. Stock hinaufkriechen. Für die Träger brauchten wir definitiv ein Fixseil. Ich erreichte den Grat, wo die Rippe an eine große Wand angrenzte.

»Lou!«, rief ich. »Ich glaube, wir haben die Lösung gefunden! Es scheint hier ein schmales Band zu geben, das uns in die Rinne zurückführt. Da können wir wieder leichter klettern.«

Er kam zu mir herauf.

»Das ist die Schlüsselstelle«, japste er, noch atemlos vom Klettern. »Wenn die Träger es bis hierher schaffen, könnten wir sie dazu kriegen, den ganzen Weg bis zum nächsten Lager zu gehen.«

Ein Felsabschnitt von zehn Metern, der ein weiteres Fixseil für die Träger erforderlich machte, und ein paar hundert Meter einfaches Queren brachten uns in die Mitte einer Rinne, durch die ein Gletscherbach hinunterfloss. Über uns sah es nach leichtem Klettern dritten Grades aus. Wir hatten den Zugang zur oberen Wand entdeckt.

»Alles scheint sich zu klären«, stellte Lou überrascht fest. »Jetzt müssen wir nur noch eine passende Stelle für das obere Basislager finden, dann können wir uns auf den Weg machen.«

»Alle werden wieder mit Begeisterung dabei sein, wenn sie das hören«, fügte ich hinzu. »Wann funken wir?«

»Wir haben noch eine halbe Stunde. Lass uns so weit wie möglich die Rinne raufsteigen, bevor wir mit den anderen sprechen, damit wir ihnen so viel wie möglich über die Route sagen können.«

Nach einem Imbiss aus *Chapatis*, Erdnussbutter und Marmelade kletterten wir den Hang zur Rechten des Baches hinauf. Die Höhe machte uns beiden sehr zu schaffen, und wir bewegten uns nur langsam in der dünnen Luft. Damit wir den Rückweg finden würden, markierten wir wichtige Abzweigungen in unserer Strecke mit großen Steinhaufen. Die Route war zu einfach, um wahr zu sein.

Um 10 Uhr schaltete Lou das Funkgerät ein, um mit Willi Kontakt aufzunehmen. Er und die anderen sollten nach einem besseren Basislager suchen, das näher an unserer geplanten Route lag, indem sie auf der gegenüberliegenden Seite höher stiegen und von dort die oberen Hänge der Nordwestwand erforschten.

Inzwischen war die Moral der anderen noch weiter gesunken. Jim, Willi, Andy, Devi und Elliot waren um den Westvorsprung des Nanda Devi gewandert, hatten aber keinen Einstieg in den gut gewappneten Berg finden können. Die schlechte Sicht hatte ihr Übriges getan. Willi beschrieb uns kurz eine Route weiter oben am Berg, die er zwar für möglich hielt, bei der wir aber unter mehreren Eisfällen herklettern mussten. Wie Jim erzählte, schlug das einigen noch mehr auf die Stimmung. Für sie klang es, als wollte Willi rechtfertigen, dass man im Himalaja hohe Risiken einging, und das wollte gerade niemand hören. Jim erwähnte, dass Elliot beunruhigt sei, Andy Willis Ideen zögerlich unterstütze und Devi es vorzöge, nur zuzuhören und zuzusehen.

»Willi, hier ist Lou. Bitte melden«, rief Lou.

»Wir empfangen dich, Lou«, erwiderte Willi. »Wir haben euch erwartet. Wo seid ihr?«

»Wir sind auf ungefähr 4700 Metern«, erklärte Lou. »Wir haben eine gute Route zu den oberen Hängen gefunden, und es sieht aus, als gäbe es hier oben ein paar sehr brauchbare Lagerplätze.«

»Großartig!« Man konnte die Erleichterung in Willis Stimme fast spüren, und wir hörten, dass die anderen im Hintergrund ebenfalls aufatmeten. »Wir befinden uns gegenüber der Schneebrücke über den Rishi. Wo seid ihr raufgegangen?«

Da die anderen sich immer noch unter den Wolken befanden und nicht sehen konnten, wo wir entlanggegangen waren, beschrieb Lou ihnen den Weg sehr detailliert. Wir legten fest, um 16 Uhr erneut zu funken, falls wir bis dahin nicht wieder unten sein sollten, dann schaltete Lou ab.

Minuten später kletterten Lou und ich beständig auf unser nächstes Ziel zu, einen breiten Grat, der sechshundert Meter über uns auf einen begehbar aussehenden Bereich der Wand zulief. Dreihundert Meter weit schlängelten wir uns durch kleine Abhänge, Geröll und Felsbrocken am Fuß eines großen Schneefelds, das ein Überbleibsel früherer, riesiger Lawinen war. Auch kam es ständig zu kleineren Schneerutschen, die aber weit über uns stoppten. Das Knirschen des hinuntergleitenden Schnees klang im Nebel so nah, dass wir in Panik an die Seiten der Rinne krabbelten. Zwar kam uns keine der Lawinen je nahe, aber unsere Angst wuchs dennoch, weil wir im dichten Nebel nichts sehen konnten.

Wir kletterten den Felsen an dem Lawinenschutt 120 Meter entlang, bevor wir auf die andere Seite querten. Dort fanden wir einen einfachen Aufstieg auf den Grat. Der breite Rücken des Grats entstand etwa dreihundert Meter über uns und endete in einer glatten Wand über dem Rishi, tausend Meter unter uns. Das war ein hervorragender Platz für ein vorläufiges Lager, bevor wir eins näher an unserer geplanten Route errichten konnten. Der Lagerplatz, den wir später »Gratlager« tauften, schien gut vor Lawinen und Steinschlag geschützt zu sein. Schnee und Schutt würden in den gigantischen Rinnen zu beiden Seiten ihren Weg hinunterfinden.

Der Berg bot in dieser Höhe mit seinen Bändern aus losem Glimmerschiefer und braunen Steinplatten entlang der gesamten Nordwestwand flache und leicht auszuhebende Lagerplätze. Obwohl sie tückisch, morsch und glatt waren, erlaubten diese Bänder uns doch eine wesentlich einfachere Querung zu unserem zukünftigen oberen Basislager, das einen Kilometer östlich, aber nur ein paar hundert Meter höher liegen sollte.

Unter uns verengte sich der Grat zu einer Klinge, die den Himmel zerschnitt und auf den Mount Devistan am äußeren Rand des

Sanctuary einzustechen schien. Von der Klingenspitze stürzte er in Stufen von dreißig Metern bis tief unten zum Rishi.

»Das hier ist ein großartiger Abladeplatz für die Lasten«, entschied Lou. »Von hier aus können wir die Lasten zu dem Grat da drüben tragen.« Er wies auf einen weiteren breiten Vorsprung auf der anderen Seite des Nordwestgletschers. »Das könnte ein perfekter Platz für das obere Basislager sein.«

»Es gefällt mir nicht, unter diesem großen Gletscher zu queren«, sagte ich, »aber ich denke, es ist nicht zu viel Schutt darunter...«

»Ja, aber irgendetwas muss diese Schneebrücken über den Rishi geschaffen haben«, fügte Lou hinzu.

Ich begann, einen großen Steinhügel zu bauen, während Lou einen diskreten Abort fand. Um uns in der neuen Höhe zu akklimatisieren, ruhten wir mehrere Stunden aus, bevor wir wieder durch die Rinne abstiegen. Beim Abstieg wirkte unsere Route sogar noch einfacher, als sie es beim Aufstieg gewesen war. Ich war sicher, dass die Träger sie schaffen konnten. Unsere einzigen Probleme waren jetzt das Wetter und die Frage, ob die Träger bereitwillig weitertragen würden. Das erste lag in Gottes Hand, das zweite in Kirans. Ich war sicher, dass beide ihrer Aufgabe gewachsen waren.

Lou und ich waren früh zurück und besprachen mit der Gruppe, warum Peter die Route für unmöglich gehalten hatte. Er war am Vortag nicht hoch genug gekommen, um die oberen Hänge ungehindert sehen zu können.

»Jim, ich sage dir, die Lagerplätze sind groß wie Fußballfelder.« Ich übertrieb um der Wirkung Willen. »Man kann da oben Frisbee spielen.«

Lou beantwortete so lange Willis Fragen, bis alles geklärt war. »Wir haben nicht nur brauchbare Lagerplätze gefunden, sondern wir hatten auch einen guten Blick auf die obere Wand. Sie hat höchstens 40 bis 45 Grad!«

»Ihr habt tolle Arbeit geleistet«, lobte Willi. »Das bringt uns mindestens eine Woche weiter.«

Nicht alle waren überzeugt. »Ich würde morgen gerne raufgehen und es mir selbst ansehen«, forderte Peter. »Ich würde mich sicherer fühlen.«

Peter, der einer der erfahrensten Bergsteiger des Teams war, musste die Route selbst sehen. Als Lawinenexperte musste er sich persönlich vergewissern, dass die Route keine Lawinen barg, die im bevorstehenden Monsun den Berg hinunterstürzen würden. Ich hatte viel Respekt vor seiner Meinung, aber nach dem Zwischenfall in Dibrugheta hatte ich nicht vor, Widerstand gegen diese Route zu dulden.

»In Ordnung«, stimmte Willi zu. »Warum bringst du nicht mit Lou an den schlimmsten Stellen Fixseile für die Träger an, und wir anderen führen sie zum Grat?«

»Dann müssen wir heute den Proviant umpacken«, stellte Elliot fest. »Alle müssen helfen, damit die Träger morgen gehen können.«

Obwohl Elliot jung und unerfahren war, wusste er, dass die Träger mit dem Gewicht ihrer Lasten einverstanden sein mussten, wenn wir wollten, dass sie sie über schwieriges Gelände trugen. Bis zu diesem Zeitpunkt hatte er nie viel gesagt, aber ich erwartete, dass er sich in jeder Diskussion Willis Meinung anschließen würde. Jetzt wartete er ungeduldig darauf, mit der Besteigung weiterzukommen, so als mache ihn diese Unentschiedenheit nervös. Ich wusste immer noch nicht, was ich von Elliot halten sollte, der aussah, als sei er erst sechzehn. Ich war neugierig auf seine gemeinsame Geschichte mit Ad, die ihn offensichtlich qualifiziert hatte, auf eine so renommierte Expedition eingeladen zu werden. Immerhin kannte Ad eine Menge guter Bergsteiger in den USA, und doch war Elliot jetzt dabei.

Die anderen hatten nicht untätig herumgesessen, während Lou

und ich auf dem Berg waren. Sie waren die paar Kilometer zu dem japanischen Basislagerplatz gelaufen, wo sie von den Japanern zurückgelassenen Trägerproviant entdeckt hatten – genug, um unsere Träger einige Tage länger versorgen zu können. In dieser Zeit konnten sie uns helfen, ein festes Lager hoch oben auf dem Berg einzurichten. Das Basislager verwandelte sich bald in ein Warenhaus aus offenen Kisten und flatternden Plastiktüten, als die Proviantliste vorgelesen und jeder Posten gesucht, gewogen und in Haufen von acht Tagesrationen aufgeteilt wurde.

»Devi, wir zwei können das Milchpulver, die gefriergetrockneten Kartoffeln und das Salz aufteilen«, sagte Elliot, »während Lou und Andy sich um die Süßigkeiten und die Kekse kümmern. Peter, du kannst bei den Kartoffeln und den Nudeln helfen.«

Willi, Jim und ich versuchten, uns in unseren Zelten zu verstecken, um einen letzten Brief zu schreiben, bevor es auf den Berg ging. Aber Devi brachte uns schnell dazu zu helfen.

»John, würdest du gerne den Tee verpacken?«, fragte sie. »Hier, ich habe den Tee und die Beutel gleich mitgebracht.«

»Wie viel soll ich in jeden tun…?« Es nützte nichts. Sie war schon weg und überließ mich meiner Arbeit.

Jim war genervt, weil er Gumperts-Getränkepulver sortieren musste, also kehrte ich zu meinem Zelt zurück, um meine Ruhe zu haben. Doch sobald ich mit einem Nahrungsmittel fertig war, brachte Devi mir schon das nächste.

Als ich mit meinem kurzen Job fertig war, sortierte Willi Kräcker in Haufen. »John, es sind noch Süßigkeiten zu verpacken. Willst du das machen?«, fragte er. »Andy sortiert schon drüben im Zelt, aber da hinten liegen noch mehr Bonbons und Schokolade.«

Devi entdeckte Jim beim Schreiben in seinem Zelt und beauftragte ihn, gerösteten Mais zu verpacken. Kiran und Nirmal waren mit dem Dörrfleisch beschäftigt, das sie als Hindus noch nicht mal essen durften.

Als die Acht-Tages-Pakete fertig waren, wog jeder Beutel 15 Kilogramm. Willi entfernte aus allen Beuteln so viele Süßigkeiten, Kräcker, Wackelpeter und Nudeln, bis sie ungefähr 13 Kilogramm wogen. Damit waren wir aber trotzdem noch nicht fertig.

Die Trägerlasten mussten zusammengepackt werden, und wegen der Höhe und der schwierigen Route zum Gratlager durften sie zwanzig Kilogramm nicht überschreiten. Nirmal wog jedes Paket unter Jagatsinghs scharfem Blick. Alles schien in Ordnung zu sein.

An diesem Abend erhielten wir zum ersten Mal Neuigkeiten von der Außenwelt. Wir empfingen die BBC-Nachrichten sehr undeutlich über unser billiges indisches Radio, verstanden aber, dass die USA in den drei Tagen der olympischen Sommerspiele in Montreal bereits die meisten Medaillen errungen hatten. Nach den Nachrichten bemächtigte Nirmal sich des Radios und unterhielt uns den restlichen Abend mit lauter indischer Musik.

Ein wunderschöner Sonnenaufgang begrüßte uns am 24. Juli. Lou und Peter waren im Morgennebel verschwunden, lange bevor wir anderen die Sicherheit unserer Schlafsäcke verlassen hatten.

»Surrendra!«, rief ich, während ich auf das Küchenzelt zuging. »Frühstück fertig?«

»Ja, Sahib.« Surrendra reichte mir einen Teller mit *Parathas*, in *Ghee* gebackenen *Chapatis*, und wies mich an, mich selbst an dem Brei zu bedienen, der in dem Topf über dem kleinen Feuer blubberte.

»He, Willi, was ist los?«, fragte ich, als ich bemerkte, dass die Träger alle an einem Abhang über dem Lager saßen. Kiran stand vor ihnen, stritt wild gestikulierend mit Jagatsingh und im Verlauf der Diskussion wurde sein Hindi immer schriller.

»Die Träger wollen jetzt sofort für ihre Arbeit bis hierher bezahlt werden«, antwortete Willi. »Kiran befürchtet, dass sie heute nichts die Rinne hinauftragen werden, wenn wir sie jetzt bezahlen. Er wird es mit ihnen aushandeln.«

Ich aß langsam mein Frühstück und packte dann für den Aufstieg zum Gratlager. Die anderen lungerten zwischen den Zelten herum, um zuzuhören und den Ausgang abzuwarten. Einige Träger verkündeten hitzig, dass sie nirgendwohin gehen würden. Da ich für den Standpunkt der Träger Verständnis hatte, hielt ich mich aus der Diskussion heraus.

»Andy, siehst du die beiden jungen Träger auf der rechten Seite?«, fragte ich. »Das scheinen die Unruhestifter zu sein.«

»Ja, ich habe sie beobachtet… Die meisten scheint das Ganze nicht weiter aufzuregen. Sie lehnen sich einfach zurück und lassen ein paar Hitzköpfe die Sache ausfechten.«

Ich hatte gerade die Vorstellung aufgegeben, an diesem Tag noch irgendwohin zu gehen, als plötzlich alle Träger gleichzeitig aufsprangen, sich ihre Lasten schnappten und losmarschierten. Ich hatte keine Zeit zu verlieren.

Da außer mir niemand aufbruchbereit war, griff ich nach meinem Rucksack und folgte den Trägern. Ich war der Einzige, der den richtigen Weg kannte.

»Wer zum Teufel führt diese Jungs?«, fragte ich mich, während ich versuchte, mit dem letzten von ihnen Schritt zu halten. Wir marschierten ohne die üblichen Pausen, und so befanden wir uns bald 100 Meter über der Schneebrücke, die den Rishi querte. Ich war völlig geschafft.

Der Träger, der diesen Vorstoß angeführt hatte, blieb nun schweißtriefend vor mir stehen und grinste von einem Ohr bis zum anderen. Er war offensichtlich überzeugt, dass ich gleich vor Erschöpfung zusammenbrechen würde, und nur sein schelmisches Grinsen hielt mich davon ab, das auch zu tun. Mit Kesharsinghs überlegenem Blick vor Augen konnte ich jetzt nicht stehen bleiben.

Ich raffte also meine restliche Energie zusammen und marschierte ohne anzuhalten weiter. Dabei versuchte ich, so auszusehen, als gälte meine Konzentration ganz der Rinne und nicht der Verhinderung eines Zusammenbruchs.

»Du bist ein sehr starker Träger.« Ich bemühte mich, nicht atemlos zu klingen, als ich an dem grinsenden Kesharsingh vorbeimarschierte. Ich glaube, er war beeindruckt.

Inzwischen beobachteten mich alle Träger. Ich musste außer Sichtweite gelangen, um anhalten zu können, aber der nächste Sichtschutz lag 120 Höhenmeter entfernt. Ich stieg weiter. Noch fünf Meter, noch zwei, einen, geschafft!

Alle meine Muskeln pulsierten, insbesondere der zwischen meinen Ohren. Zitternd fiel ich auf die Knie. Meine Lunge brannte.

»Das war dumm, wirklich dumm«, murmelte ich vor mich hin.

Die Träger stiegen unter der Führung meines Peinigers in engem Verband die Rinne herauf, um so zu vermeiden, dass jemand von losgetretenen Steinen getroffen wurde. Der Aufstieg zu den oberen 150 Metern der Rinne, der Sackgasse, war in dem tiefen, losen Felsgeröll schwierig. Am Kopf der Rinne querte ich zu einer sechzig Meter hohen, achtzig Grad steilen Wand, an der Peter und Lou das erste Fixseil angebracht hatten. Mit vorsichtigen Schritten kletterte ich die Wand hinauf, wobei ich das Seil zur Sicherung und Unterstützung nutzte.

»Nein, hier rauf!«, schrie ich. »Fixseil! Seht ihr?« Ich hielt das Seil hoch, um es den Trägern zu zeigen.

Es hatte keinen Sinn. Die Träger überquerten die Rinne im unteren Teil, den Lou und ich tags zuvor entlanggegangen waren. Sie würden sich bestimmt sträuben, mit diesen unhandlichen Lasten Felsen des vierten und leichten fünften Grades hinaufzuklettern.

Sobald ich den Rücken des Grats erreicht hatte, lud ich meine Last ab und stieg zu den wartenden Trägern ab. Sie mochten die vor ihnen liegende Route eindeutig nicht.

»Nein, Sahib«, sagte einer der Unruhestifter. »Nicht gut!« Er deutete erst auf seine Last, dann auf die Strecke und schüttelte abschließend den Kopf.

Andere begannen, die Situation in ihrem Dialekt zu diskutieren. Sie hatten Angst.

»Na gut, hört zu. Dieser Teil ist schlecht, aber nur ganz kurz«, gestikulierte ich mit den Händen. »Guter Halt, seht ihr?«

Aber ich überzeugte sie nicht! Mittlerweile standen alle Träger auf dem Absatz. Einige äußerten ihr Missfallen, andere ließen sich nieder, um zuzuhören und abzuwarten. Bei Uneinigkeiten in der Gruppe traf nur selten ein einzelner Träger allein eine Entscheidung.

»In Ordnung, jeder Träger, der bis zum Gratlager trägt«, ich deutete in die grobe Richtung, »bekommt fünf Rupien extra.« Meine fünf Finger und das Wort »Rupien« verdeutlichten meine Botschaft.

Es gab eine kurze Diskussion, und einige der stärkeren Träger begannen, mir den schwierigen Vorsprung hinauf zu folgen.

Sie waren großartige Bergsteiger. Trotz der unförmigen Lasten waren Balance und Koordination der Männer ausgezeichnet. Ich sah, dass weitere Träger in die Rinne zurückkehrten und das Fixseil hinaufkletterten. Nur ein paar ließen ihre Lasten zurück und kehrten zum Lager zurück.

Wir erreichten meinen Rucksack innerhalb von zehn Minuten. Ich konnte kaum glauben, dass einige der Träger gerade ungesichert, schwer beladen und mit miserablem Schuhwerk hier heraufgekommen waren. Geduldig wartete ich, bis alle da waren, und folgte dann einigen der entschlosseneren Trägern über den Steg unterhalb der dreihundert Meter hohen, senkrechten Wand. Ein Fixseil hing von einer kurzen senkrechten Felsstufe herunter, dann erreichten wir den Gletscherbach. Die Träger legten eine Pause ein und sorgten sich erneut um die Route.

»Es ist jetzt nicht mehr gefährlich. Sehr leicht ab hier«, erklärte ich gestenreich, wobei ich jeden Satz mit »fünf Rupien« unterstrich.

Gerade rechtzeitig kam es zu einem leichten Steinschlag, der im Bachbett landete und sie davon überzeugte, schnell weiterzugehen. Eine höhere Macht als ich hatte da ein bisschen nachgeholfen.

Die Träger schwangen sich nun an einem kurzen, gesicherten Abschnitt über eine Felsplatte und stiegen dann einen Hang hinauf, der auch aus Murmeln hätte bestehen können.

»Ich glaub es nicht! Ihr könnt hier nicht anhalten!« Ich begann, die Geduld zu verlieren. Doch die Träger wollten nur eine Mittagspause machen. »*Chapatis*, Sahib?«

Jim näherte sich von unten meiner Gruppe ruhender Träger. »Wie läuft es, John?«

»Die Träger bleiben ständig stehen und beschweren sich«, erklärte ich ihm. »Ich weiß nicht, ob sie den ganzen Weg gehen werden.«

»Surrendra und ich werden weitergehen«, bot Jim an. »Vielleicht weckt das ihren Ergeiz und sie folgen uns.«

»In Ordnung. Ich werde sie von hinten weiter antreiben.«

Nach dem Essen wollten die Träger wieder nicht weiter. Viele fanden, die fünf Rupien seien die Gefahr nicht wert. Alle gingen hundert Meter und legten erneut die Lasten ab. Ich konnte es ihnen einfach nicht verübeln. Dann fragten sie nach Tabletten gegen ihre höhenbedingten Kopfschmerzen.

»Wenn ihr im Lager oben ankommt, verteile ich Kopfschmerztabletten«, versprach Jim.

Ich lehnte mich zurück und schaute zu, erschöpft und des Diskutierens müde. Ich war völlig leer und hatte nichts mehr zu sagen. Der starke Träger namens Kesharsingh sagte irgendetwas zu den Trägern, die noch nicht zurückgekehrt waren. Er muss wohl erklärt haben, dass er hinaufgehen würde, denn er schulterte sein Bündel und begann, zum Gratlager aufzusteigen. Die übrigen Träger folgten ihm.

Jetzt waren alle entschlossen, den Grat zu erreichen; sie würden den ganzen Weg gehen. Ich strengte mich an, um Kesharsingh einzuholen. Er war ein Tiger. Wir überholten Jim und Surrendra, überquerten die Lawine und gingen zügig auf das Lager zu.

Während all meiner Reisen war mir nie ein Träger begegnet, der wie Kesharsingh das Bedürfnis hatte, um der Sache Willen zu wetteifern. Er wollte nicht zulassen, dass ich ihn überholte, und trieb uns damit beide beinahe zum Zusammenbruch. Keiner wollte aufgeben.

Meine Schläfen pochten, Schweiß tropfte mir in die Augen, an den Ohren entlang, den Nacken hinunter, in den Mund. Meine Waden brannten von der Anstrengung, mit dieser Dampfmaschine von einem Mann mitzuhalten. Ich glaubte, mein Brustkorb würde platzen.

Gott sei Dank, er wird langsamer, dachte ich, als ich im Augenwinkel sah, dass Kesharsingh etwas im Tempo nachließ. Das gab mir die Gelegenheit, an ihm vorbeizuziehen und die Führung zu übernehmen. Ich gab sie nicht wieder auf.

In über 5100 Metern Höhe taumelte ich, beinahe ohnmächtig vor Erschöpfung, ins Gratlager, und Kesharsingh folgte mir auf dem Fuß. Er grinste nach wie vor, war aber sichtlich geschafft. Wir warfen beide die Lasten ab und klopften uns lachend auf die Schultern.

»*Nome?*«, fragte ich in Hindi.

»Kesharsingh«, antwortete er. »*Nome?*« Er zeigte auf mich.

»John«, antwortete ich.

»John Sahib?«

»Nein, Kesharsingh. John.«

Er lächelte erfreut: »Ja, John.«

Wir waren Freunde.

Kesharsingh hob erst sein Bündel an, dann meins, und seine Lippen verzogen sich zu einem breiten Lächeln. Mein Rucksack war zwei Kilogramm leichter als seine Last. Scherzhaft beschwerte er sich.

»Ich möchte, dass du als Hochgebirgsträger bei der Expedition bleibst, Kesharsingh«, sagte ich. »Verstehst du?«

Er war nicht sicher, ob er seinem Hof so lange fernbleiben wollte, sagte aber noch nicht nein. Einige Minuten später erschien Jim, hungrig, aber begeistert.

»Wow, was für ein Platz!«

»Lou und Peter überqueren die Rinne unter der Nordwestwand«, erzählte ich ihm. »Sieht aus, als hätten sie das obere Basislager da drüben auf dem anderen Grat erreicht.«

»Die Route da oben sieht viel sicherer aus, als ich erwartet hatte. Doch nicht so selbstmörderisch«, fügte Jim hinzu.

Von den fünfzig Trägern, die vom Basislager aufgebrochen waren, erreichten nur 23 das Gratlager. 21 waren in der ersten Rinne umgekehrt, sechs weitere hatten ihre Lasten irgendwo zwischendrin zurückgelassen. Ich war froh, dass überhaupt so viele angekommen waren.

Jim wurde sofort von Trägern umrundet, die Tabletten gegen ihre Kopfschmerzen verlangten.

»Geht zum Lager zurück, sobald ihr abgeladen habt«, forderte Jim sie auf. Keiner rührte sich. »John, sie verstehen mich nicht.«

»Ich vielleicht kann helfen«, mischte sich ein Träger ein. »Ich spreche bisschen Englisch.«

»Na, besser als unser Garhwali«, bemerkte ich. »Wie heißt du?«

»Balbirsingh, Sahib«, antwortete er ruhig.

Balbirsingh stammte aus Tibet. Er hatte tiefschwarzes Haar und ebenso dunkle, orientalische Augen. Mit 1,72 Metern war er größer als der durchschnittliche Garhwali. Seine Englischkenntnisse waren auf jeden Fall ein überzeugendes Argument dafür, ihn bis zum Ende der Reise bei uns zu behalten.

»In Ordnung, Balbirsingh, sag ihnen, sie sollen schnell runtersteigen, sobald sie eine von diesen Pillen genommen haben«, bat Jim.

Balbirsingh schien zu verstehen und übersetzte Jims Aufforderung. Jeder Träger nahm eine Tablette und wartete dann. Keiner machte Anstalten abzusteigen.

»Los, Jungs«, knurrte ich, »haut ab!« Ich schob ein paar von ihnen den Berg hinunter in Richtung Basislager, und endlich hatten sie verstanden.

»Das waren aber komische Kopfschmerztabletten, Jim«, bemerkte ich. »Wofür sind die wirklich?«

»Oh, ich hatte kein Aspirin, deshalb hab ich ihnen meine Vitaminpillen gegeben.« Wir brachen in Gelächter aus.

»Wie ist es gelaufen?«, fragte ich, als Lou zu uns hochgeklettert kam.

»Gut«, erwiderte er atemlos. »Die Route zum oberen Basislager ist leicht. Wir haben einen flachen Lagerplatz direkt auf der Spitze des Grats gefunden. Es dürfte kein Problem sein, da Zelte aufzustellen und ein sicheres Lager einzurichten.«

»Konntet ihr etwas von der Route weiter oben erkennen?«, wollte Jim wissen.

»Bis zum nächsten Lager scheint es einfach bloß den Grat raufzugehen«, erklärte Lou. »Danach müssen wir uns in die Hänge und Rinnen der Nordwand wagen. Ich hoffe wir können uns unter den Felsen halten und Rippen hochklettern, um die Lawinen zu vermeiden. Die technischen Schwierigkeiten sind jedenfalls unbedeutend im Vergleich zu diesem Vorsprung unter der Gipfelregion. Der gehört dir, Roskelley.«

»Das werden wir sehen, wenn wir da sind«, antwortete ich.

»Was denkst du jetzt über die Route, Peter?«, erkundigte sich Jim.

»Sieht nicht so schlecht aus«, gab er zu. »Wir haben unter dem Gletscher gequert, und es sind nur etwa fünf Meter Eis zu überqueren. Die Träger werden keine Probleme haben.«

Wir blieben noch eine Weile zu viert sitzen und unterhielten uns.

»Wisst ihr, dass Elliot mir heute Morgen gesagt hat, dass er nach Hause fahren will?«, berichtete Jim. »Stimmt«, pflichtete Peter bei, »Elliot spricht schon seit Tagen davon. Zu mir hat er das auch schon gesagt.«

»Was hat er für ein Problem?«, fragte ich.

»Er will eben einfach nicht hier sein«, antwortete Jim. »Er hat das Gefühl, dass es zu gefährlich ist, und macht halbherzige Witze darüber, dass er in der Wand umkommen wird.«

»So etwas könnte einen Schneeballeffekt haben«, stellte ich fest.

»Ich werde versuchen, ihm zu helfen«, bot Jim sich an. »Aber jeder sollte sich des Problems bewusst sein.«

Da kein anderer mehr erschien, liefen, sprangen und schlidderten wir die tausend Meter lange Rinne hinunter. Eine Stunde und achtzehn Minuten später marschierte ich kurz vor den anderen ins Basislager. Ad war inzwischen eingetroffen, nachdem er Marty in den Hubschrauber gesetzt hatte.

»Ad! Du hast es geschafft!« Ich reichte ihm die Hand. »Was ist mit Marty? Ist sie gut weggekommen? Wie ging es ihr?«

»Es ist schön, hier zu sein«, erwiderte er. »Marty wurde vor zwei Tagen, am 21., rausgeflogen. Es ging ihr besser, aber sie war sehr müde. Am letzten Tag hat sie zwanzig Stunden durchgeschlafen.«

Jim, Peter und Lou trafen im Lager ein und begrüßten Ad mit denselben Fragen. Obwohl Ads Ankunft uns aufmunterte, waren wir doch alle bitter enttäuscht – nach wie vor weder Post noch eine Nachricht von John Evans. Beides wurde immer wichtiger für unsere Moral. Nach dem Essen beriefen Willi und Ad eine Teambesprechung ein.

»Ihr habt alle die gute Nachricht von Martys Bergung gehört«, begann Ad. »In Anbetracht der Symptome, die sie in den letzten Tagen immer noch zeigte, bin ich fest davon überzeugt, dass es die richtige Entscheidung war.«

Niemand sagte etwas, alle hingen ihren eigenen Gedanken zu Dibrugheta nach.

»Finanziell stehen wir bis jetzt besser da, als ich erwartet hatte«, berichtete Ad weiter. »Von den 7000 Dollar, die wir in Rupien umgetauscht haben, sind erst 3000 ausgegeben, und wir haben fast alle größeren Ausgaben bereits getätigt.«

Bei dieser Nachricht erfüllten Jubelschreie und Pfiffe das Zelt.

Willi ergriff das Wort: »Eine wichtige Sache muss ich hier noch erwähnen. Ad hat entschieden, dass er der Expedition ab jetzt nicht mehr nützen kann, deshalb will er das Sanctuary in ein bis zwei Wochen verlassen. Ich denke wir schulden ihm Dank für die großartige Arbeit, die er geleistet hat.«

»Du kannst nicht gehen, Ad!«

»Zwischen den unteren Lagern und hier gibt es genug zu tun für dich.«

»Bitte bleib, Ad.«

Keiner wollte ihn gehen lassen. Elliot starrte zu Boden. Mit jeder derartigen Entwicklung wuchs seine Sehnsucht, den Berg zu verlassen. In der Abenddämmerung löste sich die Versammlung auf.

Lou und ich sollten am nächsten Morgen das Gratlager beziehen und in den folgenden Tagen das obere Basislager mit Zelten und Proviant ausstatten. Die anderen würden noch ein paar Materialtransporte machen und das Gratlager zwei oder drei Tage später besetzen.

Peter reagierte sehr empfindlich auf die Frage, wer zunächst zum Gratlager aufsteigen sollte. Er äußerte Lou gegenüber die Befürchtung, dass Lou und ich, die wir ohnehin starke Kletterer waren, einen Vorsprung vor der Gruppe bekommen könnten und diesen auch behalten würden. Lou versicherte ihm, dass das nicht passieren würde.

Peter, den wir von anderen Expeditionen als hilfsbereit und gewissenhaft kannten, war ein anderer Mann geworden. Seit Dibrugheta war er deprimiert gewesen, und er schien Jim, Lou und mir stark zu misstrauen, so als hätten wir andere Motive für die Besteigung des Nanda Devi als er. Ich betrachtete unseren Umzug in das obere Basislager als Belohnung für unseren Enthusiasmus, Peter sah darin jedoch ein Zeichen unserer Stärke – nicht nur körperlich, sondern auch in der Hierarchie des Teams. Ich wusste, dass wir nur vorübergehend allein ins obere Lager gingen; die anderen würden bald nachkommen, um unsere Plätze einzunehmen. Ich persönlich freute mich auf den Wechsel des Vorsteigers, weil ich dadurch weiter oben wieder mit Jim klettern konnte. Peter hatte das Bedürfnis geäußert, auf dieser Expedition sein eigener Chef zu sein. Darunter aber würde bloß die Expedition leiden.

Am nächsten Morgen trug ich beim Aufstieg zum Gratlager eine sehr schwere Last – mehr als 27 Kilogramm. Ich wollte sichergehen, dass Kesharsingh nicht wieder lachte, falls er sie hochhob. Und obwohl ich so schwer bepackt war, kam ich, da ich inzwischen mit der Route vertraut war, nach dreieinhalb Stunden im Gratlager an, kurz bevor ein heftiger Regen einsetzte.

Die Träger hatten sich anfangs wieder geweigert zu gehen, aber nach einer Unterredung mit Kesharsingh und Kiran entschieden sie, die Strecke sei letztendlich doch nicht so schlimm, und schließlich arbeiteten alle. Die Männer, die am Vortag ihre Lasten irgendwo zurückgelassen hatten, sammelten sie ein und trugen sie den restlichen Weg hinauf.

»Lou, wir können heute nicht zum oberen Basislager weitergehen«, sagte ich, als er auf dem Grat eintraf. »Wir haben die Gesamtliste der Ausrüstungsgegenstände nicht. Wie sollen wir zwischen all den Kisten im Zwischenlager Proviant und Kochausrüstung herausfinden?«

»Andy hat die Liste. Sobald er hier ist, werden wir schon finden, was wir brauchen. Aber wir sollten vielleicht trotzdem hier im Gratlager bleiben.« Der stetige Regen hatte ihn überzeugt.

Andy und Devi trafen klatschnass im Lager ein. Obwohl es ziemlich ungemütlich war, konnte Devi es kaum fassen, zum ersten Mal da zu sein. Zu viert bauten wir ein Viermannzelt auf und krochen hinein, um das Ende des Unwetters abzuwarten.

»Hast du die Gesamtliste dabei, Andy?«, wollte Lou wissen.

»Welche Liste soll das sein?«, fragte Andy erstaunt. »Ich habe keine Liste.«

»Mist, schon wieder ist was schief gelaufen«, schimpfte ich. »Vielleicht kann Elliot sie uns um sieben Uhr über Funk vorlesen. In der Zwischenzeit können wir in den Kisten suchen, um etwas zum Kochen und Essen zu finden.«

Willi, Kiran, Surrendra und Jatendra tauchten aus dem dichten Nebel unter uns auf.

»Schöner Tag, John. Großartiger Aufstieg!« Nichts konnte Willis jugendliche Begeisterung zerstören. Ich mochte Willi. Ich fand, dass er mir mit seinem Elan und seinem Erfolg sehr ähnlich war – sozusagen wie eine Teilausgabe von mir, aber mit weißem Bart und lachenden Augen. Wir wären als Partner unbesiegbar gewesen, wenn wir im gleichen Alter gewesen wären.

Dafür waren Surrendra und Jatendra, die beiden Auszubildenden des indischen Bergsteigerverbands IMF, eine große Enttäuschung für mich. Die beiden schienen sich nicht wirklich anstrengen zu wollen. Jatendra hatte wegen einer Halsentzündung mehrere Tage nichts getragen. Während einer Besprechung am

Vorabend hatte ich gefordert, sie zurückzuschicken und stattdessen Kesharsingh und Balbirsingh zu behalten, die nicht nur viel stärker, sondern auch arbeitswilliger waren. Außerdem waren sie mir auch als Begleiter viel angenehmer.

Die anderen widersprachen mir. Willi und Ad wandten ein, dass wir Kesharsingh und Balbirsingh nicht versichert hatten und nicht wussten, ob das jetzt noch möglich war. Außerdem meinten sie, Surrendra und Jatendra hätten ihre Arbeit durchaus getan.

»Meiner Meinung nach haben sie das nicht«, widersprach ich. »Ich habe gesehen, wie sie getragen haben, und man kann nicht sagen, dass sie sich sonderlich bemüht hätten. Wir haben sie völlig neu ausgerüstet, und jetzt, wo sie die Sachen haben, lehnen sie sich zurück. Sie sind auf keinen Fall so zäh wie Kesharsingh und Balbirsingh.«

Kiran und Nirmal bemühten sich leicht verlegen, ihre Schützlinge zu verteidigen. »Sie sind gute Jungs«, wandte Kiran mit seinem starken Akzent ein. »Du wirst sehen, ich bringe sie dazu, verdammt hart zu arbeiten!«

Kirans Wort reichte mir. Das Thema wurde vorerst abgeschlossen.

Willi, Kiran und die beiden Hochgebirgsträger kamen zu uns ins Zelt, um dem Regen zu entgehen. Nirmal und die meisten Träger hatten sich bereits auf den Rückweg gemacht. Im Nebel konnte ich Jim und Elliot immer noch weit unter uns klettern sehen.

Als ich schließlich wieder eintrat, hatte sich das Zelt in ein schlammiges Durcheinander verwandelt. Wegen des Regens wollten Devi und Andy über Nacht bleiben. Nach der Ankunft von Willi und Kiran allerdings trafen Andys Argumente auf taube Ohren. Willi forderte alle auf, zum Basislager zurückzukehren. Da Lou und ich uns darauf gefreut hatten, ein paar Tage lang von der Hauptgruppe wegzukommen, waren wir erleichtert.

Dank Willis Überzeugungskraft und des nachlassenden Regens machten Andy und Devi sich widerstrebend zum Aufbruch bereit. Die Sonne drang tief am Horizont durch die schweren Wolken und ließ den nassen Schiefer wie Diamanten funkeln.

Ich bückte mich gerade, um meine Schuhriemen zu binden, als ich ein irgendwie vertrautes, affenartiges Grunzen hinter mir vernahm.

Ich drehte mich um. »Was zum Teufel machst du da, Devi?«

Wie ein Affe, mit krummen Beinen und herabhängenden Armen, stieß Devi ein »Uhuhuhuh« aus, wie sie es bei Ringkämpfen mit ihren Brüdern tat. Willi, Lou und Andy sahen herüber. Devi kam mit einem teuflischen Grinsen auf mich zu.

»Hör mit dem Blödsinn auf, Devi!«, forderte ich sie auf, leicht verärgert über dieses Spiel, wobei mich das ungute Gefühl beschlich, sie machte vielleicht gar keinen Spaß.

»Uuuuuuuh!«

Sie sprang auf mich und warf mich auf den schlammigen, felsigen Boden. Ich war fassungslos und saß ein paar Sekunden lang nur da, während sie mich traktierte. Instinktiv kam ich auf Hände und Knie, während Devi auf meinem Rücken klebte. Dann drehte ich mich zur Seite und drückte sie an den Schultern auf den Boden.

»Was ist bloß über dich gekommen?«, fragte ich atemlos.

Lächelnd und außer Atem erwiderte sie: »Ich amüsiere mich nur.«

Willi und Andy brachen in Lachen aus und beglückwünschten Devi dazu, dass sie mich ein Stückchen von meinem Sockel geholt hatte, auf den ich mich ihrer Meinung nach im Verlauf der Reise gestellt hatte. Da wurde mir erst klar, dass Devi gerade ihr Missfallen darüber ausgedrückt hatte, dass ich darauf bestanden hatte, sie und Andy sollten ins Basislager zurückkehren. Mein Hintern schmerzte von dem ersten Aufprall und mein Ego war ein bisschen angeschlagen.

»He, tut mir Leid, dass ich wütend geworden bin, Devi«, entschuldigte ich mich verlegen.

»Das nächste Mal krieg ich dich!«, erwiderte sie lachend. Dann stieg sie, zum Abschied winkend, mit den anderen vier ab zum Basislager.

Jim und Elliot trafen, bis auf die Knochen durchnässt, aber trotzdem enthusiastisch, wenige Minuten später ein. Jim legte für Elliot noch ein bisschen mehr Begeisterung in seine Stimme.

»Na, was hab ich dir gesagt, Elliot«, rief er. »Ist das nichts, ist das nicht fantastisch?«

Elliot jedoch war nicht beeindruckt. »Für mich sieht es gefährlich aus, aber vielleicht gewöhne ich mich ja noch daran.«

Er war in einer deprimierenden Stimmung. Wir anderen warfen uns verstohlene Blicke zu, während Elliot sich umsah. Jim musste meine Gedanken gelesen haben.

»Pass auf, was du zu ihm sagst, John«, warnte er mich. »Er hat den ganzen Tag von nichts anderem geredet, als nach Hause zu fahren... Aber vielleicht ändert er ja seine Meinung, jetzt, wo er hier oben ist.«

»Vielleicht wäre es ja für ihn und uns alle das Beste, wenn er abfahren würde«, wandte ich ein. »Seine Unentschiedenheit schadet unserer Moral.«

Jim war sich des Problems bewusst. »Lass uns zusehen, dass wir alle so weit wie möglich den Berg raufbekommen, und zwar so schnell wie möglich, bevor jemand seine Meinung ändert. Peters Moral ist auch auf einem Tiefpunkt.«

Elliot und Jim stiegen wieder ab und ließen Lou und mich im Gratlager zurück. Hungrig durchwühlten wir alle Kisten nach Essen, Töpfen und einem Kocher. Wir fanden Garnelen, Dörrfleisch, Kräcker und Tang, das perfekte Gegenmittel für Lous konstanten Durchfall.

Beim Funken um 19 Uhr wurde der Beschluss gefasst, alle fünf

Hochgebirgsträger zu behalten. Das Ganze hatte sich zu einem unangenehmen Thema entwickelt. Nirmal hatte Surrendra und Jatendra von der IMF-Schule mitgebracht, an der er ausbildete, und wenn sie nicht blieben, verlor er sein Gesicht. Andererseits wollte ich die besten Männer haben, die zur Verfügung standen, und wählte sie nach ihren Leistungen aus, worin Lou und Jim mit mir übereinstimmten. Letztendlich machte die schlechte bisherige Tragebilanz der Sahibs erforderlich, dass wir alle fünf behielten.

Am nächsten Morgen war das Wetter noch schlechter, es regnete und schneite abwechselnd, und um 7 Uhr teilte Willi uns über Funk mit, dass wegen des Regengusses niemand zum Gratlager heraufkommen würde.

»In Ordnung«, bestätigte Lou. »Gibt es sonst noch was?«

»Ja, Lou…«, kam Willis Stimme über das Funkgerät, »das Team hat dich an Stelle von John Evans zum Seilschaftsführer gewählt. Glückwünsche von uns allen.«

»Mich?«, stammelte Lou. »Na gut, aber nur bis Evans ankommt.«

»Okay«, stimmte Willi zu. »Wir werden heute Postkarten an unsere Spender schreiben. Schade, dass ihr nicht hier seid.«

»Fälscht unsere Unterschriften, ja?«, scherzte Lou.

Wir zogen uns an und packten Lasten für einen Transportgang zum oberen Basislager zusammen. Ich zog zum ersten Mal meine sechs Kilogramm schweren Bergschuhe in Größe zwölfeinhalb an und fühlte mich wie am Boden festgenagelt. Eine Geröllhalde führte uns eine kurze Rinne hinunter. Von dort querten wir 180 Meter bis zum Beginn des vierhundert Meter breiten Übergangs unter dem Nordwestgletscher.

»Diese Stelle verursacht mir eine Gänsehaut«, murmelte ich mit einem Blick nach oben. Die Gletscherzunge war in der Mitte von kleinen Lawinen eingekerbt.

Hastig querten wir und kletterten dann zu einer auf einem Kamm gelegenen, breiten, ebenen Stelle, die nur wenig höher lag als das einen Kilometer entfernte Gratlager. Es war leicht, einen Platz für das Zelt einzuebnen, und so konnten wir bald unser Mittagessen im Trockenen einnehmen.

»Wir sollten lieber bald zurückqueren«, sagte Lou. »Die Temperatur ist gestiegen, und das könnte den Schnee weiter oben lösen.«

Als wir uns eine Stunde später den Weg zum Gratlager zurückkämpften, spürten wir, dass wir noch nicht völlig akklimatisiert waren. Während unserer Querung waren keine Lawinen niedergegangen. Wir hielten das für ein gutes Zeichen für die Zukunft. Dann musste sich Lou einer weiteren Durchfallattacke beugen, während ich ein ausgiebiges Nickerchen hielt.

An diesem Nachmittag verschlechterte sich das Wetter. Matschiger Schnee und Regen gingen auf dem Berg nieder und machten den Boden um das Zelt morastig. Kleine Lawinen rutschten kratzend durch die Rinnen zu unseren Seiten ab. Durch die dichten Wolken, die unser Lager einhüllten, konnten wir sie nur hören. Direkt über uns gingen Steinschläge nieder, was uns auch nicht sonderlich entspannen ließ.

»Hörst du das?«, flüsterte ich.

»Ja.« Lou sah mich angstvoll an. »Ich glaube es kommt auf uns zu!« Ich sprang zum Zelteingang und starrte vergeblich in den Nebel. »Es geht vorbei. Es klingt bloß immer so, als gingen sie direkt durch das Zelt. Ich glaube aber nicht, dass uns hier Steine treffen können.«

Der Nachmittag verging langsam. Lou kochte japanische Nudeln und Himbeerpudding zum Abendessen, aber wir konnten uns beide nicht entspannen.

Unten im Basislager zahlten Willi, Ad und Kiran die Träger aus, die froh waren, nach Hause zu können. Einige wurden gebeten zurückzukommen, wenn wir sie brauchten. Sie hatten sich auf überaus schwierigem Gelände mit ihren sperrigen Lasten sehr gut gehalten – ihre Zähigkeit und Loyalität verdienten viel Anerkennung.

»Basis, bitte kommen«, versuchte Lou, den Funkkontakt aufzunehmen.

Willi meldete sich, aber bevor Lou ihm antworten konnte, löste sich eine riesige Lawine von der Nordwestwand und raste die vierhundert Meter breite Rinne hinunter, die wir am Morgen überquert hatten. Das Tosen dauerte 15 Minuten.

»Habt ihr das gehört, Willi?«, schrie Lou. »Die Lawine muss bis zum Rishi runtergegangen sein!«

»Und ob wir sie gehört haben. Alles okay da oben?«

Wir hatten zwar Angst, liefen aber nicht Gefahr, weggefegt zu werden. Eine Stunde später donnerte eine zweite Lawine von ähnlicher Größe die Rinne hinunter. Die warme Luft und der starke Schneefall weiter oben hatten ideale Bedingungen für diese Monsterlawinen geschaffen. Die ganze Nacht stürzten kleinere Lawinen kaskadenartig die ehemals friedliche Rinne hinunter und fegten über unseren Übergang hinweg. In den folgenden sechs Wochen sollten wir uns bei unseren Materialtransporten zum oberen Basislager nie wieder sicher fühlen.

Der Berg wurde weiter heftig erschüttert, während wir im einsamen Gratlager auf besseres Wetter warteten. Es war ein wilder, unwirtlicher Ort und dennoch friedlich; nur die Geräusche der Natur durchbrachen die Stille. Aber die Schönheit des Bergs war von Angst getrübt – der Angst zu sterben, der Angst, andere zu verletzen, der Angst vor dem Unbekannten.

Das Wetter bereitete uns weiterhin Schwierigkeiten. Aus dem Regen war ein dunstiges Nieseln geworden, und ein leichter Wind war aufgekommen. Willi teilte uns mit, dass Jim und Elliot heraufkommen würden, um bei uns zu bleiben und am nächsten Tag gemeinsam mit uns das obere Basislager zu beziehen.

Lou und ich begannen um 8 Uhr mit dem Tragen. Es dauerte nicht lange bis wir den Lawinenschutt des Vortags erreichten.

»Diese Babys waren größer, als ich dachte. Man könnte meinen, wir seien auf einem anderen Berg«, bemerkte ich.

Die gesamte, über vierhundert Meter breite Rinne war unter riesigen Mengen von Schutt und Eis begraben. Wo wir tags zuvor einfach an Felsreihen hatten entlanglaufen können, befand sich jetzt ein gefrorener Fluss aus Schnee und Eis.

»Wir dürfen uns nicht in der Mitte der Rinne von so etwas Großem überraschen lassen«, warnte Lou mit einem Kopfschütteln. »Wir werden bei der Überquerung von Tag zu Tag vorsichtiger sein müssen.«

Es schien selbstmörderisch, bei der warmen Luft und dem anhaltenden Regen hinüberzugehen, aber es war noch früh am Morgen. Weiter oben musste noch alles gefroren sein.

»Lass es uns versuchen, Lou.«

Wir stürmten los, brauchten aber immer noch zehn Minuten, bis wir atemlos und erschöpft auf der anderen Seite ankamen. Aus lauter Angst, eine weitere Lawine über den Rand des Gletschers kommen zu sehen, hatte sich keiner von uns darauf konzentrieren können, eine vernünftige Route zu suchen.

»Da kommt eine«, schrie ich. »Lauf!«

Wir begannen zu laufen, bis uns klar wurde, dass das Geräusch von unten kam. Es war bloß das gedämpfte Rauschen eines Gewässers unter dem Lawinenschutt.

Auf der anderen Seite brachen wir zusammen, warfen unsere Lasten ab, dann stürmten wir zurück. An diesem Tag trugen wir, immer mit dem Gefühl eines drohenden Verhängnisses, noch zweimal Gepäck bis zum Rand des Gletschers und lagerten es dort an einer geschützten Stelle, anstatt alles hinüberzutragen. Es war ein beängstigender Ort. Der Monsun zeigte seine Zähne. Für die restliche Zeit würde die Expedition ständig mit der feuchten Hitze und dem starken Schneefall zu kämpfen haben.

Elliot und Jim stießen am Nachmittag mit den acht verbliebenen Trägern zu uns.

»Die Lawinen der letzten Nacht sind bis über den Rishi gegangen und haben da ein paar tausend Tonnen Schnee abgeladen«, erzählte Elliot. »Eine Lawine von dieser Größe hätte eine ganze Stadt ausradieren können!«

»Elliot«, sagte Lou, »du und Jim, ihr könnt die ersten Abschnitte zum Lager I führen, sobald wir im oberen Basislager sind. Was meinst du dazu?«

»Wenn ich bis dahin komme, gerne«, stimmte Eliot zu.

Er wirkte ein bisschen entspannter und bereitete ein großartiges Abendessen zu; es gab Schweinekoteletts, Nudeln und Pudding. Auch das Wetter sah besser aus, als wir in unsere Schlafsäcke krochen. Nur die Lawinen störten unseren Schlummer und verursachten Panik bis spät in die Nacht.

Am nächsten Morgen war ich es, der vor Angst paralysiert war.

»Ich bin völlig fertig, Leute«, gestand ich. »Es ist zu warm... Irgendwas wird heute losbrechen. Die ganze Nacht über sind Lawinen abgegangen. Ich glaube nicht, dass ich heute den Gletscher überqueren werde.«

Die anderen waren genauso angespannt.

Nach einer kurzen Funkverbindung, bei der Lou empfahl, dass niemand von unten Ausrüstung herauftragen sollte, zogen wir uns an, schulterten unsere Rucksäcke und stiegen zur Rinne ab.

»Wer geht rüber?«, wollte Lou wissen.

Jim, Elliot und ich fürchteten das Schlimmste und entschieden uns, nicht zu gehen. Doch Lou, der entschlossen war, Elliot zu beweisen, dass es nichts zu befürchten gab, kämpfte sich auf die andere Seite.

Später schrieb Lou an seine Frau: »Ich habe die Überquerung

Jim im Gratlager.

hauptsächlich gemacht, um Elliot zu zeigen, dass es geht. Aber ich habe mich ziemlich ausgeliefert gefühlt. Besonders der Rückweg hat mich riesige Überwindung gekostet.«

Elliot war nicht zu beeindrucken und zog sich noch weiter in sich zurück.

Als ich eine Stunde später allein etwas zur Rinne hinuntertrug, schämte ich mich dafür, am Morgen nicht gemeinsam mit Lou hinübergegangen zu sein. Deshalb überquerte ich nun und kehrte mit zumindest etwas wiederhergestellter Selbstachtung ins Lager zurück.

Wir alle trugen an diesem Tag noch viermal Gepäck bis an den Rand der Rinne. Je mehr Ausrüstung wir jetzt transportieren konnten, desto weniger Arbeit war es später für die anderen. Zu unserer Überraschung trafen Andy, Devi, Nirmal, Kiran, Peter und Surrendra am Spätnachmittag dann doch im Gratlager ein.

Während einige von uns einen Standplatz für ihr Viermannzelt bauten, ruhten sich die Neuankömmlinge nach ihrem langen Materialtransport vom Basislager aus. Devi war wie immer energiegeladen und lief geschäftig im Lager umher, wühlte in den Kisten nach Kochausrüstung und fand sogar noch ein paar Lebensmittel. Surrendra baute aus den Lastenpaketen eine Einfriedung und schuf mit einer Regenplane und den aufgestapelten Kartons eine Küche sowie eine Schlafstelle. Die Träger hatten für das Gratlager und das obere Basislager Holz zum Kochen mitgebracht.

Der unerwartete Menschenansturm störte mich; Ruhe und Friedlichkeit waren aus dem Lager verschwunden. Ich fand einen schönen Platz an der Spitze des Grats unterhalb des Lagers und zog mich für den Nachmittag zurück.

Kiran verschwand in seinem Zelt, während sich Nirmal und Surrendra unter der Küchenplane wohler fühlten. Als die Lage sich beruhigt hatte, kehrte ich zum Lager zurück, holte meine Kamera und spazierte den Berg hinauf. Kurz darauf gesellte sich Peter zu mir. Unsere Unterhaltung ließ bei mir die Alarmglocken schellen.

»Ich trage nur Gepäck, wenn ich das will«, erklärte er kategorisch. »Ich respektiere Lous Meinung, aber ich lasse mir von niemandem befehlen, wann oder wo ich was zu tragen habe.«

»Lou ist unser Seilschaftsführer«, widersprach ich, verärgert über seine Einstellung. »Wir müssen alle als Team zusammenarbeiten, nicht jeder für sich. Wir werden den Gipfel nie erreichen, wenn jeder nur dann trägt, wenn er Lust dazu hat.« Ich stand auf und kehrte wütend zum Lager zurück.

Devi kochte ein tolles Abendessen. Die neun Sahibs legten sich in den beiden Zelten schlafen, während Surrendra es sich unter seiner Küchenplane bequem machte. Jim gefiel diese Trennung von Sahibs und Trägern nicht.

»Ihr habt ihn davon abgehalten, hier drin zu schlafen«, sagte Jim. »Das ist verdammt unfair von uns.«

»Jim, Surrendra hat bei den anderen Trägern geschlafen und hat wahrscheinlich Läuse«, erklärte ich. »Natürlich ist es unfair, aber ich will nicht den Rest der Zeit mit irgendwelchen Parasiten rumlaufen. Wir haben schon genug Probleme mit der Route.«

Damit war Jim erst einmal zufrieden. Alle schliefen ein, begleitet von dem Plätschern des Regens auf dem Zeltdach und dem stündlichen Rumpeln der Lawinen.

»Gehst du heute mit rüber, Elliot?«, wollte Lou am nächsten Morgen wissen. Nach wie vor fiel nasser Schnee, der das Lager bedeckte.

»Das werden wir sehen, wenn ich da unten bin«, erwiderte Elliot.

Plötzlich sprang Jim auf Elliot zu, um bei einem spielerischen Ringkampf die Anspannung etwas zu lösen. Lou und ich machten Platz. Die beiden rollten im Zelt umher und rangen miteinander. Doch Elliot kämpfte, als ginge es um sein Leben. Jim musste sich mit aller Kraft wehren, um zu verhindern, dass Elliot ihn zu Boden drückte. Schließlich konnte er sich aus Elliots Griff befreien.

Jeder im Zelt spürte die aufgeladene Spannung in der Luft. Elliot Gefühlslage schien noch vertrackter als zuvor. Er zog sich an und verschwand durch den Zelteingang. Nach dem Frühstück beluden diejenigen, die mit Jim, Lou, Elliot und mir etwas über den Gletscher tragen wollten, ihre Rucksäcke mit Lebensmitteln und Kletterausrüstung und stiegen mit uns zum Rand der Rinne ab.

Uns allen war nicht wohl bei dem Gedanken an die Überquerung. Durch das warme Wetter und den heftigen Schneefall der letzten Nacht war die Wahrscheinlichkeit, dass eine Lawine abging, eher noch gestiegen.

An unserem Zwischenlager setzte Elliot sich hin. Er starrte über die Rinne, dann stand er wieder auf. Eine quälende Unentschiedenheit verzerrte sein junges Gesicht. Er schien in Minutenschnelle um Jahre zu altern, doch es gab nichts, das wir hätten sagen können, um unserem Freund bei seiner Entscheidung zu helfen.

Lou ging als Erster.

»Ich hoffe, wir sehen uns auf der anderen Seite, Elliot«, sagte ich, als ich meinen Rucksack schulterte und Lou in den Nieselregen und unter die tödliche Nordwestwand folgte. Auch ich hatte Angst.

Jim, Peter und Devi folgten uns und ließen Elliot zurück, der allein mit sich weiterrang. Drüben angekommen tat Jim etwas Unerwartetes.

»Ich warf mein Gepäck auf der anderen Seite ab«, erinnerte sich Jim, »und hatte das Gefühl, ich müsste mein Bestes für Elliot geben. Also ging ich über den Gletscher zurück, um mit ihm zu reden. Ich beeilte mich, weil die Sonne herauskam und ich das Gefühl hatte, dass eine Lawine kommen würde. Es kam aber keine. Dann setzte ich mich neben Elliot, der völlig hin und her gerissen war und weinte. Er bat mich, ihn eine Weile lang zu halten. Ich beugte mich hinüber, legte meine Arme um ihn und sagte ihm, dass ich nur noch einmal zurückgekehrt war, um ihn zu holen. Aber er wollte immer noch nicht mitkommen. Ich bat ihn inständig und sagte ihm, dass ich mich wirklich um ihn sorgte. Aber es wurde schließlich zu warm, und ich musste queren. Ich sagte ihm, er solle tun, was er für das Beste hielt.«

Peter und Devi trafen gerade bei Elliot ein, als Jim den langen, einsamen Rückweg zur anderen Seite antrat, wo Lou und ich auf ihn warteten.

»Du konntest ihn wohl nicht zum Kommen überreden?«, fragte ich.

»Nein.« Jim sah mir in die Augen. »Ich glaube auch nicht, dass er noch kommen wird.« Die Geschichte stimmte mich traurig. Gleichzeitig konnte ich nicht umhin, ein bisschen erleichtert zu sein, weil ich mich jetzt nicht mehr zurückhalten musste. Wir waren alle auf Zehenspitzen um Elliot herumgeschlichen, so als könnte er bei der kleinsten Erwähnung von Gefahr explodieren.

Jim, Lou und ich kletterten hoch zum Zelt, das Lou und ich ein paar Tage zuvor aufgestellt hatten, luden dort unser Gepäck ab und ruhten uns aus. Endlich hatten wir das obere Basislager besetzt.

Am Mittag setzten Kiran, Nirmal und Surrendra sich der Lawinengefahr aus und trugen Lasten zum oberen Basislager.

Sie schienen sich an unserem Lagerplatz unwohl zu fühlen und sahen sich um, als suchten sie nach etwas. Kiran brach ihr gespanntes Schweigen.

»Nirmal und ich glauben, das hier ist ein gefährlicher Platz für das Lager«, erklärte er sanft. »Hinter den kurzen Wänden da unten wäre es sicherer vor Steinschlag.«

Wir schauten uns an unserem flachen, offenen Lagerplatz um und erkannten, dass die Krater im Geröll von großen Blöcken stammten, die aus großer Höhe auf den Grat niedergegangen waren. Kleinlaut stimmten wir der Verlegung des Lagers zu.

Mit Nirmals und Kirans Hilfe bauten Jim und ich an der von ihnen empfohlenen Stelle zwei Zelte auf, während Lou abstieg, um eine Last am Gletscher abzuholen. Kurz nachdem wir die Zelte errichtet hatten, brachen unsere indischen Teamkameraden zum Gratlager auf. Es regnete beständig.

Lou, Jim und ich sahen zu, wie die Inder langsam unter der Gletscherzunge zurückquerten, ohne die Gefahr über sich zu beachten. Sie hatten gerade die andere Seite erreichten, da schoss eine kleine Lawine über den Rand der Zunge und radierte ihre Spuren aus. Sie verfehlte Surrendra nur knapp.

»Näher kann man russischem Roulette gar nicht mehr kommen«, bemerkte ich und kroch in mein Zelt zurück.

Morgen würden wir das erste Mal richtig in der Wand klettern. Wir erfreuten uns an einem schönen, roten Sonnenuntergang und hofften auf einen klaren Morgen.

# Sechs

Um 5 Uhr waren wir wach. Der klare Sonnenuntergang am Vorabend hatte getrogen. Es hatte fast die ganze Nacht geregnet und geschneit, und jetzt hüllten uns dicke, neblige Wolken ein. Der Berg hatte sich in eine weiße Welt verwandelt, ein dramatischer Wechsel zu den gestrigen Rost- und Brauntönen.

Jim begann in seinem spitzen Zweimannzelt mit den Frühstücksvorbereitungen, während Lou und ich an die entgegengesetzten Enden unseres Zeltes krochen, um uns anzuziehen. Damals gab es die geräumigeren Kuppelzelte noch nicht, und so war selbst das Stiefelanziehen anstrengend. Wir waren leicht benommen und gerieten etwas außer Atem.

Nach einem spartanischen Frühstück und einem kurzem Funkkontakt mit Willi packten wir drei Seil und Klettermaterial in unsere Rucksäcke und begannen, die dreihundert Meter zum Fuß des Felsvorsprungs hinaufzuklettern. Lou gab ein angenehmes Tempo vor; er folgte den sanften Rampenformationen und wich den vielen steilen Felswänden aus.

»Seht mal, wer da hinter uns kommt!«, rief Jim plötzlich.

Es war Elliot, der mit schnellen Schritten aufholte.

»Ich frage mich, was über ihn gekommen ist«, sagte ich laut.

»Wahrscheinlich hat er ein schlechtes Gewissen, weil er nicht bei uns hier oben ist«, meinte Jim. »Das hat ihn seine Zweifel beiseite schieben lassen.«

Wir winkten Elliot zu und kletterten weiter.

Jim beim Kochen im oberen Basislager.

An unserem Anseilpunkt wurde das Terrain steil. Wir bereiteten uns auf den ersten Seilabschnitt vor und fanden einen Standplatz, an dem wir die Steigeisen anlegen konnten. Da der bröckelnde schwarze Schiefer keinen Halt für einen Felshaken bot, nahm ich einen neunzig Zentimeter langen Rohreishaken und trieb ihn in einen fünf Zentimeter breiten Parallelriss. Das Aluminium verbog sich und passte sich dem Fels perfekt an. Es funktionierte hervorragend.

»Da sie in Schnee und Eis sowieso nicht zu gebrauchen sind, können wir sie genauso gut im Fels benutzen«, bemerkte ich. In der Zwischenzeit holte Elliot uns ein.

»Elliot, du hast es geschafft!«, begrüßte Lou ihn enthusiastisch. »Willst du den ersten Vorstieg übernehmen?«

»Ich fühle mich gerade nicht so gut«, erwiderte Elliot. »Auf dem Weg hierher hätte mich fast eine Lawine erwischt... Ich dachte schon, jetzt werden meine schlimmsten Befürchtungen wahr, aber sie hat mich um ein paar Meter verfehlt.«

»In Ordnung«, meinte Lou. »Jim, dann steig du doch als Erster vor.«

Durch die überhängenden Felsen vor Lawinen geschützt, seilte Jim sich an und begann mit der Gletscherquerung. Er führte eine Seillänge von fünfzig Metern durch tiefen, matschigen Schnee und verschwand hinter einigen Felsecken. Lou und ich folgten ihm, wobei wir die Haken entfernten, die Jim zur Zwischensicherung gesetzt hatte. Außerdem fixierten wir Jims Seil zur Sicherung des Teams bei Materialtransporten auf den Berg.

Als nächster war ich an der Reihe. Ich führte drei Seillängen, wobei ich darauf achtete, mich unter kleinen Felsüberhängen und schmalen Felsstufen zu sichern, um nicht von einem der wenigen hinunterfallenden Steine getroffen zu werden. Nach wie vor fiel dichter Nieselregen.

Lou führte das letzte Stück. Fast ohne Sicht, in Graupelschauern und dichtem Nebel, querte er über einen vierzig Grad steilen Eishang zu einem vereinzelten Felsvorsprung an der Hauptwand. Dort fixierte er das Seil an einem starken Eishaken, den er in einen Felsriss getrieben hatte, und kehrt zu meinem Standplatz zurück.

»Das ständige Pfeifen da drüben kommt von einer endlosen Lawine«, erklärte Lou. »Ich hätte direkt den Eishang hochklettern sollen, anstatt zu dem Felsen zu queren. Wir werden das morgen korrigieren müssen.«

Wir hatten im Schutz der Felswände beträchtlich an Höhe gewonnen, mussten die Route nun aber über die über uns liegenden Lawinenhänge führen. Müde und bis auf die Knochen durchnässt, mit Steigeisen, die dick verstopft waren vom Schnee, ließen wir uns bis zu unserem Anseilpunkt ab. Eine halbe Stunde später waren wir zurück im oberen Basislager.

Zu unserer Überraschung streckte Devi lächelnd den Kopf aus Jims Zelt. Sie hatte mit Elliot den Gletscher überquert, während wir die Seile anbrachten. »Elliot und ich haben gerade mit den Essensvorbereitungen angefangen«, sagte sie glücklich. »Wie sah die Route aus?«

»Bis zu dem Stück, zu dem wir gekommen sind, gut, Dev«, erwiderte Lou. »Wollten nur Elliot und du heute rüberkommen?«

»Ja, bis noch ein Zelt hier ist, wird es ein bisschen eng sein«, entschuldigte sie sich.

Obwohl Jim nicht gerade glücklich darüber zu sein schien, sein Zweimannzelt mit zwei anderen teilen zu müssen, konnte er nun das erste Mal Devis Gesellschaft genießen. Seit unserer Abfahrt aus Neu-Delhi teilten Jim und Devi ein ähnliches Empfinden für die Besteigung des Bergs. Sie war für die beiden ebenso sehr emotionales Abenteuer wie körperliche Herausforderung.

Das abendliche Funken brachte großartige Neuigkeiten: Ad war schließlich doch zum Gratlager aufgestiegen. Nun dachten wir alle, dass ihn das sicherlich vom Bleiben überzeugen würde.

»Kommst du rüber ins obere Basislager, Ad?«, erkundigte sich Lou.

»Je nachdem, wie ich mich fühle«, antwortete Ad. »Ich werde nur ein paar Tage hier bleiben, dann kehre ich nach Lata zurück.«

»John will wissen, was mit der Post passiert ist...«, fragte Lou.

»Sie sollte eigentlich hier sein«, erwiderte Ad. »Ich weiß nicht, was mit dem Briefboten los ist.«

Lou beendete den Funkkontakt. »Meine Frau ist im achten Monat schwanger, und ich kann nicht mal herausfinden, wie es ihr geht!«, stöhnte er verärgert.

»Es ist doch auf jeder Expedition dasselbe«, erinnerte ich ihn. »Post gibt es erst, wenn wir auf dem Rückweg sind. Ich weiß noch, als wir '73 den Dhaulagiri verließen, bekam ich einen drei Monate alten Brief von Joyce, in dem sie mir mitteilte, sie hätte gerade ein neues Haus gekauft und wäre eingezogen.«

»Woran ich mich vom Dhaulagiri noch erinnere, ist Watergate«, amüsierte sich Lou. »Der Skandal kam und ging, und wir erfuhren erst zu Hause davon.«

Da wir alle früh schlafen gingen, erwachte ich vor dem Morgengrauen. Ich körte kleinere Lawinen am Berghang losbrechen; es war beinahe beruhigend, ihnen zuzuhören und dabei zu wissen, wie weit weg sie waren. Aber dann gab es eine laute Explosion – eine Lawine ging auf dem einige hundert Meter entfernten Gletscher nieder.

»Greift euch die Stangen!«, rief ich ins Dunkel des Zelts. »Lawine!«

Kaum hatte ich das gerufen, da klatschte auch schon die Druckwelle der Lawine gegen die Zeltplanen. Es schien eine Ewigkeit zu dauern, doch wie durch ein Wunder blieben die Zeltstangen ganz. Alle waren unverletzt, wenn auch verängstigt. In der restlichen Nacht schlief keiner mehr besonders viel.

Beim Funkkontakt am nächsten Morgen informierten wir die

anderen im Gratlager darüber, dass ein weiterer Aufstieg oder die Querung zum oberen Basislager nicht sicher war. Willi wand sich und meinte, er würde sich unseren Rat bis Mitte des Vormittags durch den Kopf gehen lassen. Gegen 10 Uhr kamen fünf Träger und alle Amerikaner bis auf Ad mit Lasten über den Gletscher und zum oberen Basislager hinauf.

Der Stress, den das schlechte Wetter und die Lawinengefahr auslösten, machte alle gereizt. Auf dem Rückweg von der Toilette hörte Jim Willi in seinem Zelt zu Andy sagen: »States hat an der Uni nicht genug Freud gelesen.«

Jim wusste, worauf sich die Bemerkung bezog: auf seine Bemühungen, Elliot in seiner Entscheidung, die Expedition zu verlassen, zu unterstützen. Jim hatte im Zuge seiner ärztlichen Praxis jahrelang Menschen beraten und wusste, dass Elliot jemanden zum Reden brauchte. Für Jim war das nur eine von vielen Bemerkungen, in denen sich Willis Überzeugung ausdrückte, dass Jim als Arzt nicht wusste, was er tat. Ich konnte sehen, dass Jim wütend war, trotzdem kehrte er wortlos in sein Zelt zurück.

Die zweite Diskussion des Tages, die sich um die Route drehte, fing ganz ruhig an, aber dann erhitzten sich die Gemüter rasch. Schließlich explodierte Jim, der sich immer noch über Willis Bemerkung von zuvor ärgerte.

»Ich hab die Schnauze voll!«, schrie er und wandte sich an Willi. »Ich gebe dem hier eine Woche, dann haue ich ab. Ich verschwende hier nur meine Zeit. Es gibt auch noch andere Berge, die man besteigen kann.«

Ein eisiges Schweigen ergriff die Gruppe; wir spürten alle, wie angewidert Jim war.

Schließlich durchbrach ich die unbehagliche Stille. »Wir haben verschiedene Alternativen. Lasst sie uns durchgehen.«

Es gab drei Alternativen zu dem schlechten Wetter und den Gefahren, denen wir ausgesetzt waren. Die erste war, eine Woche zu warten, ob sich das Wetter besserte und die Gefahr abnahm. Diese Lösung schien zwar vernünftig zu sein, war aber trotzdem nicht ideal, weil das Warten selbst für erfahrene Himalajabergsteiger sehr schwer ist. Andy und Elliot waren der Meinung, man sollte absteigen und diese Route aufgeben, während Lou, Willi und ich darin übereinstimmten, dass es vernünftig war zu warten.

Lou meinte dann: »Die zweite Möglichkeit wäre, eine vierköpfige Gruppe mit den stärksten Kletterern im Alpinstil zum Gipfel zu schicken.«

Lou dachte an sich selbst, Jim, Peter und mich als Kandidaten für einen alpinen Vorstoß – und alle wussten das. Ich war dafür. Zum einen war dieser Aufstieg sicherer, und zum anderen konnten wir uns dabei von denen im Team lösen, die sowieso nicht hier sein wollten. Unsere indischen Kollegen äußerten sich nicht dazu, aber ich musste davon ausgehen, dass sie diese Methode nicht befürworteten.

Niemand tat die Idee sofort ab. Die Lawinen hatten allen Angst eingejagt. »Es ist noch zu früh, um sich ernsthaft mit dieser Alternative zu beschäftigen«, murmelte Willi.

»Als drittes könnte man diese Route aufgeben und irgendwo anders im Sanctuary klettern«, fuhr Lou fort.

»Du weißt selbst, dass wir nicht ›irgendwo anders‹ klettern werden«, verwarf ich diese Idee entrüstet. »Wenn wir die Route aufgeben, können wir auch gleich nach Hause fahren. Unsere gesamte Ausrüstung ist hier, und ich für meinen Teil habe auch gar keine Lust, anderswo zu klettern.«

»Ich bin für jede Entscheidung des Teams offen«, sagte Devi ruhig. »Wir könnten immer noch die Standardroute im Süden klettern.«

Willi brachte die Haltung eines Himalajabergsteigers am besten auf den Punkt: »Wir müssen uns eben ausruhen, entspannen und abwarten.«

Wie einige der anderen auch, stimmte ich Willi zu. Das Klettern im Himalaja ist ein Geduldsspiel: Der Berg schleudert dem Kletterer alles entgegen, was er hat, und wartet dann, ob der wohl das Handtuch wirft. Wir hatten eben noch nicht lange genug auf eine Besserung gewartet.

Jim war immer noch wütend auf Willi und hörte nicht zu. Er wurde fast gewalttätig und drohte erneut abzureisen. Dann schnappte er sich seinen Rucksack und verließ das Lager, um sich abzureagieren. Er ging die Ausrüstung holen, die wir über den Gletscher gebracht und mehrere hundert Meter unterhalb des oberen Basislagers deponiert hatten. Mir war Jims Ausbruch ein bisschen peinlich, da er meiner Meinung nach eine tiefe Ablehnung gegenüber Willi als Leiter zum Ausdruck brachte. Die Spannungen, die das Team in Dibrugheta entzweit hatten, waren auch auf dem Berg noch spürbar. Jetzt brachen sie wieder hervor, weil wir unter Stress standen. Ich nahm meinen Rucksack und holte Jim auf seinem Weg zur Zwischenlagerstelle ein. Wir sprachen nicht viel, aber es reichte zu wissen, dass der andere sich kümmerte. Wir luden Seile und Proviant ein und machten uns auf den Rückweg. Willi, der auf dem Weg hinunter ins Gratlager war, versuchte, Jim zu beruhigen, hatte aber wenig Erfolg. Jim war nicht in der Stimmung für Willis Erklärungsversuche.

Wir bauten ein Viermannzelt für Jim, Devi und Elliot auf, die sich nun ausbreiten und etwas mehr Privatsphäre haben konnten. Sobald das Zelt errichtet war, begann Devi mit den Vorbereitungen für die Mahlzeit. Lou und ich sprachen über einen möglichen Aufstieg im Alpinstil mit einer vierköpfigen Gruppe. Die Mannschaft schien sich noch nicht richtig festgelegt zu haben, und wir mussten jede Möglichkeit in Betracht ziehen. Devis Jodler zum Abendessen beendete unsere Unterhaltung.

»Mach du die Brötchen, John«, bat Devi. »Ich werde das Fleisch, die Kartoffeln und den Mais kochen.«

Sie bezog mich auf nette Art in die Essensvorbereitungen mit ein. Das gefiel mir. Es wurde zu einer Herausforderung, die besten unverbrannten Brötchen im Lager zuzubereiten. An jenem Abend sprachen wir nicht über den Nanda Devi oder unsere beabsichtigte Route. Jim, Lou, Devi, Elliot und ich verbrachten einen schönen Abend miteinander. Jim war wieder ganz der Alte, und wir legten uns alle kurz nach Einbruch der Dunkelheit schlafen.

Gegen 2.30 Uhr fegte eine weitere große Lawine vorbei, deren Druckwelle an unseren Zeltwänden riss.

Wie beängstigend eine Lawine im Dunkeln sein kann: ihr Knirschen und Kratzen – die tiefe Schwärze. Jede Lawine schien in unser Lager donnern zu wollen, um uns lebendig zu begraben – und immer nachts. In Erwartung, sie durch unsere Zeltwand brechen zu sehen, schoss ich jedes Mal mit weit aufgerissenen Augen hoch. Dann lauschte ich angestrengt, wohin der weiße Tod sich bewegte, aber die Geräusche waren trügerisch, und ich konnte schwer sagen, wo er gerade war. Mein Herz und mein Atem schienen auszusetzen. Dann traf der Windstoß, den große Lawinen vor sich hertreiben, auf das Zelt, und ein Donnern zog vorbei. Mein Atem setzte wieder ein, und das Herz schlug mir bis zum Hals. Wir waren der Natur völlig ausgeliefert.

Vielleicht war mir die Gefahr des Begrabenwerdens stärker bewusst als den anderen, da ich mehrere Jahre zuvor im russischen Pamir mitten in der Nacht den weißen Tod erlebt hatte. Wir schliefen damals hoch oben in der bis dahin unbestiegenen Nordwand des Peak XIX, als eine kleine Lawine unsere Zelte begrub. Von uns vieren überlebten nur drei: Jon Gary Ullin war von solchen Schneemassen bedeckt, dass wir nicht rechtzeitig zu ihm durchkamen. Wegen des Gedankens an diesen Moment war ich in den Nächten auf dem Nanda Devi immer nervös.

Es war der erste August, 6.05 Uhr.

»Gratlager, hier oberes Basislager«, rief ich über Funk. Das Wetter hatte sich verschlechtert und über Nacht waren viele Zentimeter Pulverschnee im Lager gefallen.

Willi antwortete: »Ich empfange dich, John. Wie sieht es aus?«

»Ziemlich schlecht«, sagte ich. »Heute Nacht ist wieder eine Druckwelle durchs Lager gegangen, und ich habe das Gefühl, dass bald noch eine kommen wird. Es wäre besser, wenn heute niemand rüberkäme.«

»Wir denken darüber nach«, erwiderte Willi. »Ihr habt uns das ja schon mal gesagt.«

»Nein, Willi, es ist mir ernst. Es sieht wirklich schlecht aus.«

Mein Instinkt hatte mich nicht getrogen. Schon wenige Minuten später hörte ich die Lawine kommen. Es war ein wahrer Brocken, der sich hoch oben an der Nordwestwand gelöst hatte und nun auf seinem Weg über den Gletscher weiter anwuchs. Nach mehr als 2000 Metern war er ein Gigant.

»Hörst du das, Lou?« Wir hielten die Luft an und starrten einander im Zelt an. »Halt die Zeltstangen fest!«, schrie ich. Ich griff nach den vorderen Stangen, während Lou sich nach hinten warf.

Doch er kam zu spät. Die Druckwelle aus Wind und Schnee traf das Lager wie eine Explosion und ließ die Stangen zerbrechen. Da unser Zelt offen stand, kämpfte ich mich nach draußen, um mir die beängstigende Szene anzusehen, die sich in dem mehrere Meter entfernten Viermannzelt abspielte.

Die anderen drei hatten die Lawine nicht kommen hören. Devi und Elliot kehrten gerade in ihren langen Unterhosen von der Toilette zurück, als uns der Windstoß traf. Jim saß im offenen Zelteingang und goss Hafermehl in einen Topf mit kochendem Wasser.

In Sekundenschnelle hatte der Schneestoß die schwere Nylonplane vom Aluminiumgestänge gerissen und ließ Jim, den Hafer und das Zelt viereinhalb Meter weit auf einen nahe gelegenen

Felsrand zutrudeln. Schreiend gelang es Elliot gerade noch, auf das Zelt zu springen und zu verhindern, dass der ganze Kram in den Abgrund fiel. Der Wind hielt minutenlang an. Rucksäcke, Zeltteile und Kisten mit dehydrierter Nahrung verschwanden über die Kante und landeten hunderte von Metern in der Tiefe.

Lou und ich zogen uns an und halfen den anderen, warme Kleidung zu finden. Sowohl Elliot als auch Devi waren fast erfroren. Ihre Haare und ihre Unterwäsche waren voller Schnee.

»Hier, zieh meine Jacke an, Devi.«

»Wo ist Jim?«

»Er ist immer noch im Zelt!«

»Helft mir doch, den Ausgang zu finden!«, schrie Jim aus dem zusammengebrochenen Zelt. Dann hob sich die Plane und der von Kopf bis Fuß mit Hafermehl bedeckte Jim tauchte mit dem nun leeren Topf auf.

»Hat jemand Lust auf Hafergrütze?«, erkundigte er sich trocken.

Unser wohl organisiertes Lager war zerstört. Die Zeltstangen von allen drei Zelten waren wie Zündhölzer umgeknickt. Das Viermannzelt hatte das Meiste abbekommen – die stabilen, 19 Millimeter starken Aluminiumstangen waren alle mehr oder weniger verbogen. Die beiden 38-Millimeter-Giebelstangen waren an den Verbindungslöchern auseinander gebrochen. Von den Stangen der Zweimannzelte hatten wir zwar einige durch unser Festhalten retten können, aber auch da waren eine ganze Reihe zerbrochen.

Elliot, Devi und Jim, durch Schnee und Wind völlig verfroren, holten ihre warme Kleidung und ihre Schlafsäcke aus dem zerstörten Zelt und krochen in die Wärme des zusätzlichen Zweimannzeltes. Lou und ich begannen, die zerbrochenen Zeltstangen durch Reservestangen zu ersetzen. Innerhalb einer Stunde war ein warmes Frühstück für die drei »Obdachlosen« zubereitet und das Lager instand gesetzt.

Elliot, Jim und Devi schnatterten stundenlang, um ihre stra-

Elliot und Jim bei der Reparatur der Zeltstangen im oberen Basislager.

pazierten Nerven zu beruhigen. Der Berg zeigte die Zähne, und Elliot wurde sich immer sicherer, dass er nicht hier bleiben wollte. Lou und ich begaben uns derweil auf die Suche nach den verlorenen Ausrüstungsgegenständen, die über den Kammrand geblasen worden waren.

»Du weißt ja, was weg ist, nicht wahr, John?«, schrie Lou. »Die drei Behälter gefriergetrocknete Eiscreme! Mehr Eiscreme haben wir nicht!«

Das war tatsächlich ein großer Verlust. Lou stieg voller Energie hunderte von Metern über die Seite des Grats ab, um nach Elliots Rucksack und dem Proviant zu suchen. Ich durchsuchte unterdessen die Felsspalten direkt unter dem Vorsprung. Die anderen waren noch in ihrem Zelt.

»Ich habe einen gefunden!«. Lous Stimme wehte über den Grat. Langsam kehrte er ins Lager zurück. »Es ist Vanille«, sagte er und hielt seine Beute hoch.

Eine weitere Lawine, kleiner als die letzte, polterte durch das Lager und bedeckte den gesamten Grat mit einem feinen Pulver. Das tiefgrüne und gelbe Moos, das sich unter kleinen Überhängen entlang dem Vorsprung verbarg, wirkte fehl am Platz in unserer gefrorenen weißen Welt.

»Das ist ein schlechter Zeitpunkt, um den Nanda Devi zu besteigen, Lou«, stellte ich fest.

»Nun ja, das ist die einzige Zeit, in der Ad an der Schule Ferien hat. Monsun hin oder her, wir sind jetzt hier«, erwiderte er.

Als sich der Nebel lichtete, konnten wir sehen, dass das Gratlager unten gut außerhalb der Reichweite von Lawinen platziert war. Wir hörten Willis vertrauten Jodler, unser Signal zum Funken. Klugerweise hatte er sich entschieden, keine Gletscherüberquerung zu wagen.

In unser Zelt zurückgekehrt, öffneten Lou und ich den Eiscremebehälter.

»Sagt mal, habt ihr irgendwas gefunden, Leute?«, wollte Jim aus dem anderen Zelt wissen.

»Nicht alles«, antwortete Lou und unterdrückte zwischen Eiscremebissen das Lachen. »Das Eis konnte ich nicht finden, aber ich habe Elliots Rucksack.«

Lou und ich lachten leise, während wir uns das Eis schmecken ließen. Wir wollten die anderen überraschen, nachdem wir unseren wohlverdienten Anteil gegessen hatten. Plötzlich streckte Jim den Kopf herein. Wir brachen in Gelächter aus und reichten ihm etwas Eis.

»Wusste ich doch, dass es hier drüben zu still war«, scherzte er.

Dann füllte Lou etwas Eis für Devi und Elliot ab und gab es ihnen. Sie waren hocherfreut über die unerwartete Leckerei. Den restlichen Nachmittag schlemmten wir fünf Vanilleeiscreme.

# Sieben

Willi erzählte uns beim Funken um 14 Uhr, dass alle Sahibs aus dem Gratlager am folgenden Tag zu uns ins obere Basislager herüberkommen wollten. »Ja, gut«, stimmte ich zu, »aber lasst bloß Surrendra da. Jedes Mal, wenn er ins Lager kommt und kocht, bekomme ich Dünnpfiff!«

»Das ist bloß die Psyche, John«, meinte Willi lachend. »Warte... Ad möchte euch etwas sagen.«

Ads Stimme klang dünn über das Funkgerät. »Ich kehre morgen ins Basislager zurück und reise in den nächsten Tagen nach Neu-Delhi ab. Ihr macht das alles fantastisch, und ich habe das Gefühl, nicht mehr gebraucht zu werden. Meine Arbeit war die Organisation, und die ist jetzt getan.«

»Ad, wir verstehen dich ja, aber wir brauchen dich noch«, wandte Lou ein. »Du könntest uns in den nächsten Wochen gut im Basis- und im Gratlager helfen, indem du aufpasst, dass der richtige Proviant und das passende Material zu uns auf den Berg gebracht wird.«

»Ich werde in den nächsten Tagen tun, was ich kann, und dann mit den Briefboten abreisen, falls sie je hier eintreffen«, erwiderte Ad.

»Bitte bleib doch, Ad«, bat Devi ihn inständig. »Du solltest hier sein, wenn wir den Gipfel erreichen. Das ist doch mehr deine Expedition als die von irgendjemand anders.«

»Ann würde wollen, dass du bleibst«, ergänzte Lou. »Du könntest die Logistik im Basislager übernehmen, Willi und ich treffen dann die Entscheidungen auf dem Berg.«

»Ad, hier ist Jim. Du sollst wissen, dass wir dich alle mögen – egal, welche Entscheidung du triffst.«

Willi kam während der Diskussion mehrfach ans Funkgerät und gab zu verstehen, dass er Ads Entscheidung billigte. Es war, als hätte Willi schließlich begriffen, dass die Expedition mit zwei Führern nicht überleben konnte.

Trotz unserer Proteste und unserer Ermunterungen, doch zu bleiben, blieb Ad bei seinem Entschluss.

»Gib mir das Funkgerät, Lou«, verlangte ich. »Ad, du kannst die Expedition nicht einfach so verlassen! Du bist mit der Absicht hergekommen, Material zu transportieren und so weit oben auf dem Berg zu helfen, wie du hochsteigen kannst. Ich habe dich in den Staaten mehrfach gebeten, noch einen starken Kletterer ins Team aufzunehmen, aber das hast du abgelehnt, weil du der Meinung warst, das Team sei schon stark genug. Jetzt, wo Marty weg und John Evans nicht gekommen ist, könnte deine Abreise zwischen Erfolg oder Misserfolg entscheiden. Keiner von uns möchte unter diesen Umständen hier sein, aber wir werden alle unser Bestes geben.«

»Es freut mich, dass dir so an meinem Bleiben gelegen ist, John«, erwiderte Ad. »Das ist nett von dir. Ich bin sehr gerne mit euch zusammen gewesen und wünsche euch alles Glück der Welt. Ich weiß, dass ihr es schaffen könnt. Selbstverständlich werde ich noch ein paar Tage vom Basislager den Kontakt zu euch halten. Ende und Aus.«

Wir fünf im oberen Basislager schauten uns ungläubig an. »Ich glaube nicht, dass er mich wirklich gehört hat!« Alle bis auf Ad hatten verstanden, worauf ich hinauswollte.

Ads Entschluss, mitten in der Expedition abzureisen, entmutigte fast alle. Nur Willi verzieh ihm die Abreise freimütig, denn er wollte, dass die Mannschaft durchhielt und die Expedition ohne schädliche Auswirkungen fortgesetzt werden konnte.

Lou reagierte in der Frage ebenfalls empfindlich. In einem Brief an seine Frau schrieb er: »Es ärgerte mich gerade deshalb, weil Ad unseren Proviant und unser Klettermaterial ausgesucht hat und der Reisezeitpunkt nur wegen ihm so gelegt wurde. Ich finde, dass er eine Verantwortung übernommen hat, die er jetzt nicht einfach auf mich als Seilschaftsführer abwälzen kann.«

Doch das Thema wurde fallengelassen: Ad würde abreisen, und damit war die Sache erledigt. Wir würden uns neu organisieren und weitermachen.

An diesem Nachmittag begann ich damit, die Stangen der Viermannzelte zurechtzubiegen, während Lou Holzdübel zurechtschnitzte, mit denen er die Stangen der Zweimannzelte in Stand setzen wollte. Wenig später hatten Roskelley & Reichardt, Metallaufbereitungs-AG, die zerbrochenen Zeltstangen repariert und wieder an ihren Platz gesteckt. Der Tag endete mit der Aussicht auf schönes Wetter. Wir brauchten diese Hoffnung.

Der Morgen des 2. August war wunderschön. Da wir es eilig hatten loszukommen, wirbelten wir bereits um 6 Uhr Pfannkuchen durch die Luft. Wegen der nassen Seile waren unsere Lasten schwerer als gewöhnlich, und wir gewannen bis zu den Fixseilen nur langsam an Höhe. Da die Seile mehrere Tage lang nicht genutzt worden waren, lagen sie tief im Schnee vergraben; es dauerte fast eine Stunde, bis der Seilerste den Weg gebahnt und die vereisten Seile freigelegt hatte.

Lou baute seinen Vorstieg zu dem Vorsprung ab und führte weitere hundert Meter über einen fünfzig Grad steilen Eishang zu einem geschützten Felsstand auf einer Rippe, auf der keine Lawinengefahr bestand. Ich entwirrte ein verknotetes Neun-Millimeter-Seil und stieg geradeaus über einen schneebedeckten Felsen

Devi unterhalb von Lager I.

auf bis zu einem weiteren Standplatz 15 Meter unterhalb einer großen, überhängenden Wand. Nachdem ich mich an einer in den bröckelnden Fels getriebenen Eisschraube gesichert hatte, zog ich ein freies Neun-Millimeter-Seil zu der Wand und befestigte es sicher.

Bald darauf erschien Lou, der sich durch den tiefen, nassen, mittäglichen Schnee kämpfte. Er machte immer nur ein paar Schritte und näherte sich mir langsam, weil er sich noch nicht an die Höhe von 5800 Metern akklimatisiert hatte. Ich versuchte, der Sonnenhitze und dem konstant heruntertropfenden Wasser auszuweichen und zog mich unter das Dach des Überhangs zurück. »Willkommen in Lager I«, begrüßte ich Lou enthusiastisch.

»Mir wäre zwar lieber gewesen, wenn Lager I höher gelegen hätte, aber ansonsten ist der Platz perfekt«, erwiderte er. »Ich werde noch eine Seillänge um die Ecke gehen, um mich umzusehen.«

Das Seil lief langsam aus, bis es schließlich vollkommen bewegungslos dalag. Lou schlug einen Schneepflock ein, fixierte das Seil und stieg zum Überhang ab.

An diesem Tag war die Sonne unser Feind. Es war zu heiß, um weiter vorzudringen, außerdem war der Schnee kniehoch und matschig. Direkt unter uns tauchte zuerst Jim, dann Devi auf, die sich zu unserer Höhle heraufarbeiteten.

»Hört mal, ich habe die Kräcker und das Dörrfleisch«, sagte Devi. »Jeder gibt dazu, was er dabeihat, und dann essen wir.«

Wir reichten die Leckerbissen herum und erfreuten uns an dem schönen Anblick der vor uns aufragenden Berge. Nach einer kurzen Siesta stiegen wir ins obere Basislager ab, wobei wir die acht Hundert-Meter-Abschnitte in weniger als einer halben Stunde schafften. Um 14 Uhr waren alle wieder im oberen Basislager.

Das Lager hatte sich in den wenigen Stunden unserer Abwesenheit in ein kleines Dorf verwandelt, denn Peter, Andy, Nirmal und

Devi, Lou und Jim bei einer Ruhepause nach der Ankunft in Lager I.

Kiran waren bereits vom Gratlager eingetroffen. Jim und ich fanden, dass Bedarf an einer Toilette bestand, und stiegen ein paar Meter über den Felsen ab, um dort eine zu bauen, die sogar über einen Steinsitz verfügte. Das Kunstwerk wurde als »le John« bekannt, nicht nur, weil ich beim Bau geholfen hatte, sondern auch, weil das Klo, wie man mir später erzählte, ebenso kalt und herzlos war wie ich.

Jim verließ früh am nächsten Morgen allein das Lager und stieg die Fixseile auf. Peter, der sein Partner hätte sein sollen, entschied sich im Lager zu bleiben, weil er sich krank fühlte.

»Andy, warum führst du heute nicht mit Jim?«, fragte Lou. »Mach dich auf den Weg.«

»Ich habe wirklich starken Durchfall«, beschwerte sich Andy. »Ich bin auch nicht in Form.«

»Und was ist mit dir, Devi?«, wollte Lou wissen.

»Ich würde lieber später Material tragen, wenn ich mich besser fühle«, erwiderte sie. Devi litt regelmäßig unter Durchfallattacken und immer noch unter dem Husten, den sie sich vor der Expedition eingefangen hatte. Über ihren Leistenbruch sprach sie nicht. Obwohl sie manchmal krank war, trieb Devi sich zu größeren Leistungen an als einige der gesünderen Sahibs.

Eigentlich hatte ich nur Unterstützung für die drei ausgewählten Vorsteiger sein sollen, doch ich war trotzdem vorbereitet; so verließ ich das Lager umgehend, um Jim einzuholen. Es dauerte nicht lange, bis wir das Ende des Fixseils über Lager I erreichten.

Wir stiegen weiter auf. Ich stieg eine weitere Seillänge von hundert Metern vor und platzierte Felshaken in mehreren vorstehenden Felsen entlang des Schneehangs. Bis zum Ende meines Vorstiegs erreichte die Neigung des Hangs fünfzig Grad. Jim, der ein weiteres Hundert-Meter-Seil hinter sich herzog, schloss zu mir auf. Da ich gesessen und mich ausgeruht hatte, während Jim arbeitete, bot ich an, noch einmal vorzusteigen.

Schnell gelangte ich über ein flaches Stück Eis zu einer Wand. Dann querte ich auf einen großen Schneehang, wo mir neben einem Felsturm, der allein in der Mitte des Schneefeldes stand, das Seil ausging.

Die Hitze wurde beinahe unerträglich. Wir schwitzten stark und atmeten schwer. Es war, als liefe ich einen Marathon mit einem Kissen über dem Gesicht. Das zusätzliche Seil, das wir mit uns trugen, wurde zur Last. Lou tauchte ein wenig unterhalb von uns auf und war bald an unserem kleinen, aber sicheren Standplatz angekommen. Ich stieg erneut in gerader Linie fünfzig Meter auf und gelangte zu einer 1,50 Meter hohen Felswand. Dann sicherte ich das Seil an einem bombensicher in die Wand geschlagenen Schneepflock.

»Der Schnee ist verdammt schlecht«, rief ich den anderen zu. »Es könnte eine Lawine geben!« Da Jim und Lou derselben Meinung waren, stiegen wir wieder ab zum Lager I. »Devi, wie fühlst du dich?«, erkundigte ich mich, als wir ins Lager kamen.

»Viel besser«, meinte sie. »Jedenfalls gut genug, um Ausrüstung zu tragen.« Nirmal und Kiran hatten ebenfalls Material gebracht und ruhten sich im Schatten des Überhangs aus. Sie akklimatisierten sich gut, besser als die meisten Amerikaner. Wir brauchten ihre Stärke.

Da es noch früher Nachmittag war, begannen die beiden Gruppen, den zukünftigen Zeltstandplatz zu ebnen. Die Erde unter dem Schnee war gefroren und ließ sich deshalb nur schwer ausheben. Wir schoben, hoben und zogen, um ein paar riesige Felsbrocken auf den unter uns liegenden Hang zu verfrachten, und es entstanden schließlich zwei ganz passable Plätze. Erschöpft beschlossen wir, abzusteigen und am folgenden Tag weiterzuarbeiten.

Nirmal stieg bis zum ersten schwierigen Abseilabschnitt ab, dann brachte er seine Karabinerbremse an. Da ich endlich loslegen wollte, folgte ich dicht hinter ihm.

»Warte mal, Nirmal«, sagte ich, nachdem ich seine Karabinerbremse gesehen hatte. »Die beiden mittleren Karabiner sind falsch rum. Die Rückseite muss zum Seil zeigen.«

Nirmal bedankte sich für meine Hilfe, brachte die Karabiner an und stieg ab. Ein paar Minuten später landete ich erneut neben ihm.

»Nirmal, du machst ja schon wieder das Gleiche!«, schimpfte ich und wiederholte meine vorherige Anweisung: »Dreh die Karabiner um!«

Von da an behielt ich Nirmal genau im Auge. Diese Fehler hätten ihn das Leben kosten können. Kiran ließ sich einfach mit der Hand ab, ohne überhaupt einen Karabiner im Seil einzuhängen. Als ich das Ende der Fixseile erreicht hatte, war ich überzeugt, dass unsere indischen Kameraden weder so vorsichtig noch so erfahren waren, wie ich zunächst angenommen hatte.

Nirmal in Lager I.

An diesem Nachmittag zogen Willi und die sechs Hochgebirgsträger ins obere Basislager. Es wurde ungewöhnlich laut, da über die Route diskutiert wurde und Kiran ständig nach Jatendra rief, damit dieser ihn im Zelt bediente. Das Kastensystem war sogar hier noch präsent. Jim ärgerte sich besonders darüber; er verabscheute diese Herr-und-Diener-Tradition, die Kiran sogar auf dem Berg für selbstverständlich hielt. Jim stritt sich mehr als einmal offen mit ihm über dieses Thema.

Das Wetter sah schlecht aus, als uns die abendliche Kälte in die Schlafsäcke trieb. Doch ich konnte nicht schlafen. Während der Nacht weckte mich immer wieder das Geräusch von Schnee und Regen auf dem Zeltdach.

Am Morgen des 4. August begrüßte uns ein dichter Regenvorhang. Es stand außer Frage, dass wir nicht klettern konnten; es lag einfach zu viel Schnee. Erst gingen Lou und ich, dann Jim, Kiran und einige Träger zurück zum Gratlager, um das restliche Material zu holen.

Mehrere hundert Meter unterhalb des Lagers entdeckten wir zwei Lastenpakete, die jemand fallengelassen hatte. Beim Aufprall hatten sie sich geöffnet und waren seitdem der Witterung preisgegeben. So war ein Großteil des Inhalts, darunter fast unser gesamter Streichholzvorrat, in den starken Regenfällen kaputt gegangen.

»Welcher Träger das auch war, er kriegt von mir einen solchen Arschtritt, dass er vom Berg fliegt!«, schrie ich. »Das ist die pure Verschwendung!«

Lou stand bloß da und schüttelte ungläubig den Kopf.

In meiner Wut rannte ich über den Gletscher, schnappte mir 23 Kilogramm Sauerstoff und machte mich auf den Rückweg zum oberen Basislager. Jim war gezwungen, sich mein Toben anzuhören, ebenso wie der arme Kiran und Jatendra, die meine schlechte Laune in voller Wucht abbekamen.

»Kiran! Sobald du im Lager bist, möchte ich, dass du herausfindest, welche Träger die Lasten da hingeworfen haben, damit der Regen sie ruiniert!«, schrie ich.

Er rief vom Berg zurück: »Kein Problem. Ich kümmere mich darum.«

Meine Stimmung wurde noch mieser, als mir klar wurde, dass sich der Großteil des Materials, das bereits zum oberen Basislager hatte gebracht werden sollen, immer noch in dem Depot unterhalb des Lagers befand. Die Träger waren nicht richtig beaufsichtigt worden; das würden wir ändern müssen.

Im Lager angekommen, traf ich die Träger in ihrem Zelt zusammengekauert an. Ich befahl ihnen, in den Regen hinauszukommen und abzusteigen, um alle Lasten aus dem Depot und die beschädigten Pakete zu holen. Sie spürten meine Wut und gingen sofort los.

Willi entschuldigte sich für die defekten Pakete und versuchte zu erklären, weshalb die Lasten dort unten geblieben waren, obwohl die Träger sie hätten hochholen sollen. Lou widersprach Willi vehement, weil er der Meinung war, der Job wäre vernachlässigt worden.

Da mischte Devi sich in ihren Streit ein. »Lasst uns lieber etwas daraus lernen. Wir brauchen nicht noch mehr Feindseligkeiten«, meinte sie.

Sie hatte Recht, und Willi und Lou ließen das Thema fallen.

Später beim Essen verkündete Elliot, dass er sich entschieden hätte, die Expedition zu verlassen. »Ich möchte einfach nicht hier sein, aber ich fühle mich zum Bleiben verpflichtet.«

Elliot war zerrissen: In der einen Minute redete, lachte und witzelte er, in der nächsten war er ruhig, verschlossen und mürrisch. Er wollte nicht bei uns sein, fühlte sich aber schuldig, weil er überhaupt an Abreise dachte. So etwas passiert früher oder später jedem. Während der sechste Sinn sagt, dass man umkehren und sich retten soll, sagt das Pflichtgefühl, dass man seine Versprechen halten soll.

»Nur John und Jim sind unentbehrlich, Elliot«, tröstete ihn Lou. »Verpflichtungen sollten dich nicht davon abhalten, dir selbst treu zu sein.«

Elliot betrachtete das als den Freibrief für seine Abreise. »Ich werde den Materialtransport vom Gratlager überwachen, bevor ich gehe«, bot er an. Lou war froh, dass dadurch auch dieses Problem gelöst war.

Die anderen Teammitglieder waren erleichtert, dass Elliot endlich die Entscheidung zur Abreise getroffen hatte. Keiner wollte noch länger zusehen, wie er sich selbst quälte, und außerdem war seine Unentschlossenheit schlecht für diejenigen, deren Engagement für den Aufstieg ohnehin schwankte.

Von dem ursprünglich dreizehnköpfigen Team waren noch neun übrig geblieben. Da einige Bergsteiger mehr oder weniger ständig krank waren, hatte sich unsere Mannschaft im Wesentlichen auf die Hälfte reduziert.

Surrendra war an diesem Morgen mit Willi vom Gratlager gekommen, um das Kochen zu übernehmen. Und so war meine erste Durchfallattacke seit Verlassen des Gratlagers ein würdiges Ende für einen freudlosen Tag.

Am nächsten Morgen fiel immer noch Schnee, der sich in kalte Graupelschauer verwandelte. Schwere dunkle Wolken, die nur gelegentlich aufrissen, um die frische Schneeschicht auf den umliegenden Gipfeln zu offenbaren, hüllten das Lager ein. Im Nebel donnerten kleine Lawinen vorbei, aber die eine große, auf die wir warteten, blieb aus. Der Gedanke an das, was sich über uns zusammenbraute, war beängstigend genug, um uns nachts am Schlafen zu hindern. Es folgte ein weiterer Ruhetag.

Unsere Lebensumstände hatten sich enorm verschlechtert. Ich schwamm beinahe in dem Wasser, das durch den Zeltboden drang. Wir mussten es jeden Tag aufwischen, wobei wir gleichzeitig versuchten, so viel Schmutz wie möglich hinauszubefördern.

Die meisten Teammitglieder hatten Bücher dabei, auf die sie zurückgreifen konnten, wenn wir ans Lager gefesselt waren. Unter den Titeln unserer Bibliothek befanden sich »Moby Dick«, »Ein amerikanischer Alptraum. Die letzten Tage der Ära Nixon«, »Demian« und »Die Morgenlandfahrt« von Hesse, »The Owl's Song« und »Dame, König, As, Spion« von Le Carré. Devi steuerte

Jack Beldens »China erschüttert die Welt« bei und Ad bot einmal Dickens' »Oliver Twist« an. Hatten wir genug von den Büchern, besuchten wir uns gegenseitig in den Zelten, um von zu Hause zu erzählen. Geduld war eine höchst geschätzte Tugend, aber an diesem Punkt der Expedition besaßen sie nur noch wenige.

Als Devi tagsüber den Proviant für unsere Mahlzeiten sortierte, entdeckte sie eine große Dose Kekse. Damit besuchte sie dann alle Zelte. Später bekamen wir einen von ihr improvisierten Kuchen. Devi machte das Lager an Schneetagen angenehmer; wegen ihrer Anwesenheit benahmen sich selbst unter diesen Umständen alle ein bisschen zivilisierter.

Jim kümmerte sich um Elliot und versuchte, ihm das Gefühl zu geben, dass seine Abreiseentscheidung richtig wäre. Elliot wusste noch nicht, wann er sich auf den Rückweg machen wollte, weil er immer noch das Gefühl hatte, die Mannschaft im Stich zu lassen.

Ich wusste Elliots Entscheidung zu schätzen. Ihm fehlte das Selbstvertrauen, und er wurde von einem Gefühl drohenden Unheils geplagt. Außerdem sorgte er sich um sein Studium und seine Freundin daheim. Anderseits konnte ich seine Entscheidung nicht offen befürworten. Viele hervorragende Alpinisten, die dem Sport wirklich verschrieben waren, hatten sich für unsere Expedition beworben. Sie hätten alles gegeben, um den Nanda Devi besteigen zu können. Doch sie waren abgelehnt worden, weil wir laut Carter »schon ein starkes Team haben«.

An diesem Abend diskutierten wir nach dem Essen die Leistungen der Mannschaft. Lou kritisierte einige Kameraden, weil sie trotz Erkrankungen den Berg weiter hochstiegen. Obwohl man sie wiederholt gebeten hatte abzusteigen, um ihren Durchfall oder ihren Husten zu kurieren, taten sie das nicht. Dadurch wurde aber nicht nur die Gesundheit der restlichen Mannschaft aufs Spiel gesetzt, sondern es wurden auch wertvolle Nahrungsreserven verbraucht, ohne dass die Route vorangetrieben wurde.

Lou sprach es noch einmal deutlich aus. »Jeder, der kein Material trägt, sollte zum Basislager absteigen, um sich auszukurieren. Niemand wird dadurch gesund, dass er höher steigt.«

Jim führte das weiter aus. »Wir müssen beim Aufstieg sehr genau alle plötzlichen Veränderungen in Aussehen, Gefühlen oder Persönlichkeit beobachten«, sagte er. »Lungenödem, Hirnödem und akute Höhenkrankheit können extrem schnell auftreten. In vielen Fällen ist der Kranke schon ohnmächtig, bevor wir die Erkrankung diagnostizieren können.« Dann erklärte er uns die Symptome und Behandlungsmöglichkeiten für alle Erkrankungen, die bei Aufenthalten im Hochgebirge üblicherweise auftreten können.

Danach erklärte Willi uns kurz, wie die Regler an die Sauerstoffflaschen angeschlossen werden, die wir für mögliche Krankheitsfälle mitgebracht hatten, und wie viel Sauerstoff der Kranke erhalten sollte. Wir wollten den Sauerstoff nicht zum Klettern benutzen. Bis er alles gesagt hatte, war es spät geworden, und wir kehrten in unsere eigenen Zelte zurück. Es regnete immer noch stark.

Am nächsten Morgen schien sich der Himmel aufzuklären. Ich zog mich an und ging rüber zur Küchenplane, wo Surrendra und Jatendra geschäftig Tee und Haferbrei zubereiteten. Ich fand einen Metallbecher und füllte ihn, eher zum Händewärmen als zum Trinken, mit süßem Tee.

Surrendra war ein Experte im Feuermachen, sogar mit nassem Holz, das tagelang in Regen und Schnee gelegen hatte. Er kniete sich stundenlang vor das Feuer und blies in die Holzkohle, um das Flämmchen am Leben zu erhalten. Wenn es notwendig war, wurde er von Jatendra abgelöst.

Ich hörte die anderen Träger in ihrem nur wenige Meter entfernten Viermannzelt reden. Ihr Lachen durchbrach die Ruhe des frühen Morgens.

»Sahib«, machte Surrendra auf sich aufmerksam. »Gehen?« Dabei wies er mit dem Finger auf die dicken, grauen Wolken.

»Nein, Surrendra«, sagte ich und deutete an, dass es zu stark regnete. Ich füllte meine Schüssel mit Haferbrei und aß unter der Küchenplane, während Jatendra die anderen Sahibs im Zelt bediente.

Nach dem Frühstück kamen die meisten aus ihren Zelten, um den aufklarenden Himmel zu beobachten. Die Unterhaltung kreiste um diejenigen, die noch krank waren, aber nicht absteigen wollten. Aus den Stimmen aller ließ sich Verärgerung heraushören. Das schlechte Wetter und die daraus resultierende Langeweile hatten sich schließlich auf unsere Stimmung niedergeschlagen. Ich konnte diese kleinlichen Streitereien nicht mehr ertragen.

»Ich gehe jetzt ins Basislager runter«, verkündete ich. »Ich habe das Gefühl, dass die Post heute kommen wird, und dann möchte ich da sein. Kommt jemand mit?« Doch meine Bemühung, ein paar der kranken Teamkameraden zum Abstieg zu bewegen, war eine Pleite, und ich blieb allein mit meiner Entscheidung.

Also warf ich ein paar Kleidungsstücke in meinen Rucksack und verabschiedete mich. Trotz des weiten Wegs bis zum Basislager war ich froh, allein zu sein. Ich fühlte mich besser als die ganzen letzten Tage.

Am Rand des Gletschers begann ich zu rennen, um möglichen Lawinen zu entgehen. Die Anstrengung, auf einer Höhe von 5100 Metern zu rennen, brachte mir einen schweren Husten ein, den ich mehrere Wochen nicht loswerden sollte. Ich hastete zum Gratlager, winkte von dort zum oberen Basislager hinüber und stieg in weniger als einer Stunde die tausend Meter lange Rinne hinunter. Die natürliche Schneebrücke und der Lawinenschutt unten am Rishi waren zu beängstigender Größe angewachsen. Riesige Blöcke aus Eis, Schnee und Fels zwangen mich zu einem erheblichen Umweg, bis mir die Überquerung des Flusses sicher erschien. Sobald ich die andere Seite erreicht und den Berg verlassen hatte, konnte ich mich entspannen.

»Hallo, Ad!«, begrüßte ich ihn vor seinem Zelt.

»John! Was machst du denn hier?«

»Wollte nur die Post abholen«, erklärte ich ihm. »Ich hab das Gefühl, dass sie heute kommt.«

Ad kochte Suppe und Tee, während ich die Ausrüstungskisten nach Material durchsuchte, das zum oberen Basislager geschickt werden sollte. Es gab vieles im Basislager, das wir auf dem Berg brauchten, deshalb packte ich es zu einer Trägerlast zusammen.

Ad und ich unterhielten uns den restlichen Nachmittag über seine Familie und vermieden beide das empfindliche Thema seiner Abreise. »Da kommt ein Träger! Es ist Dharamsingh.«

In Sekundenschnelle hatte ich das Zelt verlassen und lief Dharamsingh entgegen. Er begrüßte mich lächelnd am Bach. Er wirkte frisch, obwohl er gerade in nur zwei Tagen die Wanderung von Lata bewältigt hatte. Dicht hinter ihm folgten zwei weitere Träger, die mit frischem Gemüse beladen waren, sowie ihr Hund. Einer der Träger, Ballsingh, hatte ein britisches Steinschlossgewehr mitgebracht, um damit wilde Schafe im Sanctuary zu schießen. Nachdem er sein Gepäck abgelegt hatte, machte er sich auf die Jagd nach den scheuen Tieren.

»Post, Dharamsingh?«, fragte ich aufgeregt.

»O ja, Sahib«, erwiderte er grinsend und reichte mir die langersehnten Nachrichten von daheim, ein kleines Päckchen von fünf Briefen.

»Ist das alles?«, fragte ich.

Meine Erregung schwand, als ich durch die Briefe blätterte. Nur Kiran, Nirmal und Surrendra hatten Post bekommen.

»Was zum Teufel ist passiert, Ad?«, wollte ich von ihm wissen.

»Das ist dein Ressort.«

»Ich weiß es nicht«, erwiderte er verwirrt. »In der Botschaft in Neu-Delhi muss etwas schief gelaufen sein.«

Es gab offensichtlich einen Fehler in der Postanschrift. Wir übermittelten den anderen beim Funkkontakt um 19 Uhr die schlechte Nachricht. Alle waren enttäuscht. Bei unserer ohnehin angeschlagenen Moral schlug dieses Vorkommnis allen noch mehr auf die Stimmung.

»Lou, wenn das Wetter morgen immer noch so schlecht ist, laufe ich vielleicht nach Joshimath und finde heraus, weshalb das mit der Post schief läuft«, sagte ich. »Hin und zurück dauert das schlimmstenfalls vier Tage, und im Moment würde es allen viel bedeuten, wenn die Post käme.«

»Mir wäre lieber, wenn du nicht gingst«, bat Lou. »Aber ich kann dich nicht aufhalten.«

Dann kam Dharamsingh ans Funkgerät und sprach zwanzig Minuten mit Kiran. Etwas stimmte nicht.

Kiran erzählte Ad die Neuigkeiten. »Laut Dharamsingh hat einer der Träger auf dem Rückweg alle Fixseile in der Schlucht entfernt. Es könnte schwierig werden, alle Träger auf dem Weg zurück dazu zu bewegen, auch ohne Seile zu tragen. Jedenfalls habe ich Dharamsingh gesagt, er soll die Polizei in Joshimath informieren, wenn er zurückkehrt. Ad, du musst dich auch beschweren, wenn du da ankommst.«

Wir beendeten die Funkverbindung, nachdem Lou Ad noch gebeten hatte, auf Elliot zu warten. Der hatte sich entschieden, mit Ad abzureisen. Nach wie vor wussten wir nicht, wo John Evans war. Wir brauchten ihn nicht nur wegen seiner Stärke, sondern auch als emotionale Stütze. Ich begann, von ihm als »Messias« zu sprechen.

Am 7. August war es kalt und klar. Willi, Jim und Peter packten und zogen ins Lager I um, damit sie die Route in den folgenden

Tagen weiterführen konnten. Die anderen trugen Material hoch und kehrten dann zum oberen Basislager zurück.

Nach einem kurzen, aber emotionalen Abschied kehrte Elliot mit den Trägern zum Gratlager zurück und beaufsichtigte den Transport der restlichen Lasten zum oberen Basislager. Wegen des unerwartet guten Wetters beschloss ich, ins Lager zurückzukehren, um beim Materialtransport zu helfen. Die Post würde eben warten müssen.

»Ruf meine Frau an, wenn du zu Hause ankommst, und sag ihr, dass ich sie liebe«, bat ich Ad, als wir zum Abschied die Hände schüttelten.

»Ihr schafft die Route schon«, sagte er und starrte auf den Gipfel. »Aus dieser Perspektive sieht es aus, als neigte sich der Vorsprung nach hinten.«

»Tja, nun, wir werden sehen.« Ich folgte den beiden Trägern, die Zucker, frisches Gemüse, Streichhölzer und die Kleinigkeiten trugen, die ich im Lager gefunden hatte.

Ad war aufgeregt wegen seiner Abreise. Vier Träger sowie die beiden, die für mich zum oberen Basislager trugen, würden ihn und Elliot nach Lata begleiten. Ad war schon fertig mit dem Packen und hatte sich auf den Weg gemacht, noch bevor ich die Schneebrücke am Rishi erreicht hatte. Ich sah ihm zu, wie er in der Schlucht verschwand und konnte mich nicht gegen das Gefühl großer Einsamkeit und Verzweiflung wehren. Dann wandte ich mich der Rinne zu und begann den langen Aufstieg zum oberen Basislager.

Etwa auf halber Strecke zum Gratlager begegneten Elliot und ich uns zum letzten Mal.

»Ach verdammt, ich wünschte, du hättest dich nicht so entschieden, Elliot... Aber wenigstens hast du jetzt eine Entscheidung getroffen. Ich hoffe, du weißt, was du tust.«

»Es tut mir leid, aber das muss ich für mich tun«, erwiderte er.

Wir saßen beide da und starrten in den Dreck, während uns Tränen in die Augen stiegen.

»Du weißt, dass ich auch gerne abreisen würde, Elliot. Alle würden das. Dieser Berg ist gefährlich, und es wird jemand umkommen.«

»Wenn du das glaubst, warum verlässt du den Berg dann nicht und gehst?«

»Weil ich es nicht sein werde«, erwiderte ich.

Wir sahen einander an.

»Möchtest du, dass ich etwas für dich erledige, wenn ich zurück bin?«, wollte Elliot wissen.

»Ja. Ruf meine Frau an. Sag ihr, mir geht es gut und sie soll mir ein Paar Turnschuhe in Größe 46 schicken. Meine haben es hinter sich«, bat ich.

Wir trennten uns. Ich sah ihm eine Weile hinterher; dann kletterte ich weiter zum Gratlager.

Die beiden Träger warteten zusammen mit ihrem Drahthaarköter auf meine Ankunft. Da es noch früher Nachmittag war, bot ich ihnen fünf Rupien an, damit sie Gepäck ins Lager trugen. Sie stürzten sich sofort auf mein Angebot. Wie sich herausstellen sollte, hatten sie ohnehin vorgehabt, zum oberen Basislager zu queren, um einen unserer Träger zu treffen, mit dem sie verwandt waren.

Ich fand zwei Eisäxte im Materialdepot, gab jedem eine und führte sie dann über den Gletscher ins Lager. Der Hund folgte uns und benahm sich, als sei das ein ganz normaler Tag im Leben eines garhwalischen Hundes.

»John! Schön dich zu sehen«, rief Lou, als ich das obere Basislager betrat. »Wer ist denn dein Freund da?«

»Ach, das ist Ballsinghs Hund. Er kommt mit einem anderen Träger direkt hinter mir. Sie haben die ganzen Süßigkeiten dabei.«

»Hallo, John«, begrüßte mich Devi und steckte den Kopf aus

dem Zelt. »Ich bin froh, dass du wieder zurück bist. Wir hatten befürchtet, du wärst nach Joshimath gegangen.«

»Ich fühle mich viel besser, seit ich wieder bei euch bin«, gab ich zu.

Die beiden Träger trafen ein und wurden von unseren Männern empfangen, die glücklich waren, Neuigkeiten aus ihrem Dorf zu erfahren. Sie verschwanden gemeinsam in ihrem Zelt, um den Besuchern zuzuhören.

Das Abendessen war ein besonderes Festmahl aus gebackenen Äpfeln, gekochtem Kohl und Zwiebeln sowie gefriergetrocknetem Fleisch. Dharamsingh hatte gewusst, dass wir ganz begierig auf etwas Frisches waren.

Wir hielten eine Lagebesprechung ab. Mit Hilfe der Träger konnten wir in jedem Lager rasch unsere Material- und Proviantvorräte aufstocken. Unser Erfolg hing ganz vom Wetter ab, das bis zu diesem Zeitpunkt alle unsere Bemühungen torpediert hatte. Ein paar schöne Tage würden den Ausbau der Route vorantreiben und die Moral des Teams stärken.

An diesem Nachmittag spannte Nirmal ein Seil durchs Lager, um damit ein Fixseil zu simulieren – für die Träger hatte die Basisausbildung im Bergsteigen begonnen. Mit unserer Hilfe unterrichtete Nirmal unsere Hochgebirgsträger im Gebrauch der Gibbs-Steigklemmen, die dazu dienen, sicher am Seil aufzusteigen. Sobald einer der Männer am oberen Ende des Seils angekommen war, zeigte ihm einer von uns, wie er sicher abseilen konnte. Die Träger lernten schnell und voller Begeisterung, und so waren sie schon vor Einbruch der Dunkelheit »Experten« im Auf- und Absteigen am Seil.

Das Team war zu neuem Leben erwacht, obwohl Elliot und Ad nun fort waren. Es hatte eine Amputation stattgefunden, aber als Team hatten wir überlebt.

# Acht

Ich beeilte mich, damit ich auf dem Weg zum Lager I vor den sechs Trägern und den anderen Bergsteigern wegkam. Mit Sicherheit würden die Träger mit ihren Lasten an den Seilen nur langsam vorankommen, und ich hatte keine Lust zu frieren, weil ich auf sie warten musste.

Es war 5.30 Uhr. »Kommst du?«, fragte ich Lou.

»Geh schon vor, ich komm in ein paar Minuten nach.«

Die Seile waren tief unter dem frischen Schnee begraben, und unser Gepäck war schwer. Lou und ich kamen um 8.30 Uhr im verlassenen Lager I an. Wir luden ab, nahmen jeder ein Seil und folgten den frischen Spuren oberhalb des Lagers. Jim war nirgends zu sehen. Willi war ein bisschen über unseren vorherigen Endpunkt hinausgekommen; Peter balancierte auf einem kleinen Fleck am Fuß eines großen Felsens, etwa 120 Meter oberhalb von Willi. Die beiden steckten fest, und man konnte auf den ersten Blick erkennen, woran es lag.

Zwischen Peter und Willi befanden sich zweihundert Meter Seil, das sogar noch weiter den Hang hinunterfiel. Am Ende dieses Seils hingen vier Hundertmeterrollen Neun-Millimeter-Seil, und Peter versuchte nun, von seinem winzigen Standplatz aus die Rollen hinaufzuziehen, worin er von Willi unter äußerster Anstrengung unterstützt wurde. Zusätzlich dazu war die Kommunikation über diese Entfernung zwischen den beiden äußerst schwierig, und ihre Last rührte sich nicht mehr vom Fleck. Es funktionierte eben nicht, die Seile durch den tiefen, nassen Schnee zu ziehen, anstatt sie zu tragen.

Willi, Peter und Jim hatten diese Zugmethode am Vortag diskutiert, und Jim hatte sich dagegen ausgesprochen, war aber überstimmt worden. Lou und ich hatten Peter schon zu Anfang der Expedition gebeten, es gar nicht erst mit dem Ziehen zu versuchen, doch da hatte er sich bereits entschieden.

Lou stieg also zu Peter hoch, während ich das Seilknäuel an Willis Standplatz entwirrte. Willi stieg seinerseits zu den vier Seilen ab und hakte sie an seinen Anseilgurt. In einer unglaublichen Demonstration von Entschlossenheit kämpfte er sich langsam zu mir zurück. Für einen Mann von fast fünfzig Jahren waren seine Kraft und Ausdauer erstaunlich. Kein Wunder, dass er den Mount Everest und den Masherbrum bestiegen hatte.

Nachdem ich das Seil entwirrt und fixiert hatte, griff ich mir eine von Willis Rollen und stieg zu dem Felsen auf, wo Lou und Peter sich über die Vorzüge des Schleppens stritten.

»John, ich bin hier drüben!«

Jim erschien zu meiner Linken. Er saß auf einem Schneekegel unter einem kleinen Überhang. Es sah nach einem exponierten, aber sicheren Platz aus.

»Was zum Teufel tut Peter da?«, fragte ich. »Es ist doch verrückt, auf einem so flachen Abhang zu ziehen.«

»Ich habe versucht, die beiden davon zu überzeugen, aber es war sinnlos.« Lou hatte schließlich das Seilchaos an Peters Standplatz entwirrt und sicherte ihn bei der Querung zur Ecke des Felsens, damit er sich den Weg ansehen konnte, der für den nächsten Tag vorgesehen war. Eine Weile verschwand Peter aus unserer Sicht, dann sahen wir, wie er sich bis zu dem Querungspunkt abseilte.

»Da oben ist ein langer Lawinenhang, und ich konnte keine guten Haken reinkriegen«, sagte er. »Ich habe dann schließlich vier in einen Spalt bekommen.«

»Mach dir nichts draus, Peter«, sagte ich. »Hör mal, wenn es einen einfacheren Weg gäbe, Lasten auf einen Berg zu transportieren, wäre bestimmt schon jemand draufgekommen. Mit dem Hochziehen spart man weder Zeit noch Kraft.«

»Ja, verdammt noch mal! Lass es gut sein, ich mach es ja nicht mehr.«

Einer nach dem anderen stiegen wir in der ermüdenden Mittagshitze zum Lager I ab. Dort wurden wir mit guten Nachrichten empfangen: Alle sechs Träger hatten problemlos bis Lager I tragen können und waren bereits wieder abgestiegen. Kiran, Nirmal und Devi waren noch im Lager; nur Andy ruhte sich noch wegen seines anhaltenden Hustens im oberen Basislager aus.

Kiran, Nirmal, Lou und ich stiegen zum oberen Basislager ab und ließen Willi, Peter und Jim in Lager I zurück, damit sie am nächsten Tag die Route weiter vorantrieben. Auf dem Weg nach unten sprachen Lou und ich über Peters Aufbrausen und unsere Unsensibilität.

»Wir lassen ihn lieber in Ruhe«, sagte ich. »Mit Honig kann man mehr Fliegen anziehen als mit Essig.«

»Ja, sie hatten ein schlechtes Gewissen, weil sie so viel Zeit verloren haben. Ich dachte schon, Willi bricht sich das Kreuz bei dem Versuch, den Schlamassel wieder auszubügeln.«

»Wir sollten sie morgen unbedingt loben, egal, was passiert. Jim tut, was er kann, um ihre Gruppe zu unterstützen, aber du weißt ja, dass er da oben nicht wirklich willkommen ist.«

Die Mannschaft war nach wie vor über den Vorfall mit Marty in Dibrugheta gespalten, und inzwischen hatten sich deutlich ein »A-Team« und ein »B-Team« herausgebildet. Das »B-Team« – wie sie sich selbst nannten – bestand aus Andy, Devi, Elliot, Peter und Willi. Sie bezeichneten Jim, Lou und mich als das »A-Team«. Zwischen diesen beiden Gruppen gab es Animositäten, besonders in Bezug auf die Route und die Wahl der aufsteigenden Teammitglieder. Die

Mitglieder des »B-Teams« befürchteten, dass Jim, Lou und ich uns schneller akklimatisieren und den Gipfel zuerst erreichen wollten. Technisch waren wir in der Lage, die Route schneller voranzutreiben. Die anderen hatten sich aufgrund von Krankheiten nicht so schnell akklimatisieren können. Natürlich fiel die Wahl, wer vorne sein sollte, auf uns, weil wir gesund und kräftig waren.

Derartige Unruhen treten bei Expeditionen im Himalajastil häufig auf. Das Lastentragen ist wie die Arbeit in einer Boxencrew bei Formel-I-Rennen. Die Boxencrew erledigt den Großteil der Arbeit, erntet aber nur wenig Ruhm. Die Vorsteiger sind wie die Fahrer – sie erleben nicht nur das Abenteuer, sondern erhalten auch die Ehre. In unserem Fall aber mussten wir nicht nur vorsteigen, sondern auch noch schweres Gepäck mit der Ausrüstung und den Seilen tragen, die wir dafür brauchten. Eine starke Teamleitung hätte diese Feindseligkeiten in der Mannschaft unterbinden können, aber Lou wurde von den anderen nicht respektiert, und Willi führte eher durch sein Beispiel als dadurch, dass er Entscheidungen traf.

Am nächsten Morgen war es kalt, und das obere Basislager lag in Nebel gehüllt. Der seit dem vorherigen Nachmittag fallende Schnee hatte sich mittlerweile in Regen verwandelt.

»Mein Hals ist ziemlich entzündet«, beklagte ich mich. »Trägst du heute, Lou?«

»Ja, aber nur zum Lager I«, sagte er, während er seine Schuhe anzog.

»Was soll's, vielleicht gehe ich trotzdem.«

Wir packten unsere Rucksäcke und stapften zum Anfang des ersten Fixseils. Das Wetter klarte für einen Moment auf, als wir im Lager I eintrafen, die mitgebrachten Seile und Lebensmittel abluden und wieder abstiegen. Nirmal und Kiran kamen uns mit drei Trägern entgegen. Lou war begeistert, wie schnell die Vorräte in

Lager I wuchsen, seit die Träger beim Herauftragen halfen. Wir überholten uns fast selbst.

Im oberen Basislager nahm ich sofort eine große Dosis Penicillin und legte mich hin; meine Halsschmerzen hatten sich seit dem Morgen verschlimmert. Devi und Andy hatten den ganzen Tag mit einer ähnlichen Halsentzündung und Husten im Zelt gelegen. Wir schienen alle nur noch von Tabletten zu leben: Erkältungstabletten, Halstabletten, Durchfalltabletten, Vitamintabletten, Wasserreinigungstabletten. Manchmal hatte ich das Gefühl, wir könnten auf das Essen verzichten.

Später am Abend teilte uns Willi über Funk gute Neuigkeiten mit; trotz des schlechten Wetters hatten sie einen guten Tag gehabt. »Wir sind auf der linken Seite des Schneefeldes zweihundert Meter über sehr schwieriges Gelände raufgekommen«, berichtete er.

Plötzlich unterbrach ihn Peter: »Willi hat einen phantastischen Vorstieg über wechselndes Terrain gemacht. Wir kommen jetzt wirklich gut voran!«

»Klingt toll, Jungs«, lobte Lou sie. »Macht das morgen noch mal. Wie sieht es nach eurem Endpunkt da oben aus?«

Willi meinte, dass es zwar schwierig aussähe, sie es aber schaffen würden.

Jim, Willi und Peter stiegen am nächsten Morgen bereits um 3 Uhr die Seile hinauf. Alle fühlten sich träge und erschöpft. Jim sorgte sich wegen des tiefen, lockeren Schnees, wollte aber trotzdem nicht ins Lager zurückkehren.

Jim erreichte den Endpunkt auf dem offenen Hang und übernahm den Vorstieg. Nach zweihundert Metern erreichte er den Schutz einer anderthalb Meter hohen Felswand. Wir bezeichneten die beiden Seillängen über den offenen Schneehang von da an nur noch als »Jims Vorstieg«.

Gegen 5 Uhr hatte Jim ein seltsames, geradezu übernatürliches

Erlebnis. Er wurde von der beängstigenden Vorahnung überwältigt, sein Vater sei gestorben. Ein kalter Schauer lief ihm über den Rücken. Er hatte derartige Vorahnungen früher schon zweimal gehabt, und beide Male war sein Vater ernstlich krank gewesen. Aber jetzt blieb ihm nichts anderes übrig als weiterzuklettern.

Als Jim mir später davon erzählte, hörte ich aufmerksam zu und hoffte, dass seine Vision diesmal nur auf die Anstrengung und die Hitze des Tages zurückzuführen war. Seine Vorahnungen waren besonders beunruhigend, weil er noch eine weitere hatte, dass Lou von einer Lawine erfasst würde. Nur wenige Tage darauf entkam Lou tatsächlich nur knapp einer Lawine. Ich beruhigte Jim so gut ich konnte und wechselte dann schnell das Thema.

An diesem Tag richteten die drei das »Simsdepot« ein, das später ungeplant zum Standort von Lager II werden sollte. Es lag wie ein Adlersitz unter einer zehn Meter hohen Wand, die einen guten Schutz vor Steinschlag und Lawinen bot.

Peter wies über eine breite Rinne zu ein paar geschützten Felsen hinüber: »Ich werde da drüben eine alternative Abstiegsroute anlegen. Die könnte uns beim Rückzug in einem Schneesturm retten.«

»Die Querung durch die Rinne ist doch viel schlimmer als das Absteigen von hier!«, wandte Jim ein. »Wir können uns nicht erlauben, Seile und Haken dafür zu verschwenden.«

Doch Peter bestand darauf. Er wollte der Mannschaft beweisen, dass er kompetent war und verdientermaßen ganz vorne dabei war. Jim war zu müde, um weiter zu diskutieren, und sah zu, wie Willi einen Standplatz baute und Peter sich vorsichtig auf den Abhang vortastete.

Unter großen Schwierigkeiten gelang es ihm, die Rinne zu queren, wobei er ständig mit dem an ihm ziehenden, sich verheddernden Hundert-Meter-Seil kämpfte. Drüben angekommen rutschte er aus, weshalb er beinahe die sechzig Meter bis zu Willi zurückgeschwungen wäre. Und so hatte er mehrere Stunden später eine alternative »Sicherheitsroute« angelegt, die ihn beinahe das Leben gekostet hätte.

Lou hatte früh am selben Morgen mit einem schweren Gepäckstück das obere Basislager verlassen, das er am Simsdepot ablud. Er querte um die Felswand, um den drei vorsteigenden Kletterern zuzusehen. Ihr Fortschritt war enttäuschend. Sie waren auf einfachem Gelände weniger als 120 Meter vorangekommen. Bei seinem Abstieg zum oberen Basislager begegnete er dem schwer arbeitenden Kiran und zwei der stärkeren Träger, Jatendra und Balbirsingh. Willi meldete sich um 14 Uhr bei Lou.

»Ich habe mir heute angesehen, welchen Fortschritt ihr macht, und war etwas enttäuscht«, setzte Lou an. »Deshalb schicke ich morgen John zu eurer Hilfe rauf. Jim und er werden euch unterstützen.«

Willi war über diese Nachricht nicht sonderlich erfreut. Er hatte gehofft, Peter und er könnten bis zum Nordgrat vorsteigen, ohne dass sich jemand einmischte.

»Na gut«, meinte Willi niedergeschlagen. »Wir werden morgen Gas geben.«

Ich war den ganzen Tag liegen geblieben und hatte Unmengen von Robicillin eingeworfen, ein Penicillin gegen die Infektion. Meiner Halsentzündung und den schmerzenden Ohren ging es schon besser. Ich konnte kaum erwarten, zum Lager I und zu Jim aufzusteigen, der über Funk deprimiert geklungen hatte. Er war mit Peters und Willis Entscheidungen nicht einverstanden gewesen und hatte viele für gefährlich gehalten. Lou schickte mich hoch, damit ich Jims Moral stützte und half, für Willi und Peter Material zu tragen.

Während des Funkens um 19 Uhr verkündete Willi eine neue Entwicklung: »Peter und ich werden morgen ins Simsdepot ziehen und dort ein Lager einrichten. Peter meint, es wäre der ideale Platz für Lager II, und außerdem haben wir es dann nicht so weit, um oben die Route weiterzuführen.«

»Das liegt doch nur zweihundert Meter über Lager I!«, schrie Lou. »Das ist nicht weit genug, um schon ein neues Lager zu rechtfertigen!«

»Also, wir meinen, es kommt hier erst mal keine andere Stelle. Außerdem haben wir es von da aus nicht so weit zum Nordgrat«, insistierte Willi.

»Aber das kostet uns einen Tag Arbeit an der Route!«

»Peter und ich ziehen am Morgen um und versuchen, am Nachmittag an der Route weiterzuarbeiten«, erwiderte Willi.

»Ich habe keine Zelte, Ausrüstung oder Essen für ein Lager zwischen Lager I und dem Hauptgrat eingeplant. Schon aus Materialgründen können wir uns das nicht leisten.«

»An diesem Punkt der Expedition ist das aber der einzige Weg, den Grat zu erreichen.«

Lou und ich hielten das Lager für unnötig, aber weder Willi noch Peter waren besonders schnelle Kletterer. Wenn sie ein Stück weiter hoch zogen, würden sie besser mit der Route vorankommen, auch wenn dafür ein paar Zelte und Lagerausrüstung verbraucht wurden.

»Na gut«, sagte Lou, »aber nur, bis ein Lager auf dem Nordgrat errichtet ist.«

Das Wetter blieb stabil, und am 11. August war es klar und windstill, ein perfekter Tag. Ich packte meine persönliche Ausrüstung und brach, in der Hoffnung, der erdrückenden Hitze des Tages zu entgehen, zeitig zum Lager I auf. Lou entschied sich, im Lager zu bleiben, um seine persönlichen Sachen zu ordnen und zu trocknen und die letzten Bündel zusammenzupacken, die noch ins Lager I gebracht werden sollten.

Willi, Jim und Peter waren im Lager I geblieben, um auszuschlafen und sich zu erholen, nachdem sie tagelang so früh gestartet waren. Ich traf in der Hitze ein, und meine Halsentzündung war nach dem schweren Atmen auf 5800 Metern wieder zurückgekehrt.

Jim bot mir an, mit ihm das Zelt zu teilen, als ich meine Last abwarf und alle begrüßte. Wie so oft an wunderschönen Tagen hatten die drei Männer natürlich ein schlechtes Gewissen, weil sie ihn nicht nutzten, um Fixseile anzubringen. Gerade Willi machte es unruhig, dass sie die Route nicht weiter vorantrieben. Willi und Peter kamen herüber, um mit uns die Schneebedingungen zu besprechen.

»Ich glaube, sie sind ziemlich schlecht«, sagte ich. »Ich habe unterwegs mal in den Hang gegraben und eine tiefe Firnschicht gefunden.« Diese Eiskristallschichten, die mit der Zeit durch die Übereinanderlagerung verschiedener Schneeschichten entstehen, bilden einen Untergrund, auf dem schnell ein Schneebrett abgleiten kann.

Peter prüfte an einem Abhang neben dem Lager selbst den Schnee. Er grub sich tief durch die frischen Schneeschichten, bis er schließlich von dem Problem überzeugt war: »Ja, darunter ist Firn, aber hier ist es nicht viel«, stimmte er zu. »Ich denke, wir können es zumindest bis zum Simsdepot wagen.«

Ich hatte keine Lust, das Risiko einzugehen, und sagte ihm, er solle ruhig gehen, ich würde nicht weiter aufsteigen, bevor sich der Schnee nicht gesetzt hätte oder abgegangen wäre.

Mit ihren persönlichen Sachen und der Ausstattung für das Lager beladen krochen Willi und Peter langsam das Fixseil hinauf und außer Sicht. Sie mussten jedes Seil erst unter dem schweren Schnee der vergangenen Nacht freilegen.

Von unten kamen Andy und Devi langsam auf us zugeklettert. Sie gaben ein gutes Paar ab. Sie lagen immer drei bis vier Stunden hinter denjenigen, die lieber schon mit dem Tragen fertig waren, bevor die Sonne unerträglich wurde. Die Erholungstage verbrachten sie ebenso zusammen wie die Tage, an denen sie Material transportierten. Sie wurden unzertrennlich.

Bergsteiger fühlen sich oft zu denen hingezogen, die sich in Gefahr, beim Tragen und beim Vorsteigen ähnlich verhalten. Für uns alle war erkennbar, dass Devi und Andy mehr als nur das Interesse fürs Bergsteigen teilten. Die beiden vertrauten einander. Sie besaßen dieselbe entspannte Haltung und schienen den Berg gemeinsam genießen zu wollen. Devi und Andy verliebten sich.

Solche Beziehungen können auf dem Berg hinderlich sein. Als Devi und Andy sich näher kamen, wollte keiner mehr ohne den anderen tragen. Wenn einer krank wurde oder eine Pause brauchte, verlor die Expedition immer gleich zwei Kletterer. Das war ein Quell des Ärgernisses für diejenigen von uns, die sich mit Leib und Seele der Besteigung verschrieben hatten.

Devi hatte einen äußerst ungewöhnlichen Morgen gehabt. Die Träger hatten sie gebeten, an einer Hinduzeremonie teilzunehmen, die sie *Rakhi* nannten. Dieses religiöse Ritual soll dafür Sorge tragen, dass die Männer der Familie das Leben und die Ehre einer Frau als Mitglied des Haushalts verteidigen. Die Frau – oder manchmal ein heiliger Mann – bindet dann ein Band um das Handgelenk des Mannes. Dieses Armband schützt ihn vor Unheil. *Rakhi* wird normalerweise jedes Jahr von einer Schwester in der Familie durchgeführt. Da die Träger nun nicht zu Hause waren, war Devi ein guter Ersatz.

Die Träger hatten je eine Rupie an Devi gezahlt, damit sie ihnen ein Band am Handgelenk befestigte. Auch Kiran, Nirmal, Lou und Andy hatten teilgenommen. Devi bestand darauf, auch Jim und mir eines umzubinden. Weil wir keine Rupie hatten, versprach sie, im oberen Basislager eine zu suchen und so zu tun, als wäre sie von uns.

Wir waren alle zu Späßen aufgelegt. Jim und ich machten Fotos von Jim bei der Sprechstunde, unter anderem eines davon, wie er mich mit einem unserer Rohreishaken untersuchte. Nur selten hatten wir in den letzten drei Monaten so viel gelacht.

Jim hatte den Tag Pause und den Partnerwechsel nötig gehabt. Er war nun bereit, am kommenden Morgen wieder voll einzusteigen, deshalb planten wir, um 2 Uhr loszugehen, um Willi und Peter einzuholen und Seile für sie zu tragen. Ein zeitiges Abendessen und eine Schlaftablette beendeten einen langen, aber erholsamen Tag.

»Es bläst da draußen ziemlich, aber es ist klar«, stellte ich fest, während ich meine Kleider zusammensuchte. »Scheint auch kälter als gewöhnlich zu sein.«

»Wie spät ist es?«, murmelte Jim.

»Halb zwei. Ich fange jetzt an zu kochen.«

Der Wind zerrte an dem Zelt. Triebschnee schabte wie Schmirgelpapier über das gefrorene Nylon. Die Kerze wollte einfach nicht anbleiben, deshalb beleuchtete Jim den Kochbereich mit seiner Stirnlampe. Der Lichtstrahl tanzte durch den dichten Nebel unseres kalten Atems.

Ich schmolz Eis und lauschte dem Stottern des Phoebuskochers, der zumindest eine Illusion von Wärme vermittelte. Wir krochen tiefer in unsere Daunenschlafsäcke und warteten geduldig, bis das Wasser kochte. Bald waren wir angezogen. Draußen griffen wir mit verfrorenen Fingern nach Steigeisen, Eispickeln und Rucksäcken, und ich wurde den Gedanken daran, einfach in meinen Schlafsack zurückzukehren, nicht los. Wir schulterten jede Menge Seil und marschierten los.

Es brauste in meinen entzündeten Ohren, und wenn ich atmete, schmerzte mein Hals. Ich hakte meine Steigklemme am ersten Seil ein und prüfte sie zweimal, da es stockdunkel war. Meine Gedanken schweiften umher. Ich zog an dem Seil und kroch durch den tiefen, vom Wind zusammengepressten Schnee.

Ein paar Seillängen später wurde der Schnee härter und leichter begehbar. Wir holten die verlorene Zeit wieder auf, und kamen fünfzig Minuten nach Verlassen von Lager I am Simsdepot an. Willi und Peter querten nur hundert Meter entfernt unter der großen Felswand. Wir hörten sie, konnten sie im Licht der Sterne aber nur selten sehen. Ich beeilte mich und holte Willi am Anfang von Jims Vorstieg ein. Eine Stunde später standen Willi, Peter, Jim und ich am Ende des Fixseils.

»Wir hatten eine schlimme Nacht«, erzählte Willi, während Peter im Dunkeln den Vorstieg über die erste Seillänge übernahm. »Der verdammte Wind hätte uns fast vom Berg gerissen.«

Peter kletterte mit Hilfe einiger Eisschrauben und Haken einen steilen, engen Eisfall hinauf. Man sah nur noch einen Schatten am Seil und hörte das gelegentliche Klirren von Metall wie von einem Kettengespenst. Bald verebbten auch diese Geräusche, als er sich weiter von uns entfernte.

Jim hatte weiter unten gewartet, bis Peter mit dem Abschnitt fertig war, und kam dann zu mir herauf, während Willi Peter folgte.

»Meine Füße erfrieren bei der Warterei«, sagte Jim mit klappernden Zähnen. »Ich hätte nichts dagegen, etwas schneller zu machen.«

Willi rief mir zu, ich solle die Haken entfernen, damit er zu Peter weiterklettern und dort den nächsten Vorstieg übernehmen könnte. Um warm zu bleiben, stieg ich weiter auf und erreichte bald Peter, der von einem schmalen, durch ein kleines Felsdach geschützten Standplatz aus sicherte.

»Schöner Vorstieg, Peter«, sagte ich. »Bis jetzt der beste dieser Route.«

Jim kam herauf, und wir drängten uns zusammen, um uns warm zu halten. Peter hatte drei bombensichere Haken befestigt, also sicherte ich mich dort und grub dann ein Loch unter dem Dach, wo ich einen perfekten Ablageplatz für unsere Seile fand.

Jim hatte sich einen guten Stehplatz gehackt und gegraben, hatte aber immer noch eiskalte Füße. »Lass uns die Seile hier verstauen und runtersteigen, John. Willi wird bei diesem Abschnitt ziemlich langsam sein.«

Ich musste ihm zustimmen. Willi hatte Schwierigkeiten mit dem tiefen Firn und war erst 15 Meter weit gekommen.

»Du hast Recht, es gibt keinen Grund, warum wir alle vier hier sein sollten. Peter, hier ist Seil für weitere vierhundert Meter. Ich hoffe ihr braucht es«, scherzte ich.

Inzwischen war es hell geworden. Jim und ich stiegen schnell bis zum Anfang von Jims Vorstieg ab. Jetzt konnte ich zum ersten Mal Peters »Sicherheitsroute« sehen. Was für ein guter Bergsteiger er wirklich war, hatte Peter uns gerade mit seinem letzten Vorstieg über den eisverkrusteten Felsen gezeigt. Aber das hier war ein Fehler, den wir uns kaum erlauben konnten. Beim Queren war man nicht nur Steinschlag und Lawinen ausgesetzt, sondern es wurden auch zweihundert Meter Seil und einige Felshaken verschwendet, die nur knapp bemessen waren.

»Peter kann den Quatsch morgen wieder runterholen, während wir vorsteigen«, sagte ich zu Jim. »Ich schleppe doch nicht noch mehr Seile und Haken hier hoch, damit sie so verschwendet werden.«

»Rechne nicht damit, dass Peter das macht. Er ist immer noch überzeugt, dass es später nützlich sein kann.«

Er hatte Recht. Die »Sicherheitsroute« blieb bestehen.

Jim stieg zügig zum temporären Lager II, dem Simsdepot ab, während ich die überzähligen Haken und Bandschlingen von den Fixpunkten entfernte. Wir würden alle für den Nordvorsprung brauchen – es durfte nichts verschwendet werden.

Nach einer raschen Mahlzeit in Lager II stiegen wir rechtzeitig für den Funkkontakt um 14 Uhr zu Lager I ab. Devi, Andy, und Nirmal waren gerade von unten angekommen.

»Gute Nachrichten!« Lous Stimme bebte vor Aufregung. »Roskelley, dein Messias ist im Basislager. Evans ist angekommen und hat die Post und das Seil mitgebracht!«

»Fantastisch!«, jubelten wir. Diese Neuigkeiten waren fast zu gut, um wahr zu sein. »Hat Jim einen Brief von seinem Vater bekommen? Er möchte es gerne wissen, und wenn du gerade dabei bist, zähl mal, wie viele ich bekommen habe. Hurra!«

Evans war am Tag zuvor im Basislager eingetroffen. Er hatte am Morgen zwei Träger mit dem Seil und der Post hochgeschickt, weshalb nur Lou, Kiran und unsere beiden Hochgebirgsträger davon erfahren hatten. Die anderen stiegen sofort ab, als sie hörten, dass es im oberen Basislager Post gab.

»Übrigens«, fuhr Lou fort, »ich habe die beiden Träger mit ihrem Hund losgeschickt, damit sie Ad einholen. Evans sagt, Ad wartet immer noch in Romani auf sie. Was macht die Route?«

»Willi und Peter hatten noch ein gutes Stück vor sich, als wir sie verlassen haben«, erklärte ich. »Sie werden den Nordgrat heute nicht mehr erreichen. Hör mal, wir brauchen diese Ersatzroute von Peter nicht… Warum sagst du nichts?«

»Na gut, ich spreche heute Abend mit ihm.«

Alles, was wir brauchten, war eingetroffen. Worum wir gebetet, über das wir beim Essen gesprochen und um das wir uns nachts gesorgt hatten, war innerhalb eines Augenblicks plötzlich wahr geworden. Wir wurden von unseren Gefühlen überwältigt.

Willi meldete sich um 19 Uhr mit aufregenden Neuigkeiten über die Route aus Lager II: »Peter hat heute den schwierigsten Abschnitt überhaupt befestigt. Er führt über vereisten Felsen. Wir glauben, dass wir bis auf zwei Seillängen an den Nordgrat rangekommen sind. Wir sind völlig fertig, und keiner von uns kann morgen weitermachen.«

»Klasse Arbeit, Jungs!«, sagte Lou. »Morgen können John und Jim ihr Glück versuchen.«

Lou erzählte ihnen von Evans, der Post und dem Seil.

»Das sind die besten Nachrichten seit Wochen!«, freute sich Willi.

»Peter, hast du deine Sicherheitsroute entfernt?«, fragte Lou. »Wir werden die Seile und Haken weiter oben brauchen.«

»Das ist eine brauchbare Route!«, erklärte Peter. »Ich habe sie für den Fall einer Lawine angebracht.«

»Wir halten sie für unnötig, Peter. Die andere Route ist genauso sicher«, widersprach Lou.

Willi kam erneut ans Funkgerät: »Wir kümmern uns später darum. Im Moment ist das Wichtigste, den Nordgrat zu erreichen.«

Jetzt meldete sich Evans aus dem Basislager und begrüßte alle. Er erzählte, seine Frau hätte vor seinem Aufbruch einen Jungen geboren.

In der Dämmerung sah das Wetter wieder vielversprechend aus. Nach einem Abendessen aus gefriergetrocknetem Rindfleisch, Mais und Kartoffeln versuchten Jim und ich, etwas zu schlafen.

Das Schlafen wird wegen der so genannten Cheyne-Stokes-Atmung für die meisten Hochgebirgskletterer zum Problem. Während er döst, atmet der Bergsteiger eine Minute lang normal. Dann hört er dreißig Sekunden ganz auf. Dann setzt die Atmung plötzlich und mit erhöhter Frequenz wieder ein. Im einen Moment klingt man atemlos, im nächsten wie tot. Oft ist das für die Zeltgenossen beunruhigender als für den Schläfer selbst.

Außerdem schwanken die Schlafenszeiten sehr stark. Um der Tageshitze oder den häufigen Nachmittagsstürmen im Himalaja zu entgehen, wird oft in der Nacht geklettert. Nicht selten steht man zwischen Mitternacht und 1 Uhr auf.

Jeder hatte seine eigene Methode, um einzuschlafen. Jim halfen Schlaftabletten, den meisten anderen half die Erschöpfung. Ich habe einen leichten Schlaf, deshalb halfen mir auch keine Tabletten. Ich konnte gut eine Woche mit nur wenigen Stunden Schlaf pro Tag auskommen, um dann schließlich eine Nacht durchzuschlafen. Ich stieg lieber weiter hinauf, als im Schlafsack zu liegen.

»Jim.« Ich stieß seinen Schlafsack etwa auf Schulterhöhe an. »Es ist ein Uhr. Mach dich fertig.«

Es war wieder ein klarer Morgen. Während ich mich anzog, beugte Jim sich vor und zündete das Zündgas des Kochers an.

»Was macht dein Hals?«, fragte Jim.

»Ziemlich wund. Meine Ohren eitern und brausen auch die ganze Zeit.«

»Nimm am besten sofort das Penicillin.«

Mit einer Handdrehung ließ Jim den Kocher aufflammen. Während der Schnee schmolz, den wir am Abend zuvor gesammelt hatten, zogen wir uns unbeholfen weiter an. Es war unmöglich, sich in den Schlafsäcken vollständig anzuziehen.

Nach einem Frühstück aus warmer Hafergrütze und heißem Kakao zogen wir unsere Stiefel und Überzieher an und verließen die Sicherheit unseres behaglichen Zelts. Wir fanden unsere Steigeisen und die Ausrüstung mehr aus der Erinnerung als mit den Augen, dann schlüpften wir in die Anseilgurte und beluden unsere Rucksäcke.

»Fang du doch an, Jim«, schlug ich vor. »Mit meinem Hals will ich es so langsam wie möglich angehen.«

Jim fand das Ende des Fixseils und begann damit, den Weg durch die windgepresste Schneekruste zu bahnen, wie es zu unserer täglichen Routine gehörte. Im Licht der Sterne stiegen wir dicht hintereinander auf. Ich konnte hören, wie Jims Steigeisen griffen oder auf hartem Schnee und Eis knirschten, wenn er nicht hindurchkam. Sein rauer, kratzender Atem durchschnitt die unheimliche Stille, während er sich voranarbeitete.

Eis bildete sich auf meinem Bart, dem Schnauzer und den Augenlidern. Ein scharfer Wind trieb mir Schnee in die Augen und durch die Ritzen meiner Kleidung.

Wir hielten oft, um uns auszuruhen oder um die Steigklemmen von einem Seil zum nächsten zu wechseln. Doch wir hielten die Pausen nur kurz, weil unser Schweiß sofort gefror. Keiner von uns sprach; jeder bewegte sich still in seiner eigenen Welt, immer nur den nächsten Schritt oder Seilwechsel im Blick. Wir erreichten das unsicher positionierte Zelt in Lager II. »Peter?«, flüsterte ich.

»Ja?«

»Geht ihr heute runter?«

»Ja«, sagte er. »Wir sind kaputt.«

Willi wünschte uns Glück, als wir uns dem nächsten Seil zuwandten. Die Schneebedingungen auf dem großen, offenen Hang unter Jims Vorstieg waren hervorragend. Wir kamen gut voran. Ich atmete wie ein Langstreckenläufer.

Blitze zuckten im Westen auf. Meine Gedanken drifteten ab. *Jim gibt ein gutes Tempo vor... Mein Hals bringt mich um... Ob ich wohl gesund genug bin, um weiterzumachen?... Wir müssen heute den Nordgrat erreichen... Geht es zu Hause allen gut?... Wo meine Frau jetzt wohl ist?...* Ich versuchte, mich zu erinnern, welcher Wochentag es war. Ich wusste es nicht. Jim und ich ließen uns von Gedanken treiben, die uns weit wegbrachten von Erschöpfung, Kälte und Gefahr.

Bei Tagesanbruch erreichten wir das Ende des Fixseils. Der Schatten des Nanda Devi, der sich vor einer Stunde noch hunderte von Kilometern gen Westen erstreckt hatte, schrumpfte in das Sanctuary zurück. Bald würde die aufgehende Sonne ihn völlig ausradieren.

Peter hatte zuletzt einen äußerst schwierigen Vorstieg angelegt, so dass es sogar mit Hilfe der Steigklemmen schwer war, ihm zu folgen. Während ich die Sicherung vorbereitete, traf Jim an meinem kleinen Standplatz ein.

»Sobald ich oben Stand gemacht habe, ziehe ich zweimal kräftig am Seil«, flüsterte ich. Ich hatte keine Stimme mehr; mein Hals war völlig entzündet und wie zugeschnürt.

Jim entwirrte das Sicherungsseil, band sich selbst in das Ende ein und sah zu, wie ich mir vorsichtig durch den tiefen Firn einen Weg über die steilen Felsen suchte. Ich kämpfte mich aus einer toten Rinne in eine andere und kletterte über Felsen, Eis oder beides, um nicht durch den Schnee zu müssen. Gegen Ende einer großen Rinne wandte ich mich in steilem Winkel nach links auf einen großen, offenen, vierzig Grad steilen Abhang zu. Hier hörten die technischen Schwierigkeiten auf, aber das Waten durch den tiefen Schnee in 6400 Metern Höhe raubte mir die Kraft.

Der Schnee wirkte, als könnte er bald abgleiten, deshalb beeilte ich mich, zu einem kleinen vorstehenden Felsen zu gelangen, weil ich hoffte, dort einen Riss für einen Haken zu finden. Nach hundert Metern am Ende des Seils angekommen, erreichte ich den Felsen, fand einen perfekten Riss und sicherte das Seil. Jim kam langsam nach, völlig erschöpft von dem Aufstieg durch den tiefen Schnee.

»Ich kann nicht mehr«, japste er. »Ich bin dafür zurückzugehen, es sei denn, du willst es noch einmal versuchen.«

Ich zog ein neues Seil aus meinem Rucksack, entrollte es und reichte es Jim. »Hier, ich versuch die nächsten hundert Meter.« Ich wollte den Nordgrat erreichen.

Die Sonne stand am Himmel, als ich mich durch schenkeltiefen Schnee um unseren Sicherungsfelsen herum zu einer flachen Rippe quälte. Nach sechzig Metern erreichte ich die nächste Gruppe von Quarzitblöcken. Die Lawinengefahr nahm ab. Ich kletterte weiter, über kurze Felsplatten und steile, enge Rinnen und erreichte schließlich einen weiteren unsicheren Standplatz.

Jim kam im Schneckentempo auf mich zu, aber als er bei mir

Devi bei der Überquerung des Rishi Ganga nahe des Romanilagers.

Ad Carter

John Evans

Elliott Fisher

Andy Harvard

Marty Hoey

Peter Lev

Lou Reichardt

John Roskelley

Devi Unsoeld

Willi Unsoeld

Jim States

Träger aus Lata

Kesharsingh

Balbirsingh

Kiran Kumar

Surrendra

*Links:*
Die Nordwestwand des Nanda Devi, vom Sanctuary aus betrachtet.

*Rechts:*
Das Gratlager.

*Unten:*
Eine Teambesprechung im oberen Basislager. Von links nach rechts: Jim, Kiran, Willi, Elliot, Devi, Peter und Andy.

Willi bereitet sich in Lager III auf den Abmarsch vor, um Devi, Andy und Peter in das Lager IV zu folgen.

Lou und Jim auf dem Gipfel.

Jim und Lou auf dem Grat über Lager III.
Links in der Ferne der Changabang.

Der Blick vom Nanda Devi auf den Rishi Ganga.

John Roskelley wirft am Eingang der Rishi-Schlucht einen Blick zurück auf den Nanda Devi.

eintraf, verkündete er, dass er den nächsten Vorstieg übernehmen würde.

Mittlerweile quälte uns die Sonne. Schützend verbarg ich meinen Kopf hinter einer kleinen Ecke, während Jim sich das Klettermaterial griff. Er kämpfte sich zwischen drei kurzen, senkrechten Wänden durch die ersten fünf Meter mit tiefem Triebschnee. Unter großen Schwierigkeiten stemmte er sich den Kamin hinauf und über die Kante und blieb schließlich auf dem darüber liegenden Hang stehen. Dort ruhte er sich aus, dann kämpfte er sich langsam zu einem vorstehenden Felsen, wo er einen Haken tief in einen Riss schlug. Er hakte sich ein und ruhte sich erneut aus.

Dann stieg Jim mit Schwimmbewegungen durch den Schnee nach oben, wurde aber bald gestoppt. Das Sicherungsseil hatte sich irgendwo unterhalb von mir verfangen. Ich zerrte so lange daran, bis es freikam, dann strampelte Jim weiter hinauf und geriet aus meiner Sicht.

Ein Zug am Sicherungsseil weckte mich plötzlich. Erschöpft und benommen wie ich war, musste ich in die Bewusstlosigkeit abgeglitten sein. Die Kombination aus Sonne, Ohrenentzündung und Erschöpfung hatte mich in eine Art euphorische Benommenheit versetzt. Ich steckte mir etwas Eis in den Mund und rieb meine Wangen mit Schnee ab, um wach zu bleiben.

Nach etwa dreißig Metern hatte sich das Seil nicht mehr bewegt. »Jim muss irgendein Problem haben«, dachte ich. Mit tückischer Endgültigkeit kam das Seil, ebenso langsam, wie es zuvor wegglitten war, zu mir zurückgekrochen. Jim erschien in meinem Blickfeld, kam über den vorstehenden Fels zurück und blieb an seinem Haken stehen.

»Lass mich ab«, murmelte er, zu erschöpft, um klar zu sprechen.

Vorsichtig ließ ich ihn zu meinem Standplatz ab.

»Der Hang da oben ist gefährlich«, sagte er. »Ich bin zu müde, um das zu versuchen.«

»Gut, dann gehen wir zum Lager zurück.«

Wir hatten hart gekämpft. Beharrlich waren wir zwölf Stunden lang geklettert, aber der tiefe Schnee, die Hitze und die Erschöpfung hatten uns kurz vor dem Grat gestoppt. Ich hakte meine Karabinerbremse ein und stieg taumelnd und strauchelnd ab. Sobald das Seil schlaff wurde, folgte Jim mir. Weil ich die Stimme verloren hatte, war eine Kommunikation zwischen uns unmöglich, aber wir brauchten sie ohnehin nicht. Jeder befand sich in seiner eigenen Welt.

Am Fuß unseres zweiten Abseilabschnitts kam ein heftiger Wind auf. Wolken verdunkelten die Sonne. Als ich über Peters letzten Vorstieg hinunterkletterte, fiel ununterbrochen Neuschnee in Kaskaden die Rinne hinab, in der wir uns befanden. Es schneite immer stärker. Abschnitt um Abschnitt bemühten wir uns verzweifelt darum, auf den Füßen zu bleiben und uns von den Lawinen zu unserer Rechten fernzuhalten. Und als wäre die Hitze zuvor nicht schlimm genug gewesen, froren wir nun durch unseren eigenen Schweiß. Wir hielten an dem Zwischenlager, an dem wir Peter am Tag zuvor verlassen hatten. Es schützte uns vor den Lawinen, die rund um uns herum losbrachen.

»Was meinst du, was sollen wir tun?«, fragte ich.

»Ich fürchte, der offene Hang da unten könnte durch unser Gewicht abgehen. Wir sollten uns beeilen, bevor sich da noch mehr Schnee auftürmt und wir hier biwakieren müssen.«

Ein Biwak klang nicht gerade einladend. »Lass uns runtergehen«, stimmte ich zu. Ich hakte mich los und querte auf den ersten offenen Hang.

Der Sturm trieb weiterhin Schnee in beängstigenden Mengen auf die Hänge, als wir an Jims Vorstieg ankamen. Vier Seilabschnitte weiter, und wir befanden uns im Schutz der Felswand von Lager II. Es war nichts Großes losgebrochen, auch wenn wir ein paar größere Schneerutsche überstanden hatten. Wir hatten Glück gehabt.

Das Lager war leer. Willi und Peter waren zum oberen Basislager abgestiegen, um sich dort zu erholen. Nach dem, was wir gerade auf den Hängen erlebt hatten, war die Stille des geschützten Lagers eigenartig. Wir waren völlig erledigt. Eine Stunde später unternahmen wir den kurzen Abstieg zum Lager I.

Lou knabberte einen Schokoriegel, als er uns lächelnd am Ende der Seile begrüßte. »Schön euch zu sehen, Jungs. Ganz schön raues Wetter heute Nachmittag. Wie lief es?«

Ich ließ mich neben unser Zelt plumpsen. »Von hier aus ist es hart. Wir sind bis auf hundert Meter an den Grat herangekommen, aber der Hang war zu gefährlich, und wir waren zu müde, um noch hinzukommen.«

»Wir müssen in ein höheres Lager umziehen, damit wir den Nordgrat erreichen können, ohne uns völlig zu verausgaben«, fügte Jim hinzu. »Ich konnte den Grat sehen. Von unserem Endpunkt aus ist es nicht mehr schwer.«

Lou war offensichtlich enttäuscht. Er war sicher gewesen, dass wir den Grat erreicht hatten, weil Willi und Peter gesagt hatten, sie wären gestern nur wenige hundert Meter davon entfernt gewesen.

»Na ja«, sagte er, »Devi und ich werden morgen führen und Kiran und Nirmal werden tragen. Sie sind alle hier in Lager I.«

Tatsächlich standen nun drei Zelte im Lager.

»Ich werde morgen eine Verschnaufpause einlegen, Lou«, sagte ich. »Ich bin ziemlich müde.«

Den wahren Grund behielt ich für mich. Meine Ohrenentzündung schmerzte, und ich konnte mit dem rauen Hals kaum sprechen, aber ich wollte trotzdem noch tragen.

Jim entschied sich, weiter abzusteigen um ein paar Tage auszuruhen. Schließlich hatte er erst tagelang mit Peter und Willi schwer gearbeitet und danach mit mir. Jetzt war der beste Augenblick für eine Pause.

»Guckt mal, hier ist eure Post«, sagte Lou dann lächelnd. Er reichte sie uns. »Ich wusste, das würde euch aufmuntern.«

Jim und ich umklammerten unsere Briefe und verschwanden im Zelt. Tränen liefen uns über das Gesicht, als wir all die Neuigkeiten von zu Hause lasen.

Das war einer der glücklichsten Tage der Expedition. Mit der Ankunft von Evans, dem Seil und der Post hatte die ganze Expedition eine Wende zum Besseren genommen. Endlich kamen wir voran.

# Neun

Die ganze Nacht des 14. hindurch wurde Lager I von heftigen Windstößen und schweren Schneefällen erschüttert. Triebschnee begrub die drei Zelte, so dass stündlich einer von uns zum Schaufeln hinausmusste. Der sich auftürmende Schnee drückte so stark auf Wände und Decken der Zelte, dass die Innenräume auf die Hälfte ihrer normalen Größe zusammenschrumpften. Lou, Devi, Jim, Nirmal, Kiran und ich vergruben uns in unsere Zelte. Lou rief aus seinem Zelt herüber, er würde bezweifeln, dass irgendjemand, er selbst eingeschlossen, am Morgen losgehen würde. Doch in der Dämmerung hielt er es nicht länger in seinem Zelt aus und kam zu uns herüber, um uns freizuschaufeln und zu frühstücken.

»Guten Morgen«, grüßte Kiran auf seinem Weg zur Toilette. »Verdammt beschissener Tag, was?«

»Und ob, Kiran«, stimmte ich ihm zu. »Jim und ich werden dir und Nirmal das Frühstück durch den Hinterausgang reichen. Pass auf, dass du nicht bis ins obere Basislager rutschst, während du dich erleichterst!«

Jim war sehr unruhig, während wir das Frühstück kochten. Man merkte ihm deutlich an, dass er sich nach Abgeschiedenheit sehnte – er musste allein sein. Himalajabergsteiger müssen lernen, auf einem Raum von 1,20 Meter mal 2,10 Meter mal 1,20 Meter zu leben. Doch der Lärm, die Gerüche, die flatternden Zeltwände, die Enge, die Kälte und die Dunkelheit tragen alle zu Persönlichkeitsveränderungen bei. Wird das Problem nicht gelöst, kann die Besteigung schnell enden, oder es entstehen möglicherweise Fehden. Trotz der vielen Stunden, die ein Bergsteiger allein am Ende eines Seils unterwegs ist, sehnt er sich, sobald er im Lager ist, nach friedlicher, erholsamer Abgeschiedenheit. Jim wollte zum oberen Basislager absteigen, aber selbst dort würde er sich Willis und Peters sarkastischen Bemerkungen stellen müssen.

Willi bat Jim während des morgendlichen Funkkontakts, herunterzukommen, um nach einem Träger zu sehen, der unter einem blutigen Auswurf litt. Jim diagnostizierte über Funk eine mögliche Lungenembolie, ein Blutgerinnsel, das aus dem Bein in die Lunge gewandert war. Jim erklärte Willi, was er für den Träger tun solle, war aber nicht sicher, ob er sofort absteigen würde, um ihn sich persönlich anzusehen.

Es hatte aufgehört zu schneien, aber das Wetter war immer noch bedrohlich. Ich hielt die Schneebedingungen nicht für stabil genug, um einen Abstieg zu wagen, und riet Jim davon ab. Untypisch für mich, wollte ich gerne Gesellschaft haben. Wir redeten und lasen den Rest des Tages. Ich schluckte stündlich Penicillintabletten, um meine Ohrenentzündung loszuwerden.

Devis Husten hielt sich unterdessen nicht nur hartnäckig, sondern verschlimmerte sich sogar. Sie überlegte, mit Jim zum oberen Basislager abzusteigen; Nirmal und Kiran wollten allerdings mit Lou und mir in Lager I ausharren.

Der Tag schleppte sich dahin. Wir lasen, schliefen, hielten Smalltalk. Später am Nachmittag fiel nasser Schnee. Er dauerte noch lange bis in die Nacht an, nachdem ich schon eingeschlafen war. Regelmäßig erwachte ich mit einem Gefühl von Klaustrophobie, weil der schwere Schnee die Zeltdecke eindrückte. Abwechselnd schlugen Jim und ich gegen Decke und Wände, damit das Zelt nicht einstürzte. Als wir am Morgen erwachten, war es noch dunkel im Zelt.

Bei dreißig Zentimetern Neuschnee sah es nach einem weiteren

Erholungstag aus. Während wir die anderen mit Hafergrütze versorgten, legte Lou ein paar der Seile oberhalb des Lagers frei. Unsere nächste Aufgabe bestand darin, die Werkzeuge zu finden. Lou suchte verzweifelt nach der Schneeschaufel, die nirgends zu sehen war, und fand sie schließlich vergraben unter dem frischen Schnee. Während Jim das Lager freischaufelte, stellte er fest, dass sein Eispickel verschwunden war. Also suchten wir zu fünft eine Stunde lang danach. Wir stießen dabei zwar auf meinen, konnten seinen jedoch nicht entdecken.

Am Nachmittag brach Jim schließlich trotz eines starken Hagelschauers zum oberen Basislager auf. Ich spürte, dass er ein paar Tage allein sein wollte, bevor er bereit war, weiter vorzusteigen oder Material hinaufzutragen. Er hatte sich diese längst überfällige Erholung verdient.

Dank Jims Abstieg konnte ich nun ebenfalls mehr Abgeschiedenheit genießen. Ich zog mich in mein Zelt zurück, um Briefe zu schreiben. Es war mir jetzt ein Zuhause: Dort konnte ich mich entspannen, ausruhen und meine Infektion auskurieren.

Auf seinem Weg nach unten traf Jim auf Andy, der Material zum Lager I trug. Die Bedingungen waren fürchterlich. Da tiefer, nasser Schnee das Vorwärtskommen in beide Richtungen hemmte, entschied sich Andy klugerweise dazu, seinen Aufstiegsversuch zu Lager I aufzugeben. Er kehrte mit Jim ins obere Basislager zurück.

Wir in Lager I Zurückgebliebenen zogen uns nach dem Essen in die Dunkelheit unserer Zelte zurück. Das Flackern der Kerze, die ich mitgebracht hatte, spendete mir ein bisschen Wärme. In der Welt, in der wir jetzt lebten, erschienen uns selbst die kleinsten Dinge erstaunlich – dass eine kleine Kerze ein ganzes Zweimannzelt erhellen konnte. Ich begann, ihre Flamme als Gesellschaft zu betrachten. Sie war warm und freundlich, und ihr Flackern war ein Lebenszeichen in einer ansonsten kalten und rauen Welt. Sie nahm keinen Platz weg, war ruhig und roch angenehm. Sie konnte ich sogar schlafen schicken, ohne dass sie sich im Schlaf umdrehte und mich aufweckte.

Auch der dritte Sturmtag war für keinen angenehm, nur mir war er eine kleine Erleichterung. Ich bekam die notwendige Pause, um mich zu erholen. Die warme Luft des Zelts und die hohen Medikamentendosen halfen meinen Ohren und dem entzündeten Hals ganz erheblich. Für die anderen war es eine Zeit der Langeweile und der sinkenden Moral. Die Tage im Lager hatten eine entmutigende Wirkung: Da noch ein so weiter Weg bis zum Gipfel vor uns lag, wollten die meisten etwas tun und nicht bloß herumsitzen.

Lou und Devi stiegen früh am Morgen zum oberen Basislager ab. Devis Halsentzündung hatte sich nicht gebessert, deshalb wollte sie sich auf geringerer Höhe auskurieren. Lou begleitete sie, weil er ein bisschen Bewegung brauchte. Außerdem wollte er John Evans treffen, Material abholen und am selben Tag zu uns zurückkehren. Kiran und Nirmal verschwanden die Seile hinauf, um sie von den starken Schneefällen der letzten Tage zu befreien. Ich legte mich wieder hin, nachdem ich das Frühstück zubereitet hatte.

Am Spätnachmittag schleppte Lou sich ins Lager, erschöpft von seinem dreieinhalbstündigen Aufstieg vom oberen Basislager. »Komm rein«, lud ich ihn ein. »Ich koche uns Nudeln und Fisch.«

»Klasse! Ich habe den ganzen Tag nichts gegessen. Den Trägern im oberen Basislager ist das Holz zum Kochen ausgegangen, deshalb habe ich kein Frühstück bekommen. Sie haben sogar ein paar Kisten verbrannt, bevor sie sich aufraffen konnten, zum Basislager runterzusteigen, um da neues Holz zu holen. Aber sie mussten sowieso gehen, um Evans' Ausrüstung und den zusätzlichen Trägerproviant zu holen.«

»Kaum zu glauben, dass sie nach dem vielen Neuschnee den Gletscher überquert haben.«

»Ja, aber sie sind sicher rübergekommen.«

An diesem Abend berichtete uns Devi über Funk von einem seltsamen Problem. Sie konnte sich vor Lachen kaum halten, als sie uns erzählte: »Die Träger sind zu dem Schluss gekommen, dass das Wetter schlecht ist, weil wir auf dem Berg Rindfleisch essen.«

»He, Kiran!«, rief ich. »Hast du das gehört?«

»Verdammter Unfug!«, explodierte er. »Ich esse auch Rindfleisch und ich gehöre der höchsten Kaste der Brahmanen an! Was für eine Anmaßung! Wenn ich Rindfleisch essen kann, können sie das auch! Auf einem Berg in der Not kann man alles essen – sogar Menschenfleisch!«

Da die Träger mit Willi und Evans unten im Basislager waren, mussten wir noch abwarten, wie sie auf diesen Ausbruch reagieren würden. Wir waren sicher, dass Kirans Menschenfleischargument sie überzeugen würde. Rind hin oder her, das schlechte Wetter schien kein Ende zu nehmen. Wieder schneite es, als wir schlafen gingen.

Am nächsten Morgen war der Himmel bewölkt. Es war zwar wärmer, aber eine dichte Wolkenschicht hüllte die oberen und unteren Berghänge ein. Es hatte aufgehört zu schneien.

Tief in meinen Schlafsack gekuschelt hörte ich Lou draußen schaufeln. Er hatte sich bald einen Weg zu meinem Zelt gebahnt, und nach einigem Geraschel am Zeltreißverschluss tauchte plötzlich sein bärtiges Gesicht mit der weißen Wollmütze auf. Wir entschieden uns, Material zum Simsdepot zu tragen und die Seile freizulegen.

Die Seile waren mit einer zwei Zentimeter dicken Kruste Pressschnee bedeckt, trotzdem gelang es uns, in nur anderthalb Stunden das einsame Zelt am Simsdepot zu erreichen.

»Gut, dass wir hier raufgekommen sind, Lou«, sagte ich. »Das verdammte Zelt ist schon fast begraben.«

Schneewehen und Lawinenschutz hatten eine der Zeltwände

flach auf den Boden gedrückt. Die dünnen Fiberglasstäbe hatten sich verbogen, waren aber nicht zerbrochen. Zu unserem Erstaunen standen auch die Aluminiumstangen, die wir repariert hatten, noch einwandfrei.

Wir verbrachten mehrere Stunden damit, den Schnee um das Zelt zu beseitigen. Es war auf einem derartig schmalen Sims aufgestellt, dass wir nur die der Felswand zugewandte Seite freilegen konnten. Wir gruben den Eingang so tief wie möglich aus, um leichter hineinzukommen.

Durch einen raschen Abstieg trafen wir rechtzeitig zum Funken um 14 Uhr im Lager ein.

»Wie sieht es da unten bei euch aus?«, erkundigte sich Lou.

»Ganz gut«, erwiderte Jim. »Willi, Evans und die Träger kommen gerade an der anderen Seite des Gletschers an. Sieht aus, als ob sie rübergehen wollen... Ja, da kommen sie.«

In diesem Augenblick hörten Lou und ich das Knirschen und Rumpeln einer Lawine, die auf dem Weg zum Rishi war – ein perfektes Timing, um die Gruppe bei der Querung zu erwischen.

»Jim!«, schrie Lou in das Funkgerät. »Hier geht gerade eine Lawine ab. Sag Willi, er soll umkehren!«

Wir sprangen aus unserem Zelt, um die Szene zu beobachten, die sich ein paar hundert Meter unter uns abspielte. Wir beobachteten, wie jemand aus dem oberen Basislager den anderen auf dem Gletscher etwas zuschrie. Die kleine Gruppe von Männern verstand und krabbelte gerade rechtzeitig vom Eis, als die Lawine von der Gletscherzunge schoss und an ihnen vorbeidonnerte.

Sie hätten zu keiner schlechteren Tageszeit queren können. Es wäre klüger gewesen, früher im Basislager aufzubrechen. Die Männer warteten ein paar Minuten, dann gingen sie erneut los. Um 14.30 Uhr teilte Jim uns mit, dass sie sicher ankommen waren.

Während ihres zwanzigminütigen Aufstiegs zum oberen Basislager hatte es sieben weitere Schneerutsche gegeben. Auch in den folgenden beiden Stunden hielten die Lawinen an.

»Woher wusstest du eigentlich, dass es während eurer Querung keinen Schneerutsch geben würde?«, wollte Jim später von Willi wissen.

»Der alte Meister weiß das eben«, antwortete der lächelnd.

»Für dich selbst kannst du jedes Risiko der Welt eingehen«, meinte Jim daraufhin. »Aber spiel nicht mit dem Leben unserer Träger. Sie vertrauen unserem Urteil.«

Kiran und Nirmal bestanden bei uns in Lager I darauf, das Abendessen zu kochen. Sie sammelten die Kocher und Töpfe ein, um uns ein Nudelgericht mit Fleisch zuzubereiten. Lou und ich protestierten, aber das half nicht. Ich befürchtete ja, dass wir ein Zelt weniger hätten, wenn sie fertig waren, doch es brannte nichts ab. Wir sagten ihnen, dass sie viel zu viel kochten, aber auch das beeindruckte sie nicht. Lou und ich würgten sogar eine zweite Portion hinunter, weil wir wussten, dass es unsere indischen Teamgefährten beleidigte, wenn nicht alles aufgegessen wurde.

Nirmal war nicht so glücklich wie am Anfang, aber wir vermuteten, dass sein Rang in der indischen Armee schuld daran war. Auch unter Expeditionsbedingungen war Nirmal immer noch Sergeant und gehörte einer niedrigeren Kaste an als Kiran. Wir mochten unsere indischen Teamgefährten. Sie waren entspannt, uns gegenüber sehr zurückhaltend und sehr darum bemüht, uns zufrieden zu stellen. Trotzdem blieben ihre Sicherungsmethoden beim Klettern und ihre Langsamkeit problematisch.

Ein weiterer Tag ging dahin. In der Nacht fiel wieder Schnee.

Am nächsten Morgen waren beide Seiten meines Zeltes tief eingedrückt, und ich war, um nicht im Schlaf begraben zu werden, unwillkürlich in die Mitte des Zeltes gerollt. Kleine Schneerutsche trafen das Lager, dazu ertönte das anhaltende Sperrfeuer schwererer Lawinen, die über die offene Flanke hinwegfegten.

»He, John!«, schrie Lou. Der Schnee auf unseren Zelten verschluckte seine Stimme. »Ich glaube, wir werden auch heute wieder nicht rausgehen.«

»Nein, verdammt«, schrie ich zurück. »Wir sind ja hier schon fast lebendig begraben.« Ich zog mich an und kroch in das Schneetreiben hinaus. Ein Schneerutsch ging auf mich nieder und drang durch die Ritzen meiner Jacke und in meine Stiefel. Ich konnte Lous Zelt, das nur Meter entfernt war, kaum erkennen. Bis zur Hüfte im Schnee stapfte ich an der Felswand entlang zur Latrine. Mit Hilfe meines Eispickels gelang es mir sogar, in den rutschigen, lederbesohlten Daunenstiefeln wieder zurückzukehren. In der nächsten Stunde grub ich mein Zelt vollständig und das der Inder, die noch in ihren Schlafsäcken lagen, teilweise aus. Ich beendete mein Werk mit einem schmalen Pfad zu Lous Eingang.

Dort blickte Lou von seinem Buch auf und erklärte: »Wenn amerikanische Züge so zuverlässig wären wie diese Lawinen, dann wären wir führend in der Welt.«

»Die hören nie auf, was? Warum kommst du nicht zum Frühstücken rüber? Du kannst mir helfen, Kiran die Kocher wieder abzunehmen.«

Ein Donnern ertönte von der Bergwand, während ich sprach. Ein Eisturm war zusammengebrochen und hatte eine Monsterlawine ausgelöst.

»Die ist fürs obere Basislager«, stellte ich fest. »Das wird sie aufwecken.«

Im oberen Basislager standen Jim, Willi und Evans gerade im Viermannzelt auf. Peter, der allein in einem Zweimannzelt lag, sowie Devi und Andy, die sich ein weiteres Zweimannzelt teilten, schliefen noch. Der Lärm der Lawine schreckte sie auf. Sie waren nicht vorbereitet auf den heftigen Windstoß, der ihr folgte.

Das Viermannzelt brach unter der heftigen Bö beinahe zusammen und viele der Stangen verbogen sich erneut. Willi und Jim bogen die Stangen wieder gerade, während Evans die Zelte ausgrub und eine neue Fläche freilegte. Nach einer Stunde sah das Lager wieder normal aus.

»Oberes Basislager, hört ihr mich?«, rief ich ins Funkgerät.

»Hier oberes Basislager, Rascal«, antwortete Willi.

»Rascal«, Gauner, war der Spitzname, den Peter mir am Anfang der Reise verpasst hatte. Die anderen, insbesondere Willi, benutzten ihn bald, um mich von John Evans zu unterscheiden.

»Wie gefiel euch der Güterzug, den wir euch heute Morgen runtergeschickt haben?«, erkundigte ich mich scherzhaft.

»Das war ein echter Knaller, John«, erwiderte Willi lachend. »Wir freuen uns über alles, was ihr Jungs für uns tut.«

Ich beendete das Gespräch und wandte mich der Zubereitung der morgendlichen Hafergrütze zu. Die Stunden krochen dahin. Evans war so aufmerksam gewesen, einige Ausgaben des »Time«-Magazins mitzubringen, die wir alle zwei- bis dreimal von vorne bis hinten durchlasen. Wir schmökerten in allem, was wir finden konnten, selbst in der Gebrauchsanweisung auf unseren Filmschachteln.

Es hörte nicht auf zu schneien, und so schliefen wir in dem Rumpeln der Lawinen ein, die an der Felswand hinuntergingen.

Der 19. August war noch schlimmer als die Tage davor. Es schneite noch mehr. Das Lager war begraben und unsere Stimmung im Keller. Die Zelte erinnerten an Schneetunnel mit Türen; Lou und ich mussten viermal am Tag schaufeln, um mit dem Schneefall mitzuhalten.

In der Nacht drehte Lou seinen Schlafsack mit dem Kopf zum Eingang des Zelts, damit er nicht erstickte, falls das Zelt unter dem Gewicht des Schnees zusammenbrechen sollte. Danach schlief er ruhiger. Ich lauschte gerne dem Grollen der nächtlichen Schneerutsche. Die sie begleitenden Windstöße konnten unserem gut geschützten Lager jetzt nicht mehr viel anhaben.

»He, Kiran«, brüllte Lou in das Grollen der Lawinen. »Vielleicht müssen wir ja die Götter mit einem Menschenopfer besänftigen, wenn sie über die Rindfleischesser auf dem Berg verärgert sind. Könnte sein, dass du die Hauptrolle spielen musst!«

Kiran reagierte sofort auf den Scherz und zahlte es uns mit gleicher Münze heim. Nirmal verstand zunächst nicht, aber nachdem Kiran für ihn übersetzt hatte, ertönte schallendes Gelächter aus dem Zelt der Inder.

Kurz nach einer zweistündigen Schneeschaufelaktion am Nachmittag machte uns plötzlicher Sonnenschein neue Hoffnung. Lou, Kiran und ich holten unsere Kameras hervor, um die spektakulären Gipfel zu fotografieren, die jetzt von frischem Schnee bedeckt waren. Die Sonne mit ihrer Wärme und ihrem Licht ließ den Wunsch in uns aufflammen, endlich wieder zu klettern. Das Gerede vom Aufgeben endete so plötzlich, wie es begonnen hatte. Schließlich konnte der Sturm nicht ewig dauern.

Lou umriss kurz die Vorgehensweise für den weiteren Aufstieg von Lager I. Er wollte mit mir ins Simsdepot ziehen, das wir jetzt als Lager II betrachteten. Ein paar Leute aus dem oberen Basislager sollten dafür unsere Plätze in Lager I einnehmen. Das Wetter schien sich endlich zu bessern.

Der 20. August war klar, strahlend und windstill. Das Lager wimmelte nur so vor Betriebsamkeit, als Lou, Nirmal, Kiran und ich uns zum Materialtransport bereitmachten. Lou und ich nahmen unsere persönliche Ausrüstung mit, weil wir im oberen Lager bleiben würden, und die beiden Inder trugen Mannschaftsausrüstung.

Die Seile waren tief begraben, und wir kamen nur langsam voran. Bis zu den Oberschenkeln im Schnee versunken, bahnte ich die ersten fünfzig Meter frei. Der frische, lose Pulverschnee musste zuerst mit den Händen beseitigt und dann mit den Knien heruntergedrückt werden. Erst dann konnte ich mit Hilfe des Seils, das gut einen Meter tief begraben war, dreißig Zentimeter vorwärts schwimmen.

Lou führte die nächste Seillänge, für die wir beinahe eine Stunde brauchten. Sie endete an einer Lawinenrinne, die starke Pulverschneelawinen gefüllt hatten. Die Rinne mündete an den steileren Hängen der Wand, die aber immer noch leichter zu begehen waren als die ersten Abschnitte des Morgens.

Erschöpft trafen wir in Lager II ein. Das Zelt war noch intakt, wenn auch etwas vom Schnee eingedrückt. Wir verbrachten ein paar Stunden damit, unser neues Zuhause wohnlich zu gestalten, einschließlich eines guten Standplatzes für die Latrine und eines tiefergelegten Eingangs. Willi und Peter hatten das Zelt während ihres Aufenthaltes schön sauber gehalten.

Kiran und Nirmal erschienen Stunden nach uns im Lager. Aufgrund der schlechten Bedingungen waren sie äußerst langsam vorangekommen. Wir hießen sie mit Tee und Keksen, die wir im Lager vorgefunden hatten, willkommen.

Obwohl das Simsdepot ursprünglich als temporäres Lager gedacht gewesen war, betrachteten wir es mittlerweile als einen notwendigen Halt vor dem Nordgrat. Es war natürlich Musik in Peters Ohren, dass Lou und ich, die die Idee zuerst missbilligt hatten, sich nun über die Existenz des Lagers freuten.

Alle bewegten sich auf dem Berg. Devi und Andy zogen ins Lager I um, Peter, Willi und John Evans trugen, mit der Absicht, ins obere Basislager zurückzukehren, Material hoch. Jim litt nach wie vor unter Durchfall, deshalb half er den Trägern, Holz aus dem Gratlager zu holen.

Wir machten an diesem einen Tag beträchtliche Fortschritte: Lou und ich hatten ein höher gelegenes Lager bezogen, und es war viel Material bewegt worden. Der Tag endete mit einem wunderschönen Sonnenuntergang. Da wir am nächsten Tag versuchen wollten, zum Grat vorzustoßen, aßen Lou und ich früh zu Abend und legten uns schlafen. Während des sechstägigen Sturms hatten sich meine Ohren und mein Hals erholt; ich fühlte mich stark und war sicher, dass wir am nächsten Morgen den Grat erreichen würden.

Es war eine friedliche Nacht gewesen, deshalb rechneten wir mit einem schönen Tag. Um 2 Uhr schaltete Lou seine Stirnlampe ein und begann, das Frühstück zuzubereiten.

Anderthalb Stunden später krochen wir aus dem Zelt, um an den Seilen aufzusteigen. Ich hakte mich in das Fixseil und begann mit der schwierigen Querung zu den offenen Hängen. Das Gehen war schwieriger denn je. Man musste eine harte, zwei Zentimeter dicke Kruste durchbrechen, um das Seil zu befreien; eine mühsame und zeitraubende Arbeit.

Die Luft war frisch und klar im Garhwal. Blitze zuckten im Süden über dem Nanda Kot. Es war, als tobte dort ein Krieg, dessen einzige Zuschauer wir waren.

Wir hatten unterschätzt, wie mühselig es sein würde, die schneebedeckten Seile freizulegen, und kamen nur langsam voran. Unsere Ausrüstung war höllisch schwer. Lou bahnte uns Seillänge um Seillänge den Weg, während ich ihm mit der schwereren Last folgte. Wir brauchten für jede Seillänge von hundert Metern eine Stunde.

Am Ende des ersten Vorstiegs, den ich seit einer Woche gemacht hatte, zwang uns die brennende Sonne zum Aufgeben. Wir hatten genug für diesen Tag. Also luden wir die Seile und Haken ab und kehrten ins Lager II zurück. Wir mussten eben am kommenden Tag noch einmal versuchen, den Grat zu erreichen.

Kiran und Nirmal waren bis zum Ende von Jims Vorstieg geklettert und hatten ihre Lasten dort an mehreren Verankerungen befestigt. Auch sie hatten sich wegen der Hitze geschlagen gegeben. Jim und Peter waren in Lager I gezogen und hatten Willi und Evans, die am nächsten Tag nachkommen wollten, im oberen Basislager zurückgelassen. Jeder hatte irgendetwas erreicht.

Derweil war im Basislager eine Ziege geschlachtet worden, und die Träger hatten das Fleisch ins Lager I gebracht. Lou und ich erhielten, was übrig blieb, nachdem alle im oberen Basislager und in Lager I ihren Anteil erhalten hatten. Devi und Andy brachten ein paar Reste an unseren Zelteingang in Lager II und blieben den größten Teil des Tages bei uns, um sich auszuruhen.

Inzwischen war es für die meisten im Team offensichtlich, dass Devi und Andy mehr als nur Teamkameraden waren. Sie waren ständige Gefährten, ob im Lager oder am Seil. Weil die Handlungen jedes Teammitglieds Auswirkungen auf alle anderen Kletterer haben, wurde die Beziehung von Andy und Devi zu unser aller Angelegenheit. In dem Maße, in dem ihre Beziehung wuchs, nahm auch das Gerede darüber zu. Ich hielt es für eine potenziell schädliche Beziehung; die Gruppe sollte sich jetzt nicht noch weiter aufspalten.

Lou und ich erwachten um 2.15 Uhr. Wir kämpften gegen Dunkelheit und Erschöpfung an und stiegen schnell den gestern freigelegten Weg auf. Nach drei Stunden gelangten wir zu unserem Endpunkt vom Vortag.

Zweieinhalb Stunden später, um 9 Uhr, erreichten wir, nachdem wir uns den Vorstieg über die letzten 150 Meter über einen einfachen Schneehang geteilt hatten, den Rücken des Nordgrats. Namenlose, noch unbestiegene Gipfel lagen vor uns. Die rotbraune Einöde Tibets erstreckte sich schimmernd in der frühen Morgensonne gen Nordosten. In der Ferne erhoben sich vertraute Gipfel – der Changabang, der Kalenka und sogar der Dhaulagiri.

Lou und ich fühlten uns gut und ruhten uns auf dem breiten, flachen Kamm aus, der mit leichter Steigung auf den einen Kilometer entfernten Nordvorsprung zulief. Der Kamm würde ein großartiges Lager III abgeben. Es war allein schon eine großartige Leistung, bis hierher gekommen zu sein.

# Zehn

Von unserer Position auf dem Kamm konnten wir deutlich erkennen, dass der Vorsprung ein ernstliches Problem darstellte. Lou fand, dass er der Südwand der Washington Column im Yosemite Valley ähnelte, nur dass er sich auf einer Höhe von 7000 bis 7300 Metern befand. Ich hielt nach einer möglichen Route in der Mitte Ausschau, und je länger ich es mir ansah, desto besser sah es aus.

»Was meinst du, John?«, fragte Lou skeptisch.

»Sieht aus, als gäbe es da eine Route über eine Rippe des Vorsprungs, die zu der Rinne auf halber Höhe führt. Ich glaube, das wird gehen, aber ich werde Jim brauchen. Wir sind schon auf solchem Gelände zusammen geklettert. Ich denke, wir können relativ schnell vorankommen.«

Lou und ich blieben mehrere Stunden, um uns zu akklimatisieren und die Aussicht zu genießen, und kehrten dann über die lange Strecke sich aneinanderreihender Seile, die wir inzwischen auswendig kannten, ins Lager II zurück. Bei unserem Abstieg trafen wir Jim am Ende von Jims Vorstieg. Er hatte gerade Material dorthin getragen. Zu unserem Entsetzen hatten Peter, Andy, Devi, Kiran, Nirmal und jetzt sogar Jim ihre Lasten viel zu weit unten abgeladen; sie hätten zwei Seillängen weiter, bis zu dem kleinen Überhang, den wir »Roskelley-Depot« nannten, gebracht werden sollen. Ohne nachzudenken schrie ich Jim an, weil er seine Last so weit unten abgelegt hatte, und obwohl sich mein Vorwurf nicht speziell gegen ihn richtete, verschlechterte der Zwischenfall die Stimmung nur noch.

Jim und Kiran waren ins Lager II umgezogen, während Lou und ich uns den Vorsprung angesehen hatten. Wir halfen ihnen zwei Stunden lang, einen Standplatz für ihr Zelt auszuheben, was in Anbetracht des schmalen Schneekegels, auf dem wir hockten, kein leichtes Unterfangen war.

Lou und ich waren bereit, am nächsten Morgen auf den Kamm umzuziehen. Mit dem Wissen, dass wir in Kiran und Jim starke Unterstützung hatten, schliefen wir früh ein. Die klare Sternennacht versprach gutes Wetter.

Wir vier in Lager II waren um 4 Uhr fertig zum Aufbruch. Der 23. August war stürmisch und bewölkt. Wir legten die Steigeisen an und begannen mit der Querung, doch dann überzeugte uns anhaltender Schneefall, dass es besser war, zum Lager zurückzukehren und einen Ruhetag einzulegen.

»Hallo!«, schrie Willi vom Seil herüber. »Irgendjemand da?«

»Komm rüber«, lud Lou ihn ein.

Willi, John Evans und zwei Träger hatten Material von Lager I heraufgetragen. Nach einer kurzen Diskussion über das Wetter gingen sie weiter bis zum Roskelley-Depot, luden dort ihre Sachen ab und kehrten um. Jim, Kiran, Lou und ich legten uns in Lager II mit schlechtem Gewissen wieder schlafen. Am Nachmittag stieg ich bis zu Jims Vorstieg auf und entfernte alle entbehrlichen Haken und Bandschlingen.

Jetzt, da wir die Seile und Haken brauchten, kam erneut die Frage auf, was mit Peters Sicherheitsroute zu tun sei. Peter hatte auf dem Rückweg vom Kamm wieder daran gearbeitet; er war fest entschlossen, diese Route aufrechtzuerhalten. Andy hatte Peters Route allerdings ausprobiert und sie für gefährlich und unangenehm befunden. Als Peter auf dem Rückweg in sein eigenes Lager in Lager II auf Lou und mich traf, ging er in die Luft. Wir entschuldigten uns für unser Geschrei wegen der an der falschen Stelle abgestellten Lasten, blieben aber bei unserer Meinung, dass seine Route nicht nur zu viel Material vergeudete, sondern auch unsicher war. Aber auch diesmal konnten wir uns nicht einigen, und so blieb das Thema ungeklärt. Die Route blieb, wo sie war, und wurde nie benutzt.

Das schlechte Wetter, die Kälte, die beengten Zelte, die nasse Kleidung und die ständig präsente Gefahr verursachten bei uns allen ein anhaltendes Gefühl der Leere und Nervosität. Die äußeren Umstände trugen dazu bei, dass es regelmäßig zu diesen Ausbrüchen kam. Jeder konnte zur Zielscheibe werden. Kiran brachte es auf den Punkt, als er sagte, wir hätten eben extreme Gefühle – entweder seien wir extrem anständig oder aber extrem unhöflich.

Mit seiner klaren, angenehmen Stimme, seinen lebhaften Augen und dem wippenden Schnauzer unterhielt Kiran uns an diesem Abend mit seinen Geschichten. Wir hörten ihm sogar noch zu, als die Nacht bereits zu kalt wurde, um noch ohne Schlafsack herumzusitzen. Er erzählte uns von den vergangenen zehn Jahren seines Lebens in der Armee. Es war schwer für seine Familie gewesen, weil sie ihn nicht hatte begleiten können, als er in Kaschmir stationiert worden war. Seine größte Enttäuschung aber war, dass er wegen einer Expedition nach Bhutan den Konflikt mit Pakistan verpasst hatte. Er erzählte eine Geschichte nach der anderen von seinen Erlebnissen bei den Fallschirmjägern in Nordindien.

Kiran war trotz seiner Bereitschaft, Rindfleisch zu essen, tief religiös. Er glaubte, Gott würde ihn vor den Gefahren der Berge schützen, während er in die Fußstapfen seines älteren Bruders »Bull« Kumar trat, der viele Himalajabesteigungen angeführt hatte. Er war Yogaschüler und in den hinduistischen Tugenden der Disziplin und Selbstbeherrschung geschult. Kirans Glaube an den

Schutz Gottes wurde immer wieder auf die Probe gestellt, war er doch schon mehrfach in den Bergen schwer verletzt worden, so auch auf der bereits erwähnten Changabang-Expedition von 1974.

Wir legten uns schlafen, da wir wieder früh zum Kamm aufbrechen wollten. Lou und ich planten, oben zu bleiben, Jim und Kiran würden zu unserer Hilfe Lagerausrüstung hochtragen.

Der Wind begann, über den Nordgrat zu fegen, als Jim, Lou und ich erschöpft, aber glücklich den Kamm erreichten. Es war 9 Uhr, und wir waren fünf Stunden zuvor von Lager II aufgebrochen. Wir hoben auf dem breiten Rücken des Kamms eifrig eine Fläche für das Zelt aus. Wir hatten fern der kleinen Schneewechten an den Nordhängen eine geschützte Einbuchtung gefunden, in der wir das Zweimannzelt aufstellten.

»Ich werde mir den Vorsprung mal genauer ansehen«, meinte Lou dann. »Ich bin bald zurück.« Bedacht bahnte er sich am breiten Rücken des Kamms entlang einen Weg durch den tiefen Schnee, bis er nur noch als kleiner Punkt vor dem Furcht einflößenden Vorsprung sichtbar war.

Kiran hatten wir seit dem frühen Morgen nicht gesehen. Er brachte Ausrüstung von Lager II hoch, war aber später aufgebrochen als wir.

»Sag mal, John«, fragte Jim, als er sich zum Abstieg bereit machte, »was soll ich Kiran sagen, wenn er noch auf dem Weg nach oben ist?«

Der Wind hatte zugenommen, und mir gefiel der Himmel im Süden gar nicht. »Sag ihm, er soll seine Last am Roskelley-Depot abladen und wieder absteigen; Lou und ich werden sie dann morgen holen. Aber ich kann mir nicht vorstellen, dass er so spät noch kommt.«

In herumwirbelnden Pulverschnee verschwand Jim am Fixseil. Er bewegte sich langsam und vorsichtig, weil er erschöpft war. Lou und ich zogen uns in unser Zelt zurück und begannen, Schnee für das Essen zu schmelzen.

»Hallo! Hallo!« Kirans Stimme wurde vom Wind zu uns herangetragen.

»Hier drüben!«, schrien wir.

Einige Minuten vergingen, bis Kiran in die leichte Vertiefung stolperte, die unser Zelt schützte; es war 14 Uhr. Er ließ seinen Rucksack fallen und packte den Nachschub aus, wegen dem er sich seit dem frühen Morgen so angestrengt hatte.

»Komm rein, Kiran«, luden wir ihn ein. »Trink einen Tee. Vielleicht solltest du über Nacht hier bleiben?«

»Nein, ist schon okay«, japste er. »Ich bin nur noch nicht an die Höhe gewöhnt und erst spät losgekommen.«

»Hat Jim dir nicht gesagt, dass du deine Last unten deponieren sollst?«, erkundigte ich mich.

»Doch, aber ich wollte sehen, wie weit ich es schaffen kann.«

Lou war sprachlos und auch ein bisschen verärgert darüber, dass Kiran ein solches Risiko eingegangen war, um den Kamm zu erreichen. Ich sah meine Zweifel an Kirans Urteilskraft bestätigt: Er schien nicht zu wissen, wann der Berg im Vorteil war. Seine spirituelle und körperliche Kraft überstiegen seine Vernunft bei weitem; solange er nicht lernte, dass seine Sicherheit an erster Stelle stand, würde er sich und das gesamte Team gefährden. Lou bat ihn, so etwas nicht noch einmal zu versuchen. Kiran stimmte freundlich zu und machte sich zum Aufbruch bereit. Um 15 Uhr stieg er in einem heulenden Schneesturm ab.

Derweil seilte sich Jim zu Jims Vorstieg ab, wo er gleichzeitig mit Peter eintraf, der heraufgeklettert war. Jim war ziemlich sauer, als er entdeckte, dass Peter einen bereits angebrochenen und deshalb leichteren Lebensmittelbeutel aus Lager II mitgenommen hatte, obwohl Jim und Kiran die Lebensmittel für die nächsten Tage brauchten. Wortlos nahm sich Jim ein paar gefriergetrocknete Lebensmittel, Dörrfleisch und Wackelpeter und setzte seinen Weg fort. Während seines Abstiegs traf er Devi, Willi, John Evans, Andy und Jatendra, die noch Lasten trugen. Eine halbe Stunde später kam er im Lager an.

»Lager II, hier Lager III«, funkte Lou um 17 Uhr. »Kiran wollte um drei Uhr noch unbedingt hier aufbrechen. Ist er schon in Lager II eingetroffen?«

»Nein, ich hab ihn nicht gesehen«, antwortete Jim. »Willi und Devi sind noch oben, er könnte also bei ihnen sein. Peter geht mal bis zur Ecke und sieht nach.«

»Du hättest bei ihm bleiben müssen«, schalt Peter Jim. »Man lässt einfach niemanden da oben allein.«

»Blödsinn. Ich habe ihm gesagt, er soll seine Last zwischenlagern und absteigen, aber er hat darauf bestanden, weiter raufzugehen. Ich kann ihn nicht zum Absteigen zwingen.«

Die Lage wurde ernst. Es war nicht unwahrscheinlich, dass Kiran einen Fehler gemacht hatte und nun entweder irgendwo zwischen Lager II und Lager III stecken geblieben war, oder sich vor lauter Erschöpfung hingesetzt hatte und im kalten Wind erfroren war. So langsam sah es nach einem Déjà-vu aus. Denn Harsh Bahuguna, ein Freund von Kiran, war 1971 während eines starken Sturms in der Südwestwand des Mount Everest erfroren. Er hatte sich bei seiner Querung zu einem niedrigeren Lager einfach am Fixseil der eisigen Kälte und dem Wind ergeben. Ein Rettungsteam erreichte ihn mehrere Stunden nach seinem Verschwinden, konnte den bewusstlosen Mann aber nicht ablassen. Und als der Sturm zunahm, waren sie gezwungen, ihn sterben zu lassen, um ihr eigenes Leben zu retten.

John Evans, der 1971 auf dem Mount Everest ein Mitglied des Rettungsteams gewesen war, meldete sich aus Lager I und bat darum, dass wir ab 17 Uhr halbstündig Funkkontakt aufnahmen. Mit Bahugunas Schicksal im Kopf rüttelte Evans Lou und mich

Blick auf den Vorsprung vom Lager III.

aus unserer Selbstzufriedenheit auf, so dass wir uns zum Aufbruch bereit machten. Um 17.30 Uhr gab es noch immer keine Nachricht von Kiran. Wir machten uns oben bereit, abzusteigen und nach ihm zu suchen, gleichzeitig wollten Jim und Peter aufsteigen. Wenn Kiran bis 18 Uhr nicht aufgetaucht war, wollten wir anfangen.

»Ich sehe sie!«, schrie Peter unterhalb von Jims Vorstieg. »Er ist bei Devi und Willi unterhalb des Roskelley-Depots.«

Einige Minuten später gab Jim ins Lager III durch, Kiran gehe es gut und er käme jetzt herunter. Diese Geschichte schaffte uns alle und bestätigte unsere Befürchtung, Kirans Urteilsvermögen könnte alles andere als gut sein. Sein Stolz war gefährlich.

Während des abendlichen Funkens bat Lou Jim, er solle am nächsten Tag ins Lager II ziehen, um an dem Vorsprung mitzuhelfen. Einige Teammitglieder, wie Peter und Kiran, waren erbost über diese Entwicklung. Sie fanden, sie hätten sich das Recht verdient, nach oben zu ziehen, und meinten, dass Jim nur vorgezogen würde, weil ich darauf bestand. Und sie hatten Recht damit. Meiner Meinung nach erforderte der Vorsprung ein starkes, gut eingespieltes Team. Und genau das waren Jim und ich.

Lou verstand, weshalb ich um Jim bat. Hier musste jemand hoch, der Erfahrung mit vergleichbarem Gelände gemacht hatte. Die Schnelligkeit würde entscheidend sein. Jim und ich waren zusammen einige der schwierigsten Routen in den kanadischen Rockies geklettert und hatten gemeinsam eine bedeutende Erstbesteigung einer Fels- und Eiswand mit einigen technischen Schwierigkeiten an einem Siebentausender in Bolivien gemacht. Jim und ich waren bei weitem das schnellste und erfahrenste Team auf dem Berg, und wir brauchten rasch Ergebnisse, damit die Expedition nicht stecken blieb.

Die Expedition war an ihrem schwierigsten Punkt angelangt. Wir mussten uns nicht nur mit dem Vorsprung beschäftigen, sondern auch mit all den persönlichen Konflikten, die sich täglich zu verschlimmern schienen. Wir würden alle Hände voll zu tun haben.

Lou und ich erwachten in der durchdringenden Kälte der 6900 Höhenmeter. Unseren ersten Tag wollten wir damit verbringen, zum Roskelley-Depot, fünfhundert Meter unterhalb des Lagers, abzusteigen, um Seile, Klettermaterial und Lebensmittel für unseren Versuch an dem Vorsprung abzuholen. Wir hofften, dass die anderen unten von ihren Lagern Ausrüstung bis zum Kamm oder zum Roskelley-Depot hochtragen würden. Die Unterstützung von unten würde über unseren Erfolg entscheiden.

Der Abstieg war einfach, und wir bewegten uns schnell von Abseilabschnitt zu Abseilabschnitt. Einige Seillängen über dem Depot begegneten wir Peter, Jim und Nirmal, die Ausrüstung zum Lager III trugen. Sie hatten Lager I um 2.30 Uhr verlassen und erstaunlich wenig an Höhe gewonnen.

Lou und ich bemühten uns, beim Abseilen nicht in die Aufstiegsspuren des Vortags zu treten. Um keine Tritte zu zerstören, die uns und den anderen den Weg zum Lager III erleichtern würden, hielten wir uns links und rechts von ihnen. In der Nacht war kein neuer Schnee gefallen, aber an manchen Stellen hatten Schneeverwehungen die Seile verdeckt.

Als er am Depot angekommen war, nahm sich Lou drei Seile und schloss sofort hinter Nirmal auf, dem letzten der drei Kletterer. Ich füllte meinen Rucksack mit Lebensmitteln und Seilen und folgte ihm. Meine Aufgabe war es, alle Karabiner an den Fixpunkten gegen Bandschlingen auszutauschen. Obwohl ich so schwer beladen war und an der Route arbeitete, überholte ich Nirmal und holte Jim und Peter unterhalb des Kamms ein, bis ich mich schließlich ins Lager kämpfte. Nach ein paar Minuten Pause stieg ich wieder ab, um an einem ungefähr zweihundert Meter tiefer gelegenen Standplatz einen Beutel mit Haken abzuholen, der dort beim Aufstieg liegen geblieben war. Aufgrund der leichten Last und der hervorragenden Spur traf ich kurz hinter Nirmal wieder im Lager ein.

Die Sonne wärmte die Luft in Lager III, deshalb machten wir es uns im Schnee bequem, um uns mit unserem nächsten Problem, dem Vorsprung, zu beschäftigen. Lou und ich sagten nicht viel, waren aber optimistisch.

Ein paar Abschnitte sahen aus, als würde man dort ziemlich kämpfen müssen: glatt, überhängend und mit einer dünnen Kruste aus gefrorenem Reif und Pulverschnee bedeckt. Auf halber Höhe leitete ein kurzes, steiles Schneefeld eine Reihe von »leichteren« Abschnitten ein, einschließlich einer langen Schneerinne, die bis knapp unter die Spitze des Vorsprungs zu reichen schien. Die Schwierigkeiten endeten mit einigen Metern senkrecht aufsteigendem Felsen. Das Team war sich völlig im Klaren darüber, wie entscheidend der Vorsprung für das Gelingen der gesamten Route war. Konnten wir ihn nicht bezwingen, gab es für uns auch keinen Gipfel.

Peter war entmutigt. »Puh! Ich weiß nicht, ob ich da hochklettern kann«, gestand er Jim. »Ich würde gerne versuchen, eine Route zu finden, die nach links quert. Nach Boningtons Foto zu urteilen, muss es da eine große Felsrinne in der Wand geben. Willi findet auch, dass es eine gute Idee wäre, nach links zu queren.«

Peter war schon lange vor unserer Abreise aus den Staaten davon überzeugt gewesen, dass es diese »Superrinne« zum Gipfel gäbe. Boningtons Foto, das dieser vom Changabang aus geschossen hatte, ließ dort eine Route vermuten, aber von Lager III gesehen wirkte sie sehr gefährlich. Wir diskutierten die Vorzüge der beiden Alternativen.

»Peter, deine Route quert unmittelbar entlang der Bruchkante der Lawinen«, stellte Lou fest. »Selbst wenn du bis zur linken Seite kommen solltest, gibt es diese Schlucht vielleicht gar nicht, von der du so überzeugt bist.«

»Der Vorsprung ist die sicherste und direkteste Route«, fügte ich hinzu. »Wir müssen es dort zuerst versuchen, bevor wir das Risiko mit deiner geheimnisvollen Rinne eingehen.«

»Es werden aber nicht alle in der Lage sein, den Vorsprung zu bewältigen. Ich will, dass jeder eine Chance hat.«

»Das wollen wir auch, Peter. Aber nur, insofern die Route sicher ist.«

Die Diskussion war sinnlos. Peter war fest entschlossen, die Querung zu versuchen, sobald er ins Lager III gezogen war. Er fragte Lou, ob er am nächsten Tag heraufkommen könnte.

»Nein«, sagte Lou. »Es sind noch nicht genügend Proviant und Ausrüstung hier in Lager III. Jeder muss noch ein paar Lasten hochtragen, bevor er raufziehen kann.«

Das ärgerte Peter noch mehr.

»Wenn ihr beiden es bis zu der Rinne auf zwei Drittel der Höhe schafft, wird es wahrscheinlich gehen«, sagte Peter. Dann drehte er sich um und verschwand entmutigt hinunter in sein Lager.

Wir standen unter großem Druck, an dem Vorsprung erfolgreich zu sein. Wenn wir am nächsten Tag keine guten Fortschritte machten, würde das Team von uns fordern, dass wir uns diesem selbstmörderischen Quergang nach links zuwandten, da waren Lou, Jim und ich uns sicher. Peter hatte deutlich zu verstehen gegeben, dass wir nach Meinung der anderen eine Route versuchten, die so schwierig war, dass einige in der Mannschaft ihr nicht einmal folgen konnten. Sie würden unsere Anstrengung nicht lange unterstützen. Wir drei fanden, dass es ein Erfolg für alle darstellte, wenn es uns gelang, auch nur eine Person auf den Gipfel zu bekommen, aber andere waren der Ansicht, dass entweder alle oder aber keiner eine Chance erhalten sollte.

Beim Funken um 14 Uhr entspann sich eine weitere hitzige Diskussion über Peters Wunsch, am nächsten Tag ins Lager III zu ziehen, und unsere Entscheidung, die Route über den Vorsprung zu versuchen. Wegen des schlechten Empfangs in Lager II gab Andy in Lager I das Gesagte an Peter in Lager II weiter und berichtete uns seine Antworten. Aber Lou gab nicht nach: Es sollte keiner in das Lager III umziehen, bevor es nicht hinreichend ausgestattet war und es einen ersten Fortschritt an dem Vorsprung zu vermelden gab.

Die Situation hatte sich bis zu dem Funkgespräch um 19 Uhr nicht gebessert. Peter fand nach wie vor, er hätte es verdient heraufzuziehen und an dem Quergang nach links zu arbeiten. Dann ertönte Devis Stimme, von Störungen unterbrochen, über das Funkgerät: »Lager III, hier Lager II, Ende.«

Weil Lou des Streitens müde war, antwortete ich an seiner Stelle.

»Kiran und ich werden morgen Ausrüstung ins Lager III tragen«, sagte sie.

Lou, der diese Aussage mithörte, schloss daraus, dass weder Peter noch Nirmal etwas tragen wollten. Wütend stürmte er aus dem Zelt und schnappte sich das Funkgerät.

»Wird Peter euch beim Tragen helfen?«

»Peter hat gesagt, er will einen Ruhetag einlegen, wenn er nicht raufziehen darf«, antwortete Devi.

Lou war völlig aufgebracht über Peters Verhalten. »Jeder sollte morgen zumindest etwas Material bis zum Roskelley-Depot tragen. Das ist alles aus Lager III!«

Der 26. August war kalt. Ich wachte gegen 5 Uhr auf; in meinem Schlafsack war es zwar mollig warm, aber die Luft hatte meine Nase und mein Gesicht eingefroren. Raureif bedeckte die Stelle des Schlafsacks, an der ich aus meiner kleinen Gesichtsöffnung heraus atmete. Die kalte Luft auf meiner warmen Haut bereitete mir einen schmerzhaften Schock.

»Jim«, rief ich durch die Dunkelheit zum anderen Zweimannzelt hinüber, »mach dich mal fertig. Wir haben einen langen Tag vor uns.«

Auch Lou wachte auf und half uns bei der langwierigen Frühstückszubereitung. Das Kochen war immer schwierig: Bevor wir den Kocher anwarfen, legten wir mehrere Topfladungen Schnee bereit und füllten zusätzlich einen großen Nylonsack, falls mehr gebraucht werden sollte. Das Flugbenzin, mit dem wir den Kocher betrieben, fing erst nach längerem Zünden Feuer und musste dann ständig beaufsichtigt werden, damit tatsächlich auch nur der Kocher brannte. Irgendwann hatten alle Zelte in Lager III ein Brandloch im Eingang.

Die Lebensmittel waren ordentlich im Vorzelt gestapelt, allesamt in Plastiktüten verpackt und fest zugeschnürt, damit die Feuchtigkeit sie nicht verderben konnte. Der Koch hatte zwar den wärmsten Platz im Zelt, dafür aber auch die schmutzigste, nasseste und unangenehmste Aufgabe. Und seine einzige Belohnung waren Komplimente:

»Das schmeckt ja wie Scheiße!«

»Wach auf, du verbrennst ja den Zelteingang!«

»Verdammt, Roskelley! Du hast Zucker über meinen ganzen Schlafsack gekippt!«

Amen.

Jim und ich waren bald fertig. Wir hatten die benötigten Seile, Haken, Bandschlingen, Eispickel, Hämmer und die persönliche Ausrüstung am Vorabend in unsere Rucksäcke gepackt und mussten nun nur noch unser Mittagessen, Wasser und Kleidung verstauen. Das Gepäck wurde schwer.

Von Süden zogen Wolken heran, als wir, bis zu den Oberschenkeln im verkrusteten Schnee versunken, über den Rücken des Kamms stapften. Langsam näherten wir uns dem Vorsprung – der weniger als einen Kilometer von Lager III entfernt war. Ich hielt kurz an und zog meine Stiefel aus, um etwas Gefühl in meine tauben Zehen zu massieren. 1973 hatte ich auf dem Dhaulagiri einige Zehen verloren, und ich beabsichtigte nicht, noch mehr zu verlieren. Jim begutachtete unsere beabsichtigte Route, während er mit den Füßen aufstampfte, um die Durchblutung anzuregen. Wir gingen weiter.

»Ab hier sollten wir uns sichern und Fixseile anbringen, Jim.« Wir befanden uns an einem scharfen Grat unmittelbar unterhalb des ersten, schwierig aussehenden, vorspringenden Felsens. Die Nordwestwand fiel hunderte von Metern steil ab. Die Nordostwand hatte ein Gefälle von etwa sechzig Grad und fiel in einer zerklüfteten Masse zum Nordostgletscher ab.

Direkt über uns erhob sich senkrecht unser Vorsprung. Der rötliche Quarzit war von einer feinen Schicht frischem Pulverschnee bedeckt. Von unten konnten wir nur wenige vernünftige Standplätze ausmachen. Es gab mehrere Felsbänder, die über eine große Breite überhingen; offensichtlich sehr technische Bereiche.

Ich war innerhalb weniger Minuten fertig und stapfte in Richtung des vorspringenden Felsens, quer hoch zu einem Komplex zerklüfteter Felsen, wobei ich meine Arme wie Paddel einsetzte.

»Fertig, Jim?« Ich sah zu, wie er den Knoten an seinem Hüftgurt fertig stellte. Dann nahm er mein Sicherungsseil und setzte sich. »Fang an.«

Ich schlug meinen Eispickel zur Unterstützung in einen Spalt und zog mich auf einen schmalen Sims hoch. Ein bisschen weiter oben entdeckte ich einen Faustriss, der mir ermöglichte, eine steile, schmale Schneerampe zu erreichen, die zu einem kurzen Schneefeld querte. Ich folgte einem Kamm fünfzig Meter durch hüfthoch liegenden Firn zum Fuß des eigentlichen Vorsprungs. Dort sicherte ich mich mit einem absolut festen Haken nach den ersten achtzig Metern.

»Okay, Jim, du kannst nachkommen!«

Ich trampelte einen dreißig Quadratzentimeter großen Standplatz fest, während ich zusah, wie Jim seine Steigklemme anbrachte und aufstieg, bis er unter dem vorspringenden Felsen aus meinem Blickfeld verschwand. Es kam mir wie eine Ewigkeit vor, bis er am Rand des Schneefeldes erschien.

»Meine Steigklemme hat sich völlig verheddert«, schrie er sichtlich erschöpft. »Ich komme rauf, sobald ich sie in Ordnung gebracht habe.« Ich wurde sehr ungeduldig.

»Verdammt, ich bin an dem Felsen hängen geblieben, und das Seil hat sich in dem Riss verfangen«, erklärte Jim später. »Ich hab noch nie in meinem Leben so kämpfen müssen.« Jim hatte eine riesige Last an Seilen und Klettermaterial dabei, und bei der geringen Neigung hatte sich das Aufsteigen mit Steigklemme als beinahe unmöglich erwiesen. Als Jim sich gesichert hatte und bequem stand, reichte ich ihm das Ende eines weiteren hundert Meter langen Neun-Millimeter-Seils, damit er mich sicherte. Der nächste Felsabschnitt sah sehr schwierig aus.

Ich musste immer erst die feine Pulverschneeschicht entfernen, bevor ich weitersteigen konnte. Ich kletterte vorsichtig und säuberte jeden Griff und Tritt von Schnee, um mich von seiner Stabilität zu vergewissern. Der Felsen hatte eine blockartige Struktur; außerdem gab es nur vereinzelte, kleine Tritte. Ich stemmte mich drei große Blöcke hoch und musste dann über ein glattes Band nach links queren. Die Route verlief rechts, also bewegte ich mich, nachdem ich einen wackligen Haken eingeschlagen hatte, auf einen nicht besonders tiefen Kamin zu, der 2,50 Meter über Jims Standplatz und wieder auf der Route lag. Ich schlug mehrere Haken ein und forderte Jim auf, zu mir heraufzukommen, weil ich nicht wusste, wo der nächste Standplatz sein würde.

Jim hatte seine Steigklemme in Ordnung gebracht und stieg trotz seiner schweren Last rasch auf. Sobald er sich gesichert hatte, machte ich mich wieder auf und verschwand in einer Rinne. Dort fand ich eine kleine Griffmöglichkeit und spreizte mich 25 Meter zu einem Absatz hoch. Wieder konnte ich über mir nur senkrechte Wände sehen, also schlug ich mehrere Haken ein und sicherte Jim. Der Abschnitt erinnerte mich an die Ausstiegsrisse in der Eigernordwand.

Wir kamen jetzt gut voran. Gelegentlich gingen Schneerutsche auf uns nieder, aber vor den großen Lawinen zu beiden Seiten schienen wir geschützt zu sein.

Die Route erwies sich als sicher. Dicke graue Wolken hatten sich mittlerweile über den klaren Morgenhimmel gezogen, und es begann zu schneien.

»Guter Vorstieg, John. Wie fühlst du dich?«

»Kalt, aber ich denke, es wird gehen. Gesichert?«

Jim machte sich bereit, während ich nach einer Alternative zu der steilen Wand suchte. Die Felswände schienen überall glatt und senkrecht oder leicht überhängend zu sein.

»Mach das Seil dicht, ich steige mal da runter und sehe nach, wie es um die Ecke aussieht.«

Ich stieg ein Stück unter den Absatz ab, spreizte mich über einen Spalt und griff nach einem Halt an der überhängenden Wand. Der Quergang sah schmal aus; der ein Meter breite Sims war stark vereist und wies dadurch ein etwa siebzigprozentiges Gefälle auf, aber in der Wand darüber gab es kleine Griffe für meine Hände. Sobald ich um die Ecke gebogen war, hatte ich keinen Sichtkontakt mehr zu Jim, und auch die Verständigung wurde schwierig. Die überhängende Wand zwang mich dazu, mich weit zurückzulehnen, während ich versuchte, mit den Füßen Tritte in den Schnee zu treten. Jim und ich trugen beide über zwanzig Kilogramm schwere Rucksäcke mit Seilen und Klettermaterial; ihr

Gewicht zog uns von der Wand weg nach unten. Nach neunzig Metern endete die Traverse in einer Reihe von Leisten unter zwei überhängenden Wänden, die eine rechtwinklige Verschneidung bildeten. Die eine Wand wurde von einem Spalt geteilt, der hand- und faustbreit zu sein schien.

»Jim! He, Jim!« Ich schrie, damit er mich hören konnte. »Ich probiere einen Riss über mir aus. Hast du einen guten Stand?« Ich wollte, dass er sich noch tiefer eingrub, falls er noch nicht hundertprozentig fest stand.

Seine Antwort war kaum zu hören: »Okay!«

Ich bereitete mich auf das Schlimmste vor. Nachdem ich einen guten Haken gesetzt hatte, legte ich meinen Rucksack ab, holte die Steigleiter heraus und hängte sie so auf, dass ich sie leicht erreichen konnte, falls ich sie brauchen sollte. Dann hängte ich den Eispickel in die Materialschlinge, zog den Rucksack wieder auf und klemmte meine Faust in den überhängenden Riss. Da ich keine Handschuhe trug, froren meine Hände sofort. Nach sechs Metern fand ich keinen Halt mehr für die Spitzen meiner Steigeisen. Eis verstopfte den Riss.

Ich hing an einer eingeklemmten Faust und angelte nach einem sechs Zentimeter langen Bong-Haken\*, den ich in einen etwa sechzig Zentimeter über mir befindlichen Riss steckte. Mein Parka verdeckte meinen Hammer, der sich verhedderte, als ich ihn aus dem Etui ziehen wollte. Schließlich schlug ich den Bong tief ein, hakte einen Karabiner und eine Steigleiter ein und bekam irgendwie meinen Stiefel mit den Steigeisen in die erste Stufe. Ich war schon ziemlich erschöpft.

Ich zog am Seil, weil ich mehr Spiel brauchte, um es durch den Karabiner ziehen zu können, dann ruhte ich mich aus. Meine Hände waren taub. Ich wärmte sie mit meinem Atem, bis sie zu

---

\* Bongs: fünf bis zehn Zentimeter lange Weichmetallhaken

kribbeln und zu schmerzen begannen, dann zog ich die Handschuhe wieder an.

Zwei weitere Haken brachten mich zur Kante der Wand. Es schien, als könnte ich nicht aus der Vertikalen auf den einfachen, darüber liegenden Hang kommen, weil der Firn dort oben keinen Halt gab. Nach dem Quergang und den scharfen Ecken war der Zug auf dem Seil so stark geworden, dass mich dieses Tauziehen überhaupt an einer Weiterbewegung hinderte.

Ich schwang das linke Bein nach oben auf den Rand der anderen Wand, kroch seitwärts über ihre Kante, zog am Seil, um etwas Spiel zu bekommen, und stand schließlich auf. Ich befand mich auf einem sechzig Grad steilen Hang, der über ein paar Steinstufen zum Fuß eines überhängenden Bands aus hellrotem Quarzit führte.

Ich marschierte vorwärts, wobei ich alle paar Schritte stehen bleiben und gewaltsam an dem Seil reißen musste, damit es locker hing, dann ging es weiter. Es war nicht schwer, die Steinstufen zu überwinden, und so erreichte ich innerhalb einer halben Stunde den Fuß der roten Wand.

Das Wetter hatte sich während meines Kampfs mit dem Riss verschlechtert und es schneite und stürmte jetzt beständig. Ich schlug mehrere Haken ein und sicherte das Seil.

»Jim?«, rief ich. Er konnte mich nicht hören. »Jim! Nachkommen!« Wir waren zu weit voneinander entfernt und hatten keinen Sichtkontakt. Ich sah auf meine Uhr: Es war bereits 16 Uhr.

Ich ließ die Seile und das Klettermaterial zurück und seilte mich bis zum Rand des Überhangs ab, verschaffte mir so viel Spiel wie möglich, ließ mich über die Kante ab und sammelte während des Abseilens die Haken ein. Mein Eispickel verfing sich an der Kante und schlug mir in den Bauch. Die Rückkehr über den Quergang war gefährlich und mühsam. Ich musste mich seitwärts abseilen,

Lou beim Lastentragen zum Lager III.

um zu Jim zurückzukommen. Ein Ausrutscher, und ich wäre zurück und zur schwarzen, überhängenden Nordwestwand hintergeschwungen.

Jim war weiß wie ein Gespenst. Sein Bart und Schnauzer waren zu Eis erstarrt. Er musste gefroren haben, während er auf mich gewartet hatte, trotzdem galt seine Sorge mir und der Route. »Wie hat es oben ausgesehen?«

»Ich habe das überhängende Band aus rotem Quarzit erreicht. Es wird schwierig werden, aber ich habe eine Lücke direkt über dem Standplatz gefunden. Du musst erfroren sein.«

»Ist schon in Ordnung. Möchtest du etwas essen?«

»Nein, lass uns so schnell wie möglich hier verschwinden und unten essen.«

Eine halbe Stunde später standen wir am Anfang des Fixseils. Erst da wurde uns bewusst, wie erschöpft wir waren. Wir waren seit 7 Uhr geklettert und jetzt war es 17 Uhr. Mit Mühe nahmen wir unsere Steigeisen ab und öffneten eine Dose Hühnersalat. Es war ein kalter, windiger Tag gewesen, und wir mussten noch durch den Firn zum Lager III zurückkehren.

Gestärkt und zufrieden mit unserer Leistung, machten wir uns auf den Rückweg, um den anderen die gute Nachricht zu bringen. Man konnte den Vorsprung meistern.

# Elf

Lou war den Tag über in Lager III beschäftigt gewesen. Er war morgens zum Roskelley-Depot abgestiegen, um Ausrüstung hochzutragen, und hatte dort eine ganze Weile gewartet, doch es war niemand von unten gekommen. Schließlich hatte er wütend zwei Lebensmittelbeutel von jeweils mehr als 13 Kilogramm Gewicht in seinen Rucksack gepackt und war zu Lager III zurückgekehrt. Irgendetwas stimmte da unten nicht. Was das war, erfuhr er bei dem Funkgespräch um 14 Uhr.

»Lager I, Lager I bitte melden«, rief Lou. »Hier spricht Lager III.«

»Hallo, Lou«, antwortete Willi. »Wie läuft es bei euch?«

»John und Jim sind am Vorsprung gut weitergekommen, aber von hier sieht es aus, als wäre das eine langwierige und schwere Arbeit. Geht es euch allen gut? Heute hat nämlich niemand etwas zum Roskelley-Depot getragen.«

Willi erklärte, dass die Kletterer aus Lager II auf Peters Drängen ins Lager I abgestiegen waren, um die alternative Route und Lous Entscheidung zu besprechen, Jim ins Lager III zu holen. »Wir fanden es besser, den Tag für Diskussionen über die Route und die Ziele der Expeditionsteilnehmer zu nutzen«, fuhr Willi fort. »Wenn wir die Wahl haben, nur einige Teammitglieder über den Vorsprung zum Gipfel zu bringen oder aber die meisten von uns über die leichtere, nach links führende Route, sind wir hier unten für die Alternativroute.«

»Die beiden kommen am Vorsprung sogar besser voran, als ich gedacht hatte«, erwiderte Lou daraufhin. »Und wenn du von Peters Route sprichst, die sollte wegen der Lawinengefahr nur als letzter Ausweg betrachtet werden.«

»Peter hat große Vorbehalte dagegen, dass John und Jim an dem Vorsprung arbeiten. Und ich glaube auch, dass du die Kontrolle über die beiden verlierst – ihre Begeisterung blendet deinen gesunden Menschenverstand.«

»Willi, Peter ist doch bloß eifersüchtig.«

»Kann sein«, gab Willi zu, »aber er ist überzeugt, dass es eine Alternative nach links gibt und dass über diese Strecke mehr Teammitglieder den Gipfel schaffen können. Peter will die Chance bekommen, es auszuprobieren.«

»Peters Einstellung macht mich wirklich rasend, Willi. Er hat weniger Material hochgetragen als jeder andere, und ich lasse mir nicht gerne von ihm sagen, dass er nur dann Lasten tragen wird, wenn er dafür auch raufziehen darf. Devi hat nicht nur wesentlich mehr Material hochgetragen, sondern generell mehr zu der Expedition beigesteuert. Sie sollte vor Peter raufziehen dürfen. Eigentlich wollte ich sie mit John klettern lassen, aber das ging wegen ihrer Halsentzündung nicht.«

»Wir sind hierher gekommen, um über den Nordgrat zu klettern«, fuhr Lou fort, »und mein ganzes Handeln ist darauf ausgerichtet, so viele Leute wie möglich hochzubekommen.«

»Tja, Lou, ich weiß auch nicht, wie es jetzt weitergehen soll. Wir werden deine Entscheidung hier unten diskutieren und uns wieder melden. Ich kann dir nicht versprechen, dass Peter weiter mitklettern wird. Lass dich nur nicht von John und Jim zu Entscheidungen überreden, die für die Mannschaft als Ganzes nicht gut sind.«

»Wir halten einfach nichts von Peters Route – das ist die reinste Lawinenfalle! Wenn das eine mögliche Route sein sollte, dann ist sie nur im Alpinstil mit wenigen Kletterern zu meistern. Es würden bloß ein paar Leute zum Gipfel kommen. Der Knackpunkt bei der Route über den Vorsprung liegt in den ersten zweihundert Metern. Wenn wir die geschafft haben, wird es leicht. Es sieht aus, als gäbe es über die letzten 120 bis 150 Meter eine Rinne.«

»Wir haben Geduld. Wenn ihr da oben fertig seid, wird unsere Gruppe einen Versuch auf der linken Route unternehmen.«

»Plant, was ihr wollt, Willi. Kann ich denn darauf zählen, dass morgen jemand Seil zum Depot hochbringt?«

»Wir sprechen uns noch mal um sechs. Ich kann dir jetzt nichts versprechen.«

In diesem Moment wurde Lou klar, dass die anderen ihn gerade zum Buhmann machten, weil er gegen eine Teilung der Route war. Im unteren Lager hofften anscheinend einige, dass die Besteigung des Vorsprungs scheitern und eine leichtere Route gefunden würde, weil sie bezweifelten, selbst mit Hilfe einer Steigklemme den Vorsprung bezwingen zu können.

Jim und ich trafen gerade im Lager ein, als der Funkkontakt um 18 Uhr aufgenommen wurde. Wir konnten die gespannte Unterhaltung mit anhören. Nachdem ich meinen Rucksack abgelegt hatte, ging ich zu Lou hinüber, der mir verärgert das Funkgerät reichte.

»Hier, sag ihnen, wie es auf dem Vorsprung aussieht. Sie sind wild entschlossen, die linke Route auszuprobieren.«

Ich beschrieb Willi, welche Strecke wir an dem Tag geklettert waren. »Es wird zwar gehen, aber je weniger Leute an den Seilen hängen, desto besser. Die Neun-Millimeter-Seile scheuern sich an den scharfen Felsen auf. Es ist zu gefährlich, mit mehr als zwei Leuten daran zu arbeiten. Steinschlag wäre verheerend.«

»Wir werden einen Versuch auf der linksseitigen Route unternehmen, während ihr euch mit dem Vorsprung abplagt«, erklärte mir Willi daraufhin. »Peter will raufkommen und daran arbeiten.«

Es machte mich rasend, dass Willi darauf bestand, Peter heraufzuschicken. »Was mich anbelangt«, erklärte ich kategorisch, »kannst du Peter sagen, wenn er nichts tragen will, soll er nach Hause gehen.«

Willi erwiderte daraufhin ruhig, er werde meine Botschaft weiterleiten, und dann beendeten wir das Gespräch. Es war nicht gut gelaufen; ich hatte die Beherrschung verloren. Wieder waren wir in zwei Gruppen gespalten. Ich war Peter gegenüber sehr hart gewesen, doch ich fand, dass er den Streit anheizte. Nur John Evans, der sich mit Willi in Lager I befand und wenig über die diskutierten Probleme wusste, war in der Lage, sich aus dem Zwist herauszuhalten.

Lou, Jim und ich besprachen beim Essen die Situation, taten in unserer selbstgerechten Haltung allerdings wenig für die Lösung des Problems. Wir waren empört darüber, dass die anderen erwogen, die ursprünglichen Pläne aufzugeben, weil nicht alle über den Vorsprung den Gipfel erreichen würden. Sollten sie doch nach links gehen. Wir würden weiter den Vorsprung bezwingen, bis wir es geschafft hatten. Nach unserer Ansicht war er nicht nur zu meistern, sondern bot auch die einzig sichere Route.

Am Morgen des 27. wollte ich das Zelt nicht verlassen. Lou raschelte beim Anziehen herum, aber ich zögerte das Aufstehen hinaus und hoffte, das Wetter wäre zu schlecht zum Klettern. Schließlich zogen Jim und ich uns doch noch an, machten Frühstück und krochen aus unseren Zelten. Keiner wollte zugeben, dass er nicht gehen wollte. Zögerlich luden wir Seile in unsere Rucksäcke und machten uns um 8.30 Uhr auf den Weg über den Kamm.

Eigentlich fühlte ich mich zu schwach zur Spurarbeit, schaffte aber trotzdem die halbe Strecke, bevor ich die unangenehme Aufgabe an Jim abgab. Wir sprachen kaum, während wir uns voranquälten und uns durch die harsche Kruste des Schnees schlugen. Immer wieder hielten wir an, um uns auszuruhen. Ich suchte in Jims Gesicht nach einem Zeichen dafür, dass er ins Lager zurückkehren wollte, doch seine Gefühle lagen hinter der verspiegelten Sonnenbrille verborgen. Als wir das unterste Fixseil erreichten, glaubte keiner von uns tatsächlich, dass wir aufsteigen würden, doch ich holte ohne Zögern die Steigleiter und meine Seilklemme heraus, hakte beides ins Seil ein und stieg in den heulenden Wind und wirbelnden Schnee hinauf. Ich wusste, Jim würde mir folgen.

Das zweite Fixseil machte mir Angst, denn es lief 15 Meter weiter oben über eine messerscharfe Felskante. Als ich aufzusteigen begann, straffte es sich. Der Fels schien es glatt durchzuschneiden. Es gelang mir nicht, das Seil zu einer Seite zu ziehen, also versuchte ich, mich leicht zu machen und beim Aufstieg nicht zu stark abzufedern. In meiner Vorstellung war das Seil tausendmal gerissen, bevor ich die durchgescheuerte Stelle passiert hatte. Sobald ich oben angekommen war, schob ich das Seil von der Kante weg, um Jim zu schützen.

Der restliche Aufstieg bis zu unserem Endpunkt vom Vortag war ebenso beängstigend. Wie am Vortag querte ich zu dem Spalt, wo ich auf Jim wartete, um ihm Anweisungen zuzurufen. Als ich das Schneefeld erreicht hatte, schwang ich das Seil zum Felsabsatz hinüber, wodurch die schwierige Traverse entfiel und der Aufstieg einfacher und sicherer wurde. Dann ordnete ich das Klettermaterial und die Seile, bis Jim bei mir eintraf. Er war erschöpft und von der Anstrengung erhitzt. Triebschnee blies uns in Augen, Nase und Kleider. Wir konnten nicht erkennen, ob es schneite oder ob der Wind bloß alten Schnee aufwirbelte. Nach einer Weile kümmerte es uns auch nicht mehr.

Meine ganzen Vorbereitungen für eine brauchbare Sicherung waren vergebens, weil ich mein Sicherungsseil falsch einhakte, daraufhin die Seile verhedderte und um Jim herumsteigen musste, um mich wieder zu befreien. Ich stieg ein Stück ab und kletterte über eine firnbedeckte Felstafel mit einer Neigung von etwa siebzig Grad nach rechts. Bei jedem Schritt fürchtete ich, die gesamte Platte könnte losbrechen. Etwa zehn Meter weiter oben erreichte ich den Fuß des Felsbands, wo ich nach links zu einer Lücke in der überhängenden Wand querte. Dort schien es nur über einen überhängenden, schulterbreiten Kamin weiterzugehen.

Im Kamin versuchte ich es mit Bongs, dann mit Messerhaken\*, ließ mich in den Kamin zurückfallen, aber nichts funktionierte. Dann kletterte ich den Kamin hinauf, bis ich zu einem großen Block mit einem dünnen Riss kam, in den ich einen Messerhaken von der Dicke einer Rasierklinge schlug. Endlich war ich gesichert.

Als ich meine Steigleiter zu dem Haken hochziehen wollte, verfing sie sich an meinen Steigeisen, und ich musste verzweifelt kämpfen, um mich festzuhalten und sie gleichzeitig freizubekommen. Dabei verfing sich außerdem mein Eispickel, der vom Gürtel herunterhing, unter meinen Füßen. Als ich mich endlich befreit hatte, stellte ich einen Fuß in die Steigleiter und stieg hoch. Der schwere Rucksack auf meinem Rücken zog mich nach hinten. Ich schlug einen stabilen Winkelhaken ein, und dann wiederholte sich die gesamte Prozedur, inklusive des Eispickels, der meine Beine blockierte und mich so lange am Aufsteigen hinderte, bis ich völlig erschöpft war.

Danach musste nur noch ein Haken eingeschlagen werden, und ich konnte mich auf den Kaminrand hochstemmen. Ich griff nach einem sechzig Zentimeter großen, quadratischen Block, doch der kam mir überraschenderweise entgegen. Ich erstarrte und schob den Fels wieder an seinen Platz zurück; der Block hätte Jim, der 15 Meter tiefer direkt unter mir stand, erschlagen. Er bekam schon mehr als genug von dem von mir losgetretenen Geröll ab.

---

\* Dünne Stahlhaken

Jims Position erschien mir oft beängstigender, als einen schwierigen Abschnitt vorzusteigen. Sein häufig enger und unbequemer Standplatz befand sich meist direkt unter mir. Wenn ich über ihm kletterte, hatte er stets die 24 scharfen Spitzen meiner Steigeisen vor Augen. Bei einem Sturz waren sie, ebenso wie die Spitzen meiner Eiswerkzeuge, tödliche Waffen. Obwohl ich mich bemühte, weder Schnee noch Steine loszutreten, ging doch ständig Schutt auf ihn nieder, den ich unweigerlich beim Entfernen des Schnees hinunterschob. Er muss während meiner langen Vorstiege oft dem Erfrieren nahe gewesen sein, aber er beklagte sich nie. Ich hätte mir keinen besseren Sicherungspartner wünschen können.

Oben auf dem Kamin schlug ich auf die Eiskruste ein, die einen dreißig Zentimeter breiten, abfallenden Sims bedeckte, über den ich queren musste. Hätte jemand diese verzweifelte Tat beobachtet, er hätte angenommen, dass ich Jim mit Eis und Steinen erschlagen wollte. Aber wir hatten keine andere Wahl.

Auf Zehenspitzen querte ich sechs Meter zu einer kleinen Rinne, die das Geröll, das ich lostrat, von Jim wegleitete. Dafür stand ich jetzt in einer großen Schneerutschzone, in die der Schnee von einem dreißig Meter höher gelegenen Schneefeld abging. Alle dreißig Sekunden wurde ich von einer Ladung Schnee getroffen. Über mir lag eine zwar durchbrochene, aber senkrechte Wand. Wie sollte ich dort hochklettern, wenn ich ständig von kleinen Lawinen bombardiert wurde? Auch der Zug auf dem Seil war inzwischen äußerst unangenehm geworden. Ich schlug zwei Haken fest ein, sicherte mich und rief Jim zu, er solle nachkommen.

Während ich wartete, gelang es mir, einen Platz für meinen rechten Fuß auszutreten und den linken auf einen kleinen Felsen zu stellen. Als Jim 45 Minuten später auf dem Überhang erschien, war er in dem dichten Schneetreiben kaum zu erkennen. Ich rang mit mir, was wir als nächstes tun sollten. Konnten wir unter so widrigen Umständen weitermachen?

Aufgrund meiner Tatenlosigkeit fror ich, und Jim erging es nicht besser. Er folgte dem Seil entlang der Traverse und ließ für den Fall, dass jemand abrutschen und nicht wieder hochkommen sollte, einen Haken stecken. Als er sich näherte, ging eine horrende Lawine auf uns nieder: Jim verschwand immer wieder aus meiner Sicht, obwohl er nur fünf Meter von mir entfernt stand. Es war eine dermaßen ernste Lage, dass sie schon wieder komisch war. Jim tauchte lachend wieder auf. Als er bei mir eintraf, lachten wir eine Zeit lang gemeinsam, während Schneeladung um Schneeladung auf uns niederging.

»Was meinst du, John? Seilen wir uns ab?«

»Lass uns noch fünf Minuten warten, es ist erst zwei. Wenn die Lawinen aufhören, versuche ich noch eine Seillänge vorzusteigen.«

Jim lehnte sich zu mir herüber, damit ich das nächste Seil aus seinem Rucksack ziehen konnte, und wir versuchten, das hundert Meter lange Knäuel zu entwirren. Er reichte mir meine Wasserflasche, und wir nahmen beide den ersten Schluck des Tages. Wir hatten Hunger, froren aber zu sehr, als dass wir nach dem Proviant hätten suchen, ihn auspacken und essen mögen.

Die Lawinen hörten urplötzlich auf, so als hätte die Göttin Nanda Devi uns erhört. Sonnenstrahlen drangen durch die Wolkenschwaden und beschienen unseren unsicheren kleinen Standplatz. Ich begann mit einer weiteren Seillänge.

Das Seil bildete nach wie vor ein einziges Knäuel, aber wir konnten es soweit entwirren, dass ich anfangen konnte. Jim schob seine Kapuze zurück, damit er mich genau beobachten konnte und gewappnet war, falls ich fiel. Ich schob mich Zentimeter um Zentimeter eine glatte Verschneidung zu einem kleinen Überhang hinauf. Mühsam gelangte ich dann durch einen Kamin zu einem weiteren winzigen Stehplatz. Dann setzten erneut Lawinen ein, doch ich entschied mich dafür weiterzumachen.

Ein schmaler Riss führte mich zurück, so dass ich mich unmittelbar oberhalb von Jim befand, wo ich dann mit Hilfe von Haken zu ein paar Blöcken hochstieg. Einige locker sitzende Haken später hatte ich wieder einen schmalen und unbequemen Stehplatz erreicht. Beim Klettern störten die Handschuhe; ich zog sie aber an jedem Stehplatz wieder an, um meine gefrorenen Finger aufzuwärmen. Lawinen donnerten unsere Route hinunter, begruben Jim und mich immer wieder minutenlang und drohten, mich hinunterzufegen.

Mir blieb nichts anderes übrig, als den Rest der Wand frei zu klettern. Es war das schwierigste kombinierte Klettern, dass ich je unternommen habe; in den losen, stellenweise gefrorenen Blöcken, die mein Gewicht bei jeder Bewegung lockerte, waren Haken zur Sicherung nutzlos. Eine Steigeisenspitze auf einer winzigen Schuppe und ein Fingergriff hielten mich, während ich die Schicht aus verkrustetem Schnee weghackte. Ich fand einen kalten Handriss, an dem ich mich lange genug halten konnte, um einen waagerechten Haken einzuschlagen, eine Schlinge darumzulegen und mich auf den nächsten Schritt vorzubereiten.

Es schienen keine Handgriffe da zu sein. Deshalb trat ich vorsichtig an den Fels heran und zog mich an der Schlinge hoch. Zehn Kilogramm Felsen bewegten sich, aber glücklicherweise hatte ich den Fels nicht vollständig herausgezogen. Mir waren die Karabiner ausgegangen, und Griffe gab es auch keine mehr. Also steckte ich den Schaft meines Eispickels in eine etwa eine Armlänge entfernte Triebschneekruste, testete an und belastete ihn dann gerade so stark, das ich mein linkes Bein hochziehen konnte. Vorsichtig bewegte ich mich auf eine von Firn bedeckte, sechzig Grad geneigte, glatte Steintafel vor. Ich konnte nirgendwo stehen. Die nächsten zwölf Meter zu dem weiter oben gelegenen Absatz überwand ich, indem ich nie mein volles Gewicht von 65 Kilogramm auf einen einzigen Punkt verlagerte. Dort saß ich erneut fest. Das Schneefeld, das wir erreichen wollten, lag nur zwanzig Meter entfernt, doch es gab weder Griffe noch Risse.

Mit aller Kraft, die ich noch in den Armen hatte, stemmte ich mich hoch, bis meine Steigeisen auf einer Höhe mit meinen Händen waren. Es gab keine Tritte, nur Pulverschnee, der keinen Halt bot. Ich balancierte einige Sekunden und verlagerte dann mein Gewicht auf einen Fuß. Er hielt so lange, dass ich ein Stückchen hoch und von der Kante der Wand wegkam. Nachdem ich durch zwanzig Meter bis zur Taille reichenden Pulverschnee gepflügt war, schlug ich schließlich einen fest sitzenden Winkelhaken ein.

Es war spät. Wieder konnte ich Jim nicht hören. Ich hatte mehr als eine Stunde für den langen Vorstieg gebraucht, deshalb sicherte ich das Seil an mehreren Haken, brachte meine Karabinerbremse an und stieg im dichten Schneesturm ab, wobei ich auf dem Weg die überzähligen Haken einsammelte. Jim hatte sich geduldig wartend unter einen kleinen Überhang und hinter seinen Rucksack zurückgezogen. Er stampfte mit den Füßen auf und schlug die Hände zusammen, um sich warm zu halten.

Ein Regenbogen schimmerte durch die dicken Wolken. Für einen Augenblick zeichneten sich die schneebedeckten Gipfel deutlich in der Ferne ab. Der Abstieg im Sturm war beängstigend, aber wunderschön. Doch wir brauchten dringend Elf-Millimeter-Seil, um das Neun-Millimeter-Seil ersetzen zu können, das bereits durchscheuerte, weil es über zahllose, glassplitterscharfe Felskanten lief. Wir hofften, dass die anderen unten Lasten zum Depot getragen hatten und Lou sie zum Lager III hatte holen können.

Auf dem Absatz, zwei Abseilabschnitte oberhalb des Kamms, hakte ich meine Karabinerbremse in das Seil und wartete auf Jim. Er erschien direkt über mir und ließ sich neben mir ab.

»Wir sehen uns unten«, sagte ich.

»Kannst du mal eben meine Kamera nehmen und ein Bild von mir machen?«

»Klar.«

Ich begann, mir das Seil um das Bein zu wickeln, um die Hände frei zu bekommen. Doch dann war da gar kein Seil, sondern lediglich ein Seilende von sechs Metern. Ich hatte mich in das falsche Seil eingehakt! Ich hing an einem kurzen Seilende, das über der Nordwestwand baumelte.

Mir wurde übel bei dem Gedanken, was hätte passieren können – ich wäre hunderte von Metern senkrecht die Nordwestwand hinuntergestürzt, wäre auf dem Gletscher aufgeschlagen und schließlich am oberen Basislager vorbei zum Rishi geschossen, der 3000 Meter in der Tiefe lag. Wir waren beide sprachlos und sahen uns mit völlig schockierten Gesichtern an. Wie hatte mir dieser Fehler unterlaufen können? Lag es an der Erschöpfung? Eines war sicher: Wir mussten ab sofort besondere Vorsicht walten lassen.

Wir erreichten den Kamm ohne weitere Zwischenfälle. Ich zitterte immer noch wegen meines Beinahe-Absturzes. Das Abseilen galt schon immer als der gefährlichste Teil des Bergsteigens. Ich hatte Alpinisten gekannt, die sich über das Ende ihres Seils hinaus abgeseilt hatten, aber ich selbst war noch nie so nah dran gewesen.

Als wir uns in der Dämmerung ins Lager schleppten, funkte Lou gerade. Es war ein erhitztes Gespräch, weil schon wieder niemand aus Lager II Lasten hochgetragen hatte und Lou äußerst empört war. Schlimmer noch, uns ging am Vorsprung das Seil aus und wir brauchten dringend das Elf-Millimeter-Seil, um sicherer klettern zu können.

»Lou, ich habe schlechte Nachrichten für dich«, erklärte Willi. »Peter will absteigen und den Berg verlassen. Nirmal ist nahe dran, dasselbe zu tun. Es verursacht hier unten einigen Ärger, dass du darauf bestehst, John und Jim auf dem Vorsprung weitermachen zu lassen.«

Nirmal hatte, angewidert von der Himalajabergsteigerei und den nicht enden wollenden Problemen, beschlossen, dass dies seine letzte Expedition war, und war zum Lager I abgestiegen. Peter, der darüber verärgert war, dass ich gesagt hatte, er solle nach Hause gehen, war Nirmal gefolgt und entschlossen abzureisen. Andy war aus Lager I ins Lager II gezogen, um dort Peters Platz einzunehmen. Nur die Träger im oberen Basislager hatten Material transportiert, allerdings nur bis Lager I.

»Ohne Seile können die beiden am Vorsprung nicht weitermachen, und trotzdem konnte ich heute wieder niemanden entdecken, der irgendetwas zum Depot hochgetragen hat«, brauste Lou auf. »Wir brauchen Seile, Willi. Lass zumindest jemanden welche raufbringen.«

»Mir sind die Hände gebunden. Du hast es mir schwer gemacht, die Leute überhaupt zum Bleiben zu bewegen. Was willst du tun, wenn John und Jim Lager IV erreicht haben – sie abziehen? Wir haben hier unten abgestimmt und entschieden, dass du und Devi das erste Gipfelteam bilden sollt.«

Lou antwortete vorsichtig: »Ich fühle mich sehr geehrt, aber ich würde Jim und John niemals abziehen, nachdem sie so tolle Arbeit geleistet haben. Ich hatte immer vor, mich ihnen anzuschließen … vielleicht kann Devi auch zu uns stoßen? Ich wüsste nicht, was gegen ein Viererteam spricht.«

Es war ein heikles Gespräch. Aber Lou hatte es äußerst taktvoll gemeistert, obwohl er sich über die Entscheidungen, die unten getroffen wurden, ärgerte.

Jim und ich mussten über den plötzlichen Richtungswechsel der anderen lachen – zuerst hatten sie auf der mystischen Route nach links bestanden und jetzt schwenkten sie auf die erfolgversprechendere Route über den Vorsprung um. Lou hatte Willi in seinen ersten Berichten beschrieben, dass wir zwei Drittel der Strecke bis zur Rinne geschafft hatten und dass es danach einfacher aussah. Das änderte die Situation für die anderen völlig. Was uns beunruhigte, war ihr Wunsch, Devi so weit heraufzuschicken, obwohl sie sich noch nicht durch das Tragen von Material oder das Leben in größerer Höhe akklimatisiert hatte.

Lou erzählte uns, was wir zu erwarten hatten: »Willi sagt, Devi, Kiran oder Nirmal werden morgen zu uns hochziehen. Ich habe gefordert, dass ein Minimum von zwei Seilen zum Lager III und zwei weitere ins Roskelley-Depot gebracht werden. Außerdem habe ich um vier Zelte gebeten: zwei für Lager IV und zwei für uns. Willi hat versprochen, dass sie kommen werden.«

Jim, Lou und ich bemühten uns, nur über den Vorsprung und die Route zu sprechen, doch unsere Unterhaltung kehrte immer wieder zu den Schwierigkeiten innerhalb der Mannschaft zurück. Um den Gipfel erreichen zu können, brauchten wir Teamarbeit, doch die beiden Fraktionen entfernten sich räumlich und ideologisch immer weiter voneinander. Nichts war sicher. Wir mussten nach wie vor den Vorsprung bezwingen, oben ein Lager errichten und dann einen Gipfelangriff starten. Diese Probleme waren auch ohne eine Spaltung der Mannschaft völlig ausreichend.

Am 28. August ruhten Jim und ich uns aus. Wir waren geistig und körperlich erschöpft und mussten nach der anstrengenden Kletterei der letzten beiden Tage auf 7000 bis 7300 Metern Höhe wieder zu Kräften kommen. Lou entschied sich, im Roskelley-Depot eine Last abzuholen und brach zeitig auf, um wieder zurück zu sein, bevor die Sonne herauskam.

Beinahe das gesamte Team zog an diesem Morgen von einem Lager in ein anderes um. Wir erwarteten Devi, Andy, Nirmal und Kiran bei uns. Lou hatte sich zwar dagegen ausgesprochen, dass irgendjemand heraufzog, bevor nicht mehr Material ins Lager III gebracht worden war, aber seine Einwände waren auf taube Ohren gestoßen. Lager III entwickelte sich zu einem Nadelöhr, dem es an Proviant, Zelten und Ausrüstung fehlte.

Als Jim und ich mit unserem späten Frühstück fertig waren, stolperte Peter mit leichtem Gepäck aus Lager I in unser Lager. Er stürmte direkt auf mich zu und war offensichtlich aus einem bestimmten Grund gekommen.

»Ich muss mit dir reden, John«, sagte er. Sofort ging ich in die Defensive.

»Es kotzt mich an, dass du meinst, du hättest das Recht, mir zu sagen, ich soll nach Hause gehen. Ich habe mich genauso bemüht, meine Arbeit zu tun wie alle anderen, und was du für diese Besteigung geleistet hast, gibt dir noch lange nicht das Recht, mich oder einen anderen rumzukommandieren. Lou hat mir gesagt, dass du mich nicht auf dem Vorsprung dabei haben wolltest. Warum?«

Es überraschte mich, dass Peter den ganzen Weg von Lager I aufgestiegen war, nur um mir das zu sagen. Als mir klar wurde, dass er noch nicht einmal Ausrüstung zu unserer Unterstützung mitgebracht hatte, wurde ich wütend.

»Ich mag deine Art nicht, Peter. Und weißt du warum? Weil du nur dann Ausrüstung trägst, wenn es dir in den Kram passt. Weil du unbedingt deine Ideen weiterverfolgen willst, selbst wenn man dich gebeten hat, es nicht zu tun. Weil du weiter hochziehen möchtest, ohne vorher etwas hochzutragen oder dich zu akklimatisieren. Und wenn du nicht deinen Willen kriegst, steigst du einfach ab und treibst einen Keil in die Mannschaft!«

Wir stritten eine Weile hin und her. Jim hielt sich aus der Sache heraus.

»Du hast uns gesagt, du willst nicht an dem Vorsprung arbeiten«, fuhr ich fort. »Jim und ich kommen gut voran und müssten es in einem Tag geschafft haben. Aber die Seile scheuern stark

Lou und Jim auf dem Weg zum Vorsprung.

durch, und je weniger Leute dran hängen, desto sicherer sind sie – deshalb ist Lou auch nicht mitgekommen. Das Wichtigste ist jetzt, dass wir Material bekommen, damit wir weiterarbeiten können. Seit Tagen hat niemand außer Lou etwas hochgetragen. Was ist das für eine Teamarbeit? Du wolltest den Vorsprung links umgehen, weil du dachtest, dass nicht alle dort hochkommen könnten, selbst wenn Fixseile angebracht sind.«

Als unser Streit zu Ende ging, traf Lou ein. Er wurde Peters nächste Zielscheibe. »Lou, es gab in einem der Zelte hier oben einen freien Platz, und ich will wissen, warum du mir den nicht gegeben hast«, wollte er wissen. »Ich fühle mich gut und kann meine Gesundheit sehr gut selbst beurteilen.«

»Lou wurde von allen zum Seilschaftsführer gewählt, Peter«, führte ich zu Lous Verteidigung an. »Welche Gründe er auch gehabt haben mag, er versucht, fair zu sein. Ein paar unserer Kollegen da unten haben weit mehr hochgetragen als du, und sie hätten es verdient, zuerst zu uns raufzuziehen. Aber unser Lager ist noch nicht vernünftig ausgerüstet. Wir haben ja noch nicht mal genug Proviant, Gas oder Zelte.«

Peter räumte ein, dass Lou als Seilschaftsführer vor einen Dilemma gestanden hatte: Einerseits hatte er versuchen müssen, den Ausbau der Route sicherzustellen, gleichzeitig aber auch die Leute weiter unten dazu motivieren müssen, weiterhin Ausrüstung den Berg hinaufzutragen, um die oben Kletternden zu unterstützen. Von unserem Lager konnte Peter jetzt den Endpunkt unserer Seile am Vorsprung sehen. Das reichte, um ihm klar zu machen, dass unsere Erfolgsaussichten gut standen – für die Expedition und für jeden Einzelnen. Von der Route über die linke Seite war fortan keine Rede mehr. Als Peter uns verließ, verstand er besser, was wir taten. Im Nachhinein war ich froh, dass Peter die Initiative ergriffen und uns mit seinen Gefühlen konfrontiert hatte. Es war eine Erleichterung, die Dinge offen besprochen zu haben. Im Verlauf der Auseinandersetzung war mir die Ursache für die Probleme im Team klar geworden: unzureichende Kommunikation.

Kurz nach Lou trafen Devi und Andy im Lager ein. Sie hatten keine Zelte dabei und zogen deshalb bei Jim ein. Der war wenig erfreut über die beengten Verhältnisse, insbesondere weil das einer der Gründe gewesen war, weshalb niemand hatte heraufziehen sollen. Nirmal und Kiran kamen als nächste an und brachten ein Zweimannzelt mit. Während Devi und Andy für uns sieben kochten, halfen wir anderen, eine Zeltfläche auszuheben und das Zelt für die beiden Inder aufzustellen.

Zum Essen quetschten wir uns zu fünft in ein Zelt und reichten das Essen nach nebenan zu Kiran und Nirmal. Das war zwar unbequem, aber immer noch besser, als das Essen von Zelt zu Zelt zu reichen. Es war mir zuviel, auf den Beinen hockend und in eine Ecke gedrängt essen zu müssen, und so kroch ich schließlich zum Schlafen in mein eigenes Zelt zurück.

Um 5 Uhr weckten mich Windstöße, die am Zelt rüttelten. Raureif, der dadurch von der Zeltdecke geschüttelt worden war, hatte die Oberseiten unserer Schlafsäcke durchnässt und war dort zu steifen, weißen Laken gefroren.

»He, Jim!«, rief ich. »Was meinst du, was sollen wir machen?«

»Es ist schrecklich windig, aber wir könnten zumindest bis zum Fuß gehen«, antwortete er. Lou stimmte zu. Er wollte mitkommen und uns dabei helfen, die durchgescheuerten Seile zu verdoppeln.

Es war der Anfang eines langen Tages: Raus aus dem Zelt und hinein in den kalten Wind. Ich übernahm die Führung über den Kamm, legte langsam unsere Spur vom Vortag frei und stolperte durch die windgepresste Schneekruste. Wir bewegten uns wie Astronauten und legten nach jedem Schritt eine Pause ein. Der Wind blies durch unsere Gesichtsöffnungen und fand auch die kleinste Öffnung in unserer Kleidung. Niemand sprach, wir nickten oder gestikulierten bloß. An diesem Morgen fragten wir uns alle, weshalb wir unterwegs waren, anstatt uns vor dem Sturm zu verstecken.

Lou erlöste mich auf halber Strecke und übernahm die Spurarbeit bis zum Fuß des Vorsprungs. Meine Fußsohlen schmerzten von der bis auf die Knochen gehenden, betäubenden Kälte, als hätte ich wieder Erfrierungen erlitten. Jedes Mal, wenn ich mich setzte, hob ich sie aus dem Schnee und schlug sie gegeneinander, um meine schlechte Durchblutung anzuregen. Das Wetter war grauenvoll.

Am Vorsprung machte ich mich an den langen und gefährlichen Aufstieg zum »Zuckerfeld«, wie ich das Schneefeld an dem Endpunkt, bis zu dem ich zwei Tage zuvor gekommen war, getauft hatte. Jedes Seil dehnte sich wie ein Gummiband, bevor es sich straffte, mein Gewicht aufnahm und mich langsam aufsteigen ließ. Wo sich das Seil über den messerscharfen Felsen spannte, war es schon von den wenigen Malen, die Jim und ich auf- und abgestiegen waren, stark aufgerieben. Beim Anblick des weißen Kerns, den der ausgefranste Seilmantel preisgab, wurde mir mulmig. Die Seile mussten unbedingt verdoppelt werden.

Jim stieg unmittelbar hinter mir los, fiel aber bald weit zurück. Um elf Uhr erreichte ich das Zuckerfeld am Ende der Seile, setzte mich hin und wartete. Gegen zwölf Uhr streckte Jim den Kopf über die Kante und warf sich dann mitsamt seinem Rucksack auf das Schneefeld. Er war erschöpft.

»Wo ist Lou?«

»Er verdoppelt unten zwei Seile«, antwortete Jim. »Ich weiß nicht, ob er den ganzen Weg mit uns raufkommt oder nicht.«

»Das hoffe ich doch sehr – wir haben nur zwei Seile und werden heute noch ein drittes brauchen.«

Wir öffneten eine Dose Hühnersalat zum Mittagessen, dann ließ ich mich ein Stück ab und querte durch hüfthohen Schnee nach rechts zu einem steilen, dreißig Meter langen, verborgenen Kamin. Es stellte sich heraus, dass mein Eispickel mein einziger Halt war, und selbst der war bestenfalls als unsicher zu bezeichnen. Ich stieg den Kamin hinauf und landete breitbeinig auf einem drei Meter langen Kamm, der auf eine glatte Wand zulief und zu beiden Seiten mehrere hundert Meter abfiel.

Die Rinne, zu der wir gelangen wollten, befand sich etwa zwölf Meter zu meiner Rechten und war definitiv schwer zu erreichen. Die Rinne selbst sah aus, als wäre sie über eine Distanz von etwa 120 Metern leicht begehbar. Lou rief etwas von unten herauf. Als ich mich umdrehte, sah ich seine Mütze über dem Rand des Zuckerfelds auftauchen. Da kam unser Seil.

Ich bemerkte eine dreißig Zentimeter breite Leiste entlang der Wand, die mir den Weg zu der Rinne verstellte. Ich schlug einen flachen Messerhaken zur Sicherung ein, ließ mich ab und hangelte mich dann Hand um Hand etwa zehn Meter an der Leiste entlang, bis ich zu einer Stelle kam, an der ich leicht in die Rinne gelangte. Dort schlug ich einen weiteren Haken ein und ließ mich auf das unter mir liegende Eis ab.

Die Stärke des Sturms nahm zu, und die Schneerutsche am Zuckerfeld schienen im Vergleich zu dem ununterbrochenen, knietiefen Schneeabgang in der Rinne geradezu harmlos. Offensichtlich war die Rinne auf diese Weise entstanden.

Ich war nicht mehr in Jims Hörweite, und da das Seil über und um die Ecke geschlungen war, um die ich gekommen war, musste ich wie ein Ackergaul ziehen. Ich musste unbedingt einen brauchbaren Standplatz finden. Die Rinne war tief, die linke Wand ragte etwa fünfzig Meter hoch auf, die rechte erhob sich bis zur Spitze des Vorsprungs. Beide waren nahezu senkrecht. Mir blieb nichts anderes übrig, als die Rinne bis zu ihrem Ende, ungefähr 120 Meter über mir, hinaufzusteigen. Etwa 15 Minuten brauchte ich für das Überwinden eines schwierigen Fels- und

Eisabschnittes, dann fand ich 15 Meter über meinem Landepunkt einen geschützten Standplatz. Der Zug am Seil hätte mich fast gestoppt.

Als ich anhielt, war ich hundert Meter von Jim entfernt und befand mich knapp oberhalb der durch die Rinne abgehenden Lawinen. Der kleine Standplatz war perfekt und bot einige Risse, in die ich bombensichere Haken versenken konnte. Schließlich sicherte ich das Seil und schrie nach Jim, damit er nachkam. Doch es war sinnlos: Bei diesem Sturm war das, als riefe ich einen Taubstummen mit einem Megaphon. Jim folgte mir nichtsdestotrotz, so als hätte er meine Gedanken gelesen.

Da Jim seine Steigeisen abgenommen hatte, bewältigte er den Kamin und die Traverse nur unter großen Schwierigkeiten. Der Abstieg zu der Rinne dauerte wertvolle Minuten, aber schließlich tauchte er 15 Meter unter mir auf. Auf dem steilen Eisabschnitt bis zu meinem Standplatz verausgabte er sich völlig. »Lou ist direkt hinter mir. Er bringt noch ein Seil mit.«

»Ich bin jetzt ausgeruht, ich werde die Rinne vorsteigen. Wenn du mich oben winken siehst, kannst du nachkommen. Dann bist du gesichert.«

Ich nahm die hundert Meter Seil aus Jims Rucksack, wickelte sie auf, band ein Ende an meinen Gurt und machte ich auf den Weg. Das Seil verfing sich weiter unten, doch Jim konnte es befreien, während ich mir einen Weg durch den tiefen Schnee rechter Hand der Rinne bahnte. Es war eine schleppende und anstrengende Arbeit. Manchmal lief ich durch hüfthohen Schnee und kam nicht weiter; dann musste ich mir eine Griffmöglichkeit in der Felswand suchen, um mich ein Stück voranzuziehen und auf einfacherem Terrain vorwärts zu kommen. Der Schnee bot keinerlei Halt. Als letztes Hindernis stellte sich mir ein überhängender Klemmblock entgegen, den ich überwinden konnte, indem ich mich in der Verschneidung zu seiner Linken hochstemmte. Nach zehn weiteren

Metern stieg ich breitbeinig auf einen messerscharfen Grat und erreichte damit das Ende der Rinne.

Dort suchte ich erfolglos nach einem geeigneten Riss zur Befestigung des Seils. Schließlich gelang es mir, einen dünnen Messerhaken waagerecht einzuschlagen. Dann winkte ich Jim zu.

Lou war inzwischen bei Jim eingetroffen. Beide hakten sich nun ins Seil ein und stiegen gemeinsam auf. Ohne ihre Steigeisen war es für beide sehr schwer. Langsam arbeiteten sie sich, bis zu den Hüften im Schnee versunken, voran. Immer wieder rutschten sie zurück. Ich war froh, dass sie nicht wussten, wie schwach der Sicherungshaken war.

Sie erreichten den überhängenden Klemmblock, und dann tauchte Lous Kopf über der Kante auf und verschwand wieder, um erneut zu erscheinen. Lou versuchte, seine Steigklemme über die Kante zu schieben, doch es gelang ihm nicht, und so fiel er zu Jim zurück, der unter ihm stand. Dann klärte er das Problem mit Jim, der das Seil viel zu straff gehalten und ihn zurückgezogen hatte, und kam schließlich über die Kante. Erschöpft fiel er in den Schnee. Nachdem Lou sich erholt hatte, stieg er, dicht gefolgt von Jim, zu meinem kleinen Standplatz weiter.

Jims Äußerungen waren nur schwer verständlich, und er schien in Gedanken ganz woanders zu sein. Ich machte mir Sorgen, dass er die Kontrolle über sich verlor.

Lou sprach kein Wort, sondern nahm das Seil und starrte erst mich und dann die über uns liegende Wand matt an. Ich trat ein paar Schritte auf dem Grat zurück, um das Problem besser sehen zu können. Es gab dort nicht viel, an dem man sich halten konnte, aber ich fand, wir sollten zuerst eine Querung nach links versuchen.

Ich fühlte mich sicher und stark, obwohl ich fror und es schon 16.45 Uhr war. Die nächste Seillänge musste schnell erledigt werden. Ich querte über einen 75 Grad steilen Eishang nach links bis zu eisbedeckten Felsen. Dann stemmte ich mich mehrere Felsen hoch, bis ich nach zwölf Metern einen Stehplatz erreichte, wo ich anhielt. Es gab dort keine Risse, um mich zu sichern, doch der Fels war von Leisten durchzogen, und ich hatte nicht das Gefühl, dass meine bisherigen Bewegungen gefährlich gewesen wären. Langsam schob ich mich unter ein paar Überhänge zurück, die aussahen, als sei an ihnen nur schlecht vorbeizukommen, und setzte dann einen unsicheren Haken in einen verwitterten Riss. Der gab mir den Mut, über die wackeligen, firnbedeckten Blöcke aufzusteigen. Auf den nächsten 15 Metern gab es keine guten Griffe, doch ich arbeitete mich mit Finesse und Beinmuskulatur voran. Wenn ich nichts anderes finden konnte, schlug ich mit dem Hammer kleine Griffe in das Eis. Von einem bombensicheren Messerhaken gesichert, stemmte ich mich durch einen Kamin zu einem dreißig mal dreißig Zentimeter großen Absatz auf einer Schneerippe, die von dem darüber liegenden Rücken herunterführte. Doch ich landete dort in einer Sackgasse. Unter großen Schwierigkeiten kletterte ich hoch und nach links in einen senkrecht aufsteigenden Schneekamin, wo es mir gelang, einen weiteren Haken in einen Felsblock an meiner Seite zu schlagen. Nur noch zwanzig Meter.

Ich kratzte eisigen Schnee vom Fels und fand darunter Griffe und Tritte, mit deren Hilfe ich mich Zentimeter um Zentimeter voranschob. Nach sechs Metern stemmte ich mich aus dem Kamin und befand mich auf einem weiteren, 75 Grad steilen Hang, der allerdings von losem, unverfestigtem Schnee bedeckt war. Ich machte also Schwimmbewegungen mit den Händen, stieß dann den Schaft meines Eispickels so tief wie möglich in den Schnee und zog an ihm, bis ich festen Halt darunter fand. Nachdem ich mich in dieser Weise 15 Meter vorwärts bewegt hatte, zog ich mich auf den relativ flachen Hang hoch, der den Rücken des Vorsprungs bildete. Wir waren da!

Ich schlug mehrere stabile Haken in einen großen, vorspringenden, sechs Meter von der Kante entfernten Felsen ein. Dann befestigte ich mein restliches Klettermaterial an dem Fixpunkt, hakte meine Karabinerbremse in das Seil und stieg ab, wobei ich unterwegs die entbehrlichen Haken wieder einsammelte. Es war 17.30 Uhr – keine Minute mehr zu vergeuden.

Das Abseilen über die sechzig Meter ging sehr schnell, und so stand ich schon bald neben Lou. Umgehend stieg er in die dunkler werdende Rinne ab. Mein Schweiß gefror, während ich darauf wartete, dass er den Abschnitt beendete, so dass ich mich abseilen konnte. Es erschien mir wie Stunden.

An jeder Abseilstelle holte ich Lou ein und musste warten. Er war ja bloß vorsichtig, aber ich musste deshalb frieren. An den letzten beiden Abschnitten waren die Seile verdoppelt, wodurch wir die dringend benötigte Sicherheit erhielten.

Unten angekommen, beglückwünschte Jim mich mit einer kräftigen Umarmung. Dann stieg er langsam ab, weil er befürchtete, er könne einen Fehler machen.

Wir waren alle aufgeregt, aber der völligen Erschöpfung nahe. Im Schein eines roten Sonnenuntergangs legten wir unsere Kletterausrüstung ab und trotteten schließlich durch die Dunkelheit erschöpft zum Lager zurück.

Geschwächt durch die große Höhe, hatte sich den ganzen Tag niemand aus Lager III bewegt. Der Umzug der anderen am Tag zuvor hatte lediglich zur Verschwendung von Lebensmitteln geführt und nicht einmal für einen Materialnachschub gesorgt. Peter war ebenfalls aus Lager II heraufgezogen, trotzdem besaßen wir nach wie vor zu wenig Gas, Zelte und Lebensmittel. Willi, John Evans und ein paar Träger brachten nach wie vor Lasten zum Roskelley-Depot, aber aus Lager III stieg niemand ab, um sie zu holen. Die Situation wurde langsam kritisch.

An diesem Abend verkündete Lou seine Entscheidung, dass

er, Jim und ich nach einem Ruhetag den ersten Gipfelversuch machen würden. Die anderen reagierten kaum auf diese Entscheidung. Erschöpft aßen wir eine gute Mahlzeit und legten uns dann schlafen.

Am nächsten Morgen schliefen wir aus. Wieder hatte niemand vor abzusteigen. Devi, Andy und Peter blieben in ihrem Zelt und aßen und schliefen. Gegen 10 Uhr zogen Nirmal und Kiran sich an und beschlossen, Lasten holen zu gehen. Lou gab ihnen eine Liste mit den benötigten Dingen, die angeblich im Depot sein sollten.

Nirmal stieg ohne Kiran ab, der sich noch entscheiden musste, ob er trotz seiner Kopfschmerzen versuchen wollte, etwas hochzutragen. Jim überzeugte ihn schließlich davon, es bleiben zu lassen. Lou sprach Peter, Devi und Andy zwar auf ihre Entscheidung an, kein Gepäck hochholen zu wollen, entschied sich jedoch dafür, das sensible Thema nicht weiterzuverfolgen. Doch Jim und ich fragten sie durchaus, ob sie kein schlechtes Gewissen hätten, Nirmal beim Tragen zuzusehen, ohne selbst einen Finger krumm zu machen. Zwischen den beiden Fraktionen gab es keine Sympathien mehr.

Es schien ein Tag für kleinliche Zänkereien zu sein. Die eher belanglosen Probleme wuchsen mit dem Stress und der Höhe. Unser nächstes Thema war Zucker. Peter wollte an dem Abend gerne etwas Zucker für seinen Tee haben, während wir andern ihn lieber für den Haferbrei am Morgen aufsparen wollten. Wir hatten nicht mehr genug für beides. Ich sehnte mich danach, aus Lager III wegzukommen.

Am Abend beluden Jim, Lou und ich unsere Rucksäcke mit jeweils mehr als 23 Kilogramm Ausrüstung, weil wir nur ein einziges Mal mit Lasten an den durchgescheuerten und gefährlichen Seilen bis auf den Vorsprung aufsteigen wollten. Das hieß zwar, dass wir schwer zu tragen haben würden, aber es war trotzdem besser, als zweimal an den Seilen aufsteigen zu müssen. Wir legten uns mit dem Wissen schlafen, dass die nächsten paar Tage den Ausgang der Expedition entscheiden würden. Wir waren jetzt so weit gekommen und hatten so viel durchgemacht, dass wir alles dafür tun wollten.

# Zwölf

Windböen begruben die ohnehin kaum noch sichtbaren Zelte auf dem Kamm immer weiter im Schnee. Jim bereitete einen dampfenden Topf Wackelpeter zu, während ich mich um die heiße Hafergrütze kümmerte. Um den Rücken des Vorsprungs erreichen zu können, mussten wir früh losgehen. Die anderen Bergsteiger im Lager hatten sich bereit erklärt, die Spur bis zu dessen Fuß für uns freizulegen. Peter ging als Erster los und arbeitete sich durch den knietiefen Pressschnee. Andy und Devi folgten dicht hinter ihm. Trotz des Winds sah es nach einem vielversprechenden Tag aus.

Meine Muskeln erschienen mir unter der schweren Last zunächst ungewöhnlich müde, doch sobald ich aufgewärmt war, konnte ich ein gleichmäßiges Tempo halten und überholte Andy und Devi bald. Ich folgte Peter zum Fuß des Vorsprungs.

Jim war angespannt und machte sich Gedanken darüber, was wir in den kommenden Tagen von ihm erwarten würden. Lou und ich kannten diesen Druck von anderen Expeditionen und waren deshalb vielleicht nicht ganz so unruhig. Lous Probleme waren eher anderer Natur: Kiran, der gerne helfen wollte, bestand darauf, Lous Rucksack zu tragen, war jedoch viel zu langsam, so dass Lou Kiran den Rucksack schließlich auf halber Strecke höflich wieder abnahm, um nicht weit hinter uns zurückzufallen.

Ich machte mich an die unangenehme Aufgabe, zum Rücken des Vorsprungs aufzusteigen. Es war sehr schwierig, den zweiten

Vorstieg, eine leicht überhängende Wand, mit Gepäck hochzuklettern. Ich hakte den Rucksackgurt in die obere Steigklemme und arbeitete mich langsam nach oben. Peter folgte dicht hinter mir, um an den ärgsten Stellen die stärkeren Elf-Millimeter-Seile anzubringen.

Ich bemerkte, dass sich das Seil unter dem überhängenden roten Felsen so weit aufgerieben hatte, dass sich der Kern selbst aus 15 Metern Entfernung leuchtend weiß gegen den dunkelblauen Seilmantel abhob. Ich ließ dieses weiße Stück keine Sekunde aus den Augen. Der scharfe Überhang schnitt sich während meines Aufstiegs noch tiefer in das Seil. Es kam mir vor wie Stunden, bis ich endlich oben und über die defekte Seilstelle hinaus war. Dort machte ich sofort einen Sackstichknoten in das Seil, um den Zug von der kaputten Stelle zu nehmen und den Aufstieg der anderen besser abzusichern. Die nächste Seillänge war einfacher. Ich erreichte das obere Ende des Zuckerfelds um 12.40 Uhr. Dort beschloss ich, auf Jim und Lou zu warten, für den Fall, dass sie zu langsam waren, um an diesem Tag noch weiter zu gehen.

Peter traf eine Stunde später an meinem Standplatz ein. Wir schwiegen zuerst, dann brach Peter das Schweigen: »John, ich bin jetzt völlig einverstanden mit der Route... ich möchte, dass du das weißt.«

»Das ist aber ein ganz schöner Sinneswandel, oder? Ich hatte immer den Eindruck, die Route gefällt dir nicht.«

Peter schwieg einen Moment. »Das sollte eine lockere Tour werden, John«, meinte er dann nachdenklich. »Ich bin hergekommen, um mit Marty zusammen zu sein und die Berge zu genießen. Daraus ist nichts geworden. Ich muss zugeben, dass ich mich den ganzen Berg hochschleppen musste. Ich hatte das Gefühl, dass ihr drei, du, Lou und Jim den Aufstieg zu etwas macht, das nicht alle genießen können.«

»Aber weshalb wurde die Route denn überhaupt ausgewählt,

wenn ihr alle nur eine lockere Tour machen wolltet? Keiner außer dir hat vorher jemals eine andere Route erwähnt.«

»Lou hat gesagt, du wolltest mich nicht im ersten Gipfelteam dabei haben. Warum?«

»Peter, das war nicht meine Entscheidung. Ich weiß bloß, dass du kaum Material hochgetragen hast und nicht akklimatisiert bist. Außerdem hast du mir gerade gesagt, dass du dich den Berg hochschleppen musstest – und jetzt fragst du mich, warum du nicht mit uns aufsteigst?«

»Ich würde ja gerne mitkommen, aber... na ja, jedenfalls viel Glück.«

»Danke, Peter. Wir hoffen, heute den Vorsprung zu schaffen. Dann ist wenigstens die Ausrüstung oben, damit es der Nächste – vermutlich du – leichter hat.«

Um 15 Uhr erschien Jim, der wegen der Schneerutsche von Kopf bis Fuß in weiß getaucht war. Das Wetter hatte sich seit dem Morgen verschlechtert. »Lou meinte, wir sollen hier warten«, rief er. »Er kommt langsam hinter mir her, aber er glaubt, bei diesem Tempo schaffen wir es heute nicht. Ich glaube, er möchte runtergehen und es morgen noch mal versuchen.«

Lou hatte schon am Morgen Jim gegenüber seine Zweifel geäußert. Er hatte gemeint, wir wären zu spät dran, aber Jim war mir trotzdem gefolgt.

»Sollen wir weitergehen, Lou?«, rief ich ihm zu.

»Ja... Warum nicht?«, schrie er zurück.

»Folg mir so schnell du kannst«, sagte ich zu Jim. »Wir schaffen es nie vor Einbruch der Dunkelheit, wenn wir nicht einen Zahn zulegen.«

Ich stieg in den Schneesturm hinaus. Peter wartete geduldig, während Jim und Lou mir zum Zuckerfeld folgten. Ich war schon lange verschwunden, als Peter aufbrach, um zum Lager III zurückzukehren.

Ich hatte das Gefühl, dass ich mich beeilen musste, und war innerhalb einer Stunde am Ende der Rinne und am Anfang des letzten Vorstiegs. Ich machte mich an die letzte Seillänge bis zum Rücken des Vorsprungs, konnte aber wegen der Erschöpfung und des schwierigen Terrains nur noch langsam vorankriechen. Meine Hände wurden taub, weil ich mich so sehr an das kalte Metall der Steigklemmen klammerte; meine Zehen spürte ich nicht mehr. Gegen Ende blieb mein Rucksack in einem Schneekamin stecken und ich brauchte einige Zeit und Kraft, um ihn wieder zu befreien. Nur wenige Meter unterhalb des Rückens hatte sich das Seil tief in den Sims geschnitten, und trotz großer Bemühungen gelang es mir nicht, meine Steigklemmen auch nur ein Stückchen weiter nach oben zu bewegen. Ich kämpfte um jeden Zentimeter, doch das Seil grub sich bei jedem meiner Versuche tiefer in den Sims, so dass ich schließlich die Steigklemmen löste und mich über den Rand auf den darüber liegenden flachen Hang warf.

Es war beinahe dunkel. Ich blickte zurück, konnte aber weder Jim noch Lou entdecken. Immerhin hatte der Sturm nachgelassen, und es war nicht mehr so windig.

Ich stellte meinen Rucksack ab und ging etwa hundert Meter den Kamm hinauf, fand aber keinen Platz, der groß genug für ein Zelt gewesen wäre. Die einzig mögliche Stelle schien zehn Meter tiefer zu liegen, da, wo ich den Kamm erklommen hatte. Dieser Platz hatte zwar eine Neigung von zwanzig Grad und lag nur einen Meter von der Nordwestwand entfernt, doch so weit ich sehen konnte, war das die einzige Fläche, die groß genug war, um ein Zelt aufzubauen. Ich ebnete zunächst mit den Händen, dann sitzend mit den Füßen eine Fläche ein.

Sobald sie fertig war, errichtete ich dort das geräumige Eddie-Bauer-Zweimannzelt. Jim war noch nicht eingetroffen, erschien aber gerade über dem Rand, als ich im Dunkeln fertig wurde. Er hatte mit den letzten anderthalb Metern das gleiche Problem gehabt wie ich. Bewegungslos und völlig erschöpft lag er im Schnee.

»Hast du Lou gesehen?«

»Er ist unten am Ende des Seils«, japste Jim.

»Lou! He, Lou! Komm hoch!«

Ich hörte eine entfernte, aber zustimmende Antwort. Jim forderte Lou auf, sich in das Extraseil einzubinden, das er ihm zugeworfen hatte, und sicherte ihn bei dem schwierigen Aufstieg.

Ich kroch ins Zelt und zog meine Stiefel aus, während ich mich mit Jim über seine Schwierigkeiten beim Aufstieg unterhielt. Bei seiner Schilderung hätten die anderen sich gewiss so erschreckt, dass sie abgereist wären. Dann endlich erschien Lou in der Dunkelheit. Die beiden stellten ihre Rucksäcke neben das Zelt und krabbelten herein. Ein paar Minuten lagen wir alle reglos da.

»Ich habe noch nie so schweres Gepäck auf einen Berg getragen«, murmelte Lou.

Im Zelt brach das Chaos aus, als wir Kleidung, Schlafsäcke und Kochutensilien aus unseren Rucksäcken zogen. Sobald sich alle eingerichtet hatten, taute ich etwas Schnee auf, doch kaum war er geschmolzen, trat Lou versehentlich den Topf um. Sofort versuchten wir hektisch, die Schlafsäcke und Kleidungsstücke zu retten. Jim entdeckte im Kochset einen Schwamm und rettete die Situation. Während des Abendessens einigten wir uns darauf, am folgenden Tag einen Gipfelversuch zu wagen. Keiner wollte länger als nötig bleiben.

Um 19 Uhr funkte Lou Lager III an.

»Wir empfangen dich, Lou«, sagte Willi. »Wie ist es gelaufen?«

Lou berichtete von den Schwierigkeiten unseres Aufstiegs und der späten Ankunft in Lager IV. Willi schien mit unserem Vorankommen zufrieden zu sein. Dann vereinbarten wir einen neuen Funktermin für den frühen Morgen. Jim übernahm nach dem Abendessen das Schneeschmelzen und belieferte uns über mehrere Stunden mit heißen Getränken. Um 23 Uhr machten wir den Kocher aus und legten uns in unserem beengten, aber gemütlichen Zelt schlafen.

Es war der Morgen des 1. September. »Lager III, bitte kommen«, rief ich.

»Ich empfange dich, John«, antwortete Willi. »Wie sieht es bei euch aus?«

»Gut, Willi, aber wir haben beschlossen, uns heute auszuruhen und viel zu trinken. Wir werden nicht aufsteigen.«

Lou bereitete im Vorzelt das Frühstück zu, während Jim und ich uns ausruhten und Süßigkeiten und geröstete Maiskörner knabberten.

»Es sieht verdammt schön aus da draußen«, stellte Lou fest und blinzelte in die Sonne. »Kein bisschen Wind.«

Ich beugte mich aus dem Hinterausgang des Zelts. Der Himmel war strahlend blau, und es war ungewöhnlich windstill. »Wisst ihr was... vielleicht sollten wir bei dem ruhigem Wetter doch einen Versuch machen.«

»Haben wir denn genug Zeit?«, wollte Jim wissen. »Es ist schon fast acht.«

»Versuchen wir es!«, meinte Lou.

In Windeseile verwandelte sich das Zelt in ein Tollhaus. Im Handumdrehen wurde der Kocher ausgemacht, dann schütteten wir die warme Milch mit Zucker hinunter, von der Jim verlangte, dass wir sie vor unserem Aufbruch tranken, suchten nach Stiefeln und Kleidung und waren um 8.30 Uhr unterwegs.

Ich bahnte den Weg durch den knietiefen Schnee bis zu einem Sattel mehrere hundert Meter oberhalb des Lagers; dann übernahm Lou. Er war bisher langsam gewesen und hatte sich beschwert, dass ich ihn mehrfach gezogen hatte. Langsam stapfte er durch den tiefen Schnee und den überhängenden Kamm hinauf, bis es schließ-

Jim am Gipfeltag im meterhohen Schnee unterhalb der Felsstufe.

lich steiler wurde. Er überwand ein kleines Felsproblem und kämpfte sich dann durch hüfthohen, rutschigen Firn. Das Terrain war schrecklich, es hatte eine Neigung von fünfzig Grad, und es drohte jeden Augenblick eine Lawine abzugehen. Etwa auf der Hälfte des Hangs wurde Lou so langsam, dass er fast stehen blieb. Die Höhe und der tiefe Schnee waren unbarmherzige Gegner.

Ich kämpfte mich zu Lou vor, übernahm die Führung und bewegte mich in gleichmäßigem Tempo auf das sechzig Meter entfernte Ende des Hangs zu. Schon bald zog ich wieder an ihm; ich wollte keine Minute länger als unbedingt nötig auf diesem Hang verbringen.

»Verdammt!«, schimpfte Lou. »Hör auf, an mir zu ziehen, oder ich binde mich aus.«

»Nein, bitte, Lou. Ich versuche, nicht mehr zu ziehen.«

Er band den Knoten wieder zu und folgte mir mit schwimmenden Bewegungen. Bald befanden wir drei uns auf dem Grat, auf einem schmalen Hügel. »Du bist dran.«

Jim marschierte schweigend den scharfen Grat entlang durch den Firn, der auch hier hüfthoch lag. Dann blieb er abrupt stehen. »Da vorne gibt es ein kleines Felsproblem für John«, rief er uns über die Schulter zu.

»Was meinst du damit?«, fragte ich ihn.

»Du wirst schon sehen.« Er drehte sich um und ging weiter.

Jim überwand eine sechs Meter hohe, ausgekehlte Felsspitze und verschwand gerade auf der anderen Seite, als Lou ihm folgte. Ich stieg als letzter auf. Nach mehreren Felsspitzen dieser Art stand ich neben Jim und konnte sehen, was er gemeint hatte. Direkt über ihm verlief über neun Meter ein schwarzes, horizontales Felsband, das sich pilzförmig nach oben verbreiterte. Nur auf der rechten Seite, die steil zur Nordwestwand abfiel, schien es eine Kletterroute zu geben. Wir hatten kein Material dabei, um uns im Felsen zu sichern.

»Such dir einen besseren Standplatz, Jim«, sagte ich angespannt. Er war zu weit von der schwierigen Stelle entfernt, und sein Standplatz sah nicht gut aus. Ich musste den Aufstieg schnell angehen, damit ich es mir nicht noch anders überlegte. Also studierte ich die Stelle sorgfältig, während er sich vorbereitete. Lou setzte sich in sechs Metern Entfernung hin und wartete.

»Bin ich gesichert?«, fragte ich. Jim spürte meine Entschlossenheit.

Ich stemmte mich ein kurzes Stück nach oben, bevor ich in die Wand hinauskletterte, um einen kurzen, aber schwierigen Felsüberhang zu überwinden. Dann folgte ich einer weiteren Rinne aus Eis und Fels, stemmend und spreizend, wo immer es möglich war, bis über das Band.

»Ich brauche mehr Seil!«

Jim löste den Knoten und gab Seil nach. Ich stieg auf den Spitzen meiner Steigeisen zum Rücken des Kamms über dem Felsband und brachte dort eine akzeptable Sicherung an.

»Ich bin oben! Du kannst nachkommen.«

»Warte, Lou will nicht mitkommen!«, rief Jim von unten herauf.

Lou hatte an seinem Höhenmesser abgelesen, dass wir bis zum Gipfel noch 460 Meter zu überwinden hatten, und war deshalb sicher, dass wir biwakieren müssten, wenn wir jetzt weitergingen. Doch wollte er nicht das Risiko eingehen, ohne entsprechende Ausrüstung eine Nacht im Freien verbringen zu müssen. Lou erklärte Jim außerdem, dass er am Tag zuvor gegen seinen Willen dazu gezwungen worden wäre, den Vorsprung hinaufzusteigen; er war entschlossen, nicht noch einmal gegen sein besseres Wissen zu handeln.

»Was meinst du, Jim?«, rief ich zu ihm hinunter.

»Ich weiß nicht. Was denkst du?«, rief er zurück.

»Ich gehe!«

»Ich auch!«, lautete Jims Antwort.

Lou band sich aus und ging so weit über den Kamm zurück, bis er mich sehen konnte. »Wir sind nicht hoch genug! Wir haben in vier Stunden bloß 150 Höhenmeter geschafft. Ich gehe zurück.«

»Wenn ich mir den Schatten des Nanda Devi im Tal angucke, haben wir die Hälfte hinter uns!«, versuchte ich ihn zu überzeugen. »Dein Höhenmesser stimmt nicht!«

»Viel Glück. Ich warte im Lager auf euch.«

»In Ordnung – überlässt du Jim deinen Parka?«

»Nein!«

»Wie wäre es, wenn du uns auf dem Rückweg mit Schlafsäcken entgegenkämst?«

»Nein! So selbstlos bin ich nicht«, erwiderte er.

Ich traute meinen Ohren kaum. »In Ordnung, Lou«, schrie ich. »Sei vorsichtig auf dem Weg nach unten. Wir machen weiter!«

Lou sah unentschlossen und wütend aus. Jim und ich machten uns bereit, um weiterzugehen. »Verdammt, na gut, ich komme mit!«

»Schön!«, erwiderte Jim ohne den leisesten Anflug von Ärger.

Von oben gesichert, stiegen die beiden schnell über das Felsband hinauf. Der nächste Abschnitt sah aus, als bestehe er aus hartem Schnee, der mit Steigeisen begangen werden konnte, doch wir täuschten uns. Jim ging an mir vorbei und bahnte auf einem breiten Rücken zwischen zwei 45 Grad steilen Hängen einen Weg durch den Schnee. Was von unten wie fester Schnee ausgesehen hatte, entpuppte sich als lockerer Pulverschnee unter einer schweren, windverfrachteten Kruste. Jim kam ziemlich ins Schwimmen. Der Schnee bot keinen Halt, und es erforderte eine enorme Anstrengung, gegen den abwärts rutschenden, schweren Pulverschnee aufzusteigen.

Ich machte eine Zeit lang die Spurarbeit, dann übernahm Lou. Wir taten uns alle schwer. Die Hänge waren zu beiden Seiten mit einer dicken Schicht frischem Pulverschnee bedeckt. Für jeden Schritt musste man das Knie über die Schneekruste heben, um sie dann zu durchbrechen und mit einer Art Schwimmbewegung etwa dreißig Zentimeter weiter vorne einzusinken.

Es sah so aus, als könnte ich mich am effizientesten vorwärts bewegen. Ich fühlte mich auch kräftig genug für die Spurarbeit, deshalb übernahm ich wieder die Führung. Die Lawinengefahr war groß. Jedes Mal, wenn ich die Hände vor mir in den Schnee steckte, schossen zu beiden Seiten Risse die Hänge hinunter. Ein lautes Zischen auf dem linksseitigen Hang ließ mich aufhorchen. Ich blieb stehen und sah zu, wie ein sechzig Zentimeter dickes Schneebrett von unserer Spur losbrach und abglitt. Lou und Jim erstarrten und sahen stumm dem Schnee hinterher, der ein paar hundert Meter tiefer über die Nordwestwand ins Nichts stürzte. Eigenartigerweise dachte ich nicht an die Gefahr, sondern nur daran, wie außergewöhnlich dieser Anblick war – so als würde ich das Ganze im Fernsehen betrachten. Lous entsetzter Blick holte mich in die Realität zurück. Wir mussten schnell von diesem Hang herunter.

Ich wandte mich der rechten Seite des Hangs zu, die noch nicht der Sonne ausgesetzt gewesen war, und pflügte wie wild durch den Schnee, so dass ich beträchtlich an Höhe gewann. Der Schnee reichte mir bis zum Bauch, aber ich kam so schnell voran, dass ich wieder an Lou und Jim zu ziehen begann, die sich hinter mir abmühten. Das machte Lou wieder wütend, weil er gezwungen wurde, schneller zu gehen. Schon wollte er sich aus dem Seil ausbinden. Also ging ich langsamer.

Die Schneeverhältnisse besserten sich etwas. Wir hatten nun einen Untergrund, auf dem wir uns leichter fortbewegen konnten. 15 Minuten nach der Lawine erreichten wir einer nach dem anderen ein großes, offenes Schneefeld. Wir gingen zusammen über einen flachen Hang, Jim bahnte uns den Weg im jetzt nur noch knöcheltiefen Schnee. Das Aufsteigen war nun viel leichter. Ich stieg über ein steileres Schneestück zu einem falschen Gipfel vor, hinter dem sich ein weiteres flaches Schneefeld erstreckte. Nach einer kurzen Diskussion entschieden wir uns, auf dem Hang Mittag zu essen, weil das, was wir über uns sehen konnten, möglicherweise noch nicht der Gipfel war.

Nach dem Essen übernahm Lou für ein kurzes Stück die Spurarbeit, dann übernahm Jim die Führung.

»Das sieht ganz nach einer Gipfelwechte aus«, stellte er fest und ging auf den Schneehaufen zu.

»Mach dir nicht zu große Hoffnungen. Das könnte wieder so ein falscher Gipfel wie da unten sein.«

Jim ging hinauf und spähte über die Wechte.

»Siehst du irgendwas?«, fragte ich aufgeregt.

»Nein!«, schrie er und verschwand hinter dem Grat. Ich folgte ihm und landete in einem Knäuel mit Jim auf der anderen Seite des Gipfels. »Das ist es! Wir sind da!« Es war erst 14 Uhr.

Dann kam Lou über den Kamm. Wir packten einander bei den Armen, schüttelten uns gegenseitig die Hände und klopften uns auf die Schultern.

Es war angenehm warm; kein Lüftchen regte sich. Unter uns hatte sich das Wetter zugezogen, so dass die umstehenden Gipfel inklusive des Nanda Devi East verborgen waren. Aufgrund der Wärme konnten wir sogar Handschuhe und Mützen ablegen. Dann kramte ich die amerikanische Flagge aus dem Rucksack sowie die indische Flagge, die man uns gebeten hatte zum Gipfel mitzunehmen. Lou und Jim hielten die Fahnen mit strahlendem Lächeln hoch, während ich Fotos machte. Dann steckte ich eine Flagge in eine leere Wasserflasche und grub sie tief in den Gipfelschnee ein. Ich hätte mir keine besseren Partner und keinen großartigeren Aufstieg wünschen können.

Wir machten es uns bequem und unterhielten uns über die Expedition und die Probleme, die wir überwunden hatten, um dort hinzukommen. Lou meinte, er glaubte, das wäre die beste amerikanische Leistung seit der Besteigung des Westgrats des Mount Everest. Ich fragte mich, ob die Mannschaft wohl ähnliche Probleme gehabt hatte; damals wusste ich nicht, dass es tatsächlich so gewesen war. Nach all den Monaten der Vorbereitung, den Problemen in der Mannschaft und den Schwierigkeiten mit der Route war es schwer zu glauben, dass wir nun tatsächlich angekommen waren.

Kurz nach 15 Uhr hörten wir auf, Fotos zu machen, sahen uns ein letztes Mal um und stiegen einer nach dem anderen in der tiefen Furche, durch die wir aufgestiegen waren, in die Wolken hinunter. Als Langsamster ging Lou voran, dann kam Jim, danach ich. Ich dachte darüber nach, dass wir überlebt hatten, dachte an mein Zuhause, meine Familie, unsere persönlichen Errungenschaften. Schweigend hing jeder seinen eigenen Gedanken nach. Obwohl wir durch ein Seil miteinander verbunden waren, befanden wir uns doch in drei verschiedenen Welten.

An den gefährlichen Lawinenhängen und dem schwierigen Felsband sicherten wir uns gegenseitig und gingen dann zusammen durch den tiefen, lockeren Schnee zu der Felsstufe hinunter. Teilweise unkontrolliert vorwärtsstolpernd erreichten wir gegen 16 Uhr unser Lager.

# Dreizehn

Das Wichtigste für uns war jetzt die Flüssigkeitsaufnahme, deshalb erhitzten wir Topf um Topf mit Wasser. Während wir ein Abendessen aus Rindfleisch und Gemüse zu uns nahmen, wurden im Tal die Schatten länger. Um 17.30 Uhr erreichte Lou Lager III über Funk: »Devi! Wir haben einen Ruhetag eingelegt und sind auf den nächsten Gipfel gestiegen!«

»Ihr wart auf dem Gipfel?«

»Ja, um zwei Uhr waren wir oben.«

»Fantastisch!«, jubelte sie. »Gratulation, tolle Arbeit!« Weil der Rest der Mannschaft gerade vom Steigklemmentraining am Vorsprung zurückkam, einigten wir uns mit Devi, dass wir um 19 Uhr mit Willi sprechen würden.

»Glückwünsche zu eurer Besteigung«, dröhnte Willis Stimme aus dem Funkgerät. »Wir schicken morgen ein Team rauf, das euren Platz einnimmt – wahrscheinlich Devi, Peter und Andy. Lasst eure Schlafsäcke oben, dann könnt ihr ihre hier unten benutzen.«

»John will wissen, was ist, wenn sie es nicht bis hierher schaffen?«, erkundigte sich Lou. Mir gefiel der Gedanke nicht, von meinem Schlafsack getrennt zu werden. Aber Lou redete mir später ins Gewissen, so dass ich dem Plan zustimmte.

Andy mischte sich ein: »Keine Sorge, wir kommen da rauf.«

In der Hoffnung, ausschlafen zu können, krochen Jim, Lou und ich früh in unsere Schlafsäcke. Doch wegen der Höhe und der beengten Verhältnisse schliefen wir nicht besonders gut.

Lou und Jim am Morgen nach der Gipfelbesteigung bei den Abstiegsvorbereitungen in Lager IV.

Um 6 Uhr waren wir wach, und es war zu kalt und noch zu früh, um bereits abzusteigen. Noch im Schlafsack beugte Jim sich vor und zündete den Kocher an. Nach einem kleinen Frühstück mit einigen Tassen dampfendem Tee zogen wir uns an und verließen das Zelt, um zu packen. Jim und ich trugen keine Handschuhe. Unsere Wollfäustlinge waren am Vortag nass geworden und nun steif gefroren. Wir drückten sie an den Körper, sortierten unsere Ausrüstung und warteten darauf, dass die Sonne unser kleines Nest wärmte. Das Wetter war wunderschön.

Ich fror zu sehr, als dass ich lange hätte warten wollen, deshalb hakte ich meine Karabinerbremse in das erste Seil, machte ein paar Schnappschüsse und stieg ab. Jim folgte, sobald das Seil locker wurde. Am Ende eines jeden Seils wartete ich, um Fotos von Jim beim Abseilen zu machen und um mich zu vergewissern, dass es ihm gut ging. Lou stieg direkt hinter ihm ab. Am Zuckerfeld wartete ich eine halbe Stunde auf Jim, der langsam und vorsichtig herunterkam. Ich stopfte hundert Meter Neun-Millimeter-Seil und einen Beutel Klettermaterial, den ich an dem Standplatz gefunden hatte, in meinen Rucksack, um beides ins Lager III mitzunehmen, und stieg den Rest des Vorsprungs ab, sobald ich Jim um die Ecke kommen sah.

Zwei Stunden nachdem wir Lager IV verlassen hatten, kamen Jim und ich am Fuß des Vorsprungs an. »Wir sind unten!« Wir packten einander an den Armen. »Auf den ersten Seillängen konnte ich meine Hände und Füße nicht spüren – ich dachte schon, ich würde sie verlieren«, erzählte mir Jim. Wir ruhten uns im Schnee und der warmen Luft aus und warteten auf Lou.

»Ich frage mich, wo Devi, Andy und Peter bloß sind?«, sagte Jim.

Auch ich war verwundert. »Auf dem Dhaulagiri hätte jemand den Weg bis hierher freigelegt, um uns zu begrüßen. Normalerweise ist jemand da…«

»Erst bitten sie uns, unsere Ausrüstung im Lager zu lassen, weil sie raufsteigen wollen, und dann kommt noch nicht mal jemand bis hierher. Ich verstehe nicht, warum uns nicht wenigstens jemand hier abholen kommt – sie wissen doch, dass wir müde sind.«

Lou kam das letzte Seil herunter und legte seine Steigeisen ab. Auch er war enttäuscht darüber, das zweite Team nicht zu sehen. Da er uns überredet hatte, unsere Ausrüstung zurückzulassen, weil die anderen darum gebeten hatten, fühlte er sich jetzt verantwortlich. Etwa fünfzig Meter vor Lager III befand sich die vereinzelte Spur von jemandem, der sich morgens aus dem Lager herausgewagt hatte, dann jedoch umgekehrt war. Jim standen Tränen in den Augen. Kurz vor dem Lager hinter einer Anhöhe hielten wir, um uns zu sammeln.

Im Lager kamen Kiran und Nirmal aus ihrem Zelt gerannt und begrüßten uns herzlich. Dann tauchten John Evans und Peter auf, um uns zu gratulieren. Die anderen waren allerdings reservierter. Zwar wurden die richtigen Worte ausgesprochen, aber dennoch fiel die Begrüßung sehr kühl aus. Im Vergleich dazu war die Luft ziemlich warm. Alle versammelten sich in der Sonne, um über die Route und die kommenden Tage zu sprechen. Devi reichte einen Topf Limonade herum.

»Warum ist heute keiner raufgegangen?«, erkundigte ich mich, nachdem wir uns gesetzt hatten.

»Es sah aus, als würde das Wetter schlechter«, meinte Andy.

»Aber es war doch den ganzen Morgen toll!«

»Aber ganz früh am Morgen sah es schlecht aus. Über dem Nanda Devi hing eine große, schwarze Wolke«, stellte er beharrlich fest. Später erzählte Andy Lou, dass ihre Entscheidung gegen den Aufstieg dadurch bestärkt worden war, dass Devi sich nicht gut gefühlt hatte. Willi und die anderen sprachen davon, am nächsten Tag zum Lager IV aufzusteigen.

»Wer ist im zweiten Team, Willi?«, erkundigte ich mich in der Hoffnung, die Besetzung wäre geändert worden.

»Devi, Andy und Peter.«

Ich hegte große Zweifel: »Willi, ich werde Klartext reden.«

»Ja, John, dachte ich mir, dass du das tun würdest«, sagte Willi mit einem freundlichen Lächeln.

»Ich finde, dass Devi nicht da raufgehen sollte, und Andy auch nicht, wenn er immer noch diesen Husten hat. Devi«, ich sah sie an, »du hast einen Leistenbruch, der dir Probleme machen könnte, einen schlimmen Husten, den du seit Beginn der Expedition nicht losgeworden bist, und du hast jeden zweiten Tag irgendwelche Magenprobleme gehabt. Ich glaube, es gibt hier stärkere Leute, die raufgehen sollten – Nirmal zum Beispiel, oder Evans. Willi könnte mit Peter gehen. Aber weder du bist akklimatisiert noch Andy.«

Sie sahen alle durch mich hindurch, als wäre ich ein Geist.

»Das war's. Ich habe alles gesagt, was ich zu sagen habe.«

Eigentlich rechnete ich damit, dass mir Jim oder Lou zur Seite springen würden, doch sie sagten keinen Ton. Ich war der Einzige, der aussprach, was ich für ein ernstes Problem hielt.

Devi zeigte mir ihre Wut durch eine gezielte Spitze. Im Basislager hatte Jim aus gesundheitlichen Gründen alle gebeten, sauberes Besteck oder einen Kräcker zu benutzen, um die Erdnussbutter aus dem Behälter zu löffeln. Devi fand diese Regel lächerlich, befolgte sie aber. Jetzt bat sie um den Eimer mit der Erdnussbutter und öffnete ihn. Dann stieß sie die Finger tief in den Eimer, holte einen Klumpen Erdnussbutter heraus und wedelte damit in meine Richtung. »So machen wir das in Lager III«, schnauzte sie und leckte sich die Finger ab.

Einige Minuten später kam Willi zu mir herüber, und wir unterhielten uns allein. »Ich finde einfach, sie sollte nicht raufgehen, Willi.«

»Tja, John, was kann man da als Vater tun?«

»Ich weiß nicht.«

»Was würdest du tun, wenn sie deine Tochter wäre?«

»Ich weiß nicht, Willi... sie ist es nicht.« Damit war unser Gespräch beendet.

Ich packte weiter aus, und Willi kehrte zu seinem Zelt zurück, um eine Karabinerbremse für den nächsten Tag vorzubereiten, damit er auf dem Vorsprung helfen konnte. Alle anderen waren in ihren Zelten verschwunden. Ich ärgerte mich über Lou und Jim, weil sie mich nicht unterstützt hatten, obwohl sie, wie ich wusste, meiner Meinung waren. Ich wollte wissen weshalb. Lou war in John Evans' Zelt. Ich kroch hinein und legte mich neben ihn.

»Warum hast du mir nicht geholfen?«

»Ich nehme an, ich hätte das tun sollen«, erwiderte Lou, konnte es aber nicht erklären.

Jim fand ich auf einer Matte ausgestreckt in seinem Zelt. Bislang hatte uns niemand Schlafsäcke für die Nacht angeboten.

»Jim, warum hast du nichts gesagt? Du weißt, dass Devi gesundheitliche Probleme hat. Auf mich werden sie nicht hören.«

»Ich glaube nicht, dass der Leistenbruch ein so großes Problem ist«, sagte er schulterzuckend. »Ich habe sie bisher noch nicht untersucht, aber ich werde das später noch tun. Im Moment habe ich keine Daten, auf die ich mich stützen kann.«

Da Jim von meiner Fragerei immer verstimmter wurde, ließ ich das Thema fallen. Niemand wollte sich mit Willi streiten; Dibrugheta und Martys Abtransport waren schlimm genug gewesen.

Unterdessen erschien Peter vor unserem Zelt und beugte sich hinein: »Hört mal, wollt ihr meinen Schlafsack haben? Ich würde ihn euch gerne überlassen.«

Bei diesem Angebot kamen uns fast die Tränen. Ich sah Peter mittlerweile mit anderen Augen. »Danke, Peter, aber du wirst einen guten Schlaf brauchen, wenn du es morgen schaffen willst.

Willi in Lager III.

Wir kommen mit Daunenhosen und -mänteln klar«, sagte Jim. »Wenn du uns die leihen könntest?«

»Klar, ich bring sie euch.« Er wandte sich ab, um zu gehen.

»Warte«, rief ich spontan. »Ich hab noch eine amerikanische Flagge für dich... sieh zu, dass du sie auf den Gipfel bringst, ja?«

»Danke, John«, sagte er lächelnd. »Sie wird ankommen.«

Am Nachmittag untersuchte Jim in Willis Anwesenheit kurz Devis Leistenbruch. »Wenn sie raufgeht, könnte es Komplikationen geben«, stellte er fest. »Wenn sich der Bruch einklemmt und sie Schmerzen im Bauch bekommt, dauert es etwa zwei Stunden, bis der Darm abstirbt, und bis zu zwei Tagen bis der Patient stirbt.« Devi und Willi akzeptierten das.

Ohne eigene Autorität und ohne die Unterstützung von Willi, dem Expeditionsleiter, konnte Jim sie lediglich warnen. »Ich fand es unnötig, zu zetern und zu schreien«, erklärte er mir später. »Ich wusste ja, dass Willi nicht auf meinen Rat hören würde, obwohl ich ihm gesagt hatte, ich fände, Devi sollte nicht aufsteigen. Er hatte sich ja schon bei Martys medizinisch eindeutigen Problemen in Dibrugheta geweigert, auf meinen Rat zu hören. Und Devis Leistenbruch war keine eindeutige Sache; er war bloß problematisch.«

Den restlichen Nachmittag verbrachten wir damit, viel zu trinken und das Abendessen zu verspeisen, das Devi zubereitete. Für die Nacht packten Jim und ich uns dick in Daunenmäntel und -hosen ein. Lou hatte seinen Schlafsack zum Trocknen mit heruntergebracht, da in der letzten Nacht in Lager IV seine Urinflasche darin umgefallen war. Es war ein gutes Gefühl, sich nicht noch einmal auf die Seile verlassen zu müssen, und wir schliefen ein.

Am 3. September war es wärmer als gewöhnlich, und das Wetter sah vielversprechend aus. Der Pulverschnee quietschte unter ihren Stiefeln, als Andy und Devi zum Vorsprung aufbrachen. Peter war früher losgegangen und nur noch als Punkt auf dem Kamm erkennbar. Willi, Kiran, Nirmal, Evans und Jatendra folgten den dreien, um hinter dem zweiten Gipfelteam das Aufsteigen mit der Steigklemme zu üben. Für Willi und die Inder war diese Technik neu; John Evans, der mit Steigklemmen bereits Erfahrung hatte, wollte ihnen ein paar Tipps geben.

Lou, Jim und ich schliefen noch in unseren Zelten. Das erste Mal seit Tagen konnten wir uns ausruhen; wir mussten den Vorsprung nicht noch einmal besteigen. Trotzdem machte ich mir Sorgen um die anderen, weil ich die Schwierigkeiten kannte, die ihnen bevorstanden, und auch den schlechten Zustand der Fixseile. Sogar der Gedanke daran, dass an den unteren Seilen geübt wurde, machte mich nervös. Der Vorsprung und die oberen Hänge des Nanda Devi waren von vorbeiziehenden Wolken verhüllt, dennoch konnten wir das Fortkommen des zweiten Gipfelteams anhand ihrer Zurufe verfolgen. Die beiden Gruppen schienen viel Zeit mit Reden zu verbringen. Jim, Lou und ich verbrachten einen gemütlichen Tag, wir aßen, ruhten uns aus und hörten den Kletterern zu.

Jatendra, der einzige IMF-Schüler, der Lager III erreicht hatte, kehrte als erster, erschöpft von dem Marsch vom Vorsprung, ins Lager zurück. Willi, Kiran, Nirmal und Evans trafen einige Stunden später kalt und müde wieder ein. Das Üben an den Seilen war nicht so gut gelaufen. Willi und John hatten ihnen zwar gezeigt, was sie konnten, aber sowohl Kiran als auch Nirmal waren zu langsam gewesen, um das Zuckerfeld zu erreichen. Jim bereitete den zurückkehrenden Bergsteigern heiße Getränke zu und Lou und ich kochten das Abendessen.

»Wo hast du das zweite Team zuletzt gesehen, Willi?«, erkundigte sich Lou.

»Andy war direkt hinter Devi. Sie waren ungefähr bei dem Schneefeld«, meinte Willi. »Sie kamen langsam voran.«

Zu unserer verabredeten Zeit um 18 Uhr kam keine Funkverbindung zustande, und auch um 19 Uhr versuchten wir es erneut erfolglos. Zwischen den Zelten flogen die Spekulationen hin und her, was wohl passiert sein mochte. Keiner erwähnte die Möglichkeit, dass die Seile gerissen waren, aber wir dachten alle daran.

Um 20.30 Uhr ertönte Peters Stimme über das Funkgerät aus Lager IV. Er klang schwach und war wahrscheinlich unterkühlt.

»Gut, Peter«, meinte Willi. »Hast du Devi oder Andy gesehen?«

»Ich hab sie das letzte Mal um halb fünf am Zuckerfeld gesehen. Sie sind mir gefolgt, aber nur langsam. Seitdem hab ich gekämpft, um bis hierher zu kommen. Es war hart.«

»Wir wollen halbstündigen Funkkontakt, bis sie da sind, verstanden?«, legte Willi fest. »Bleib dran – Jim will mit dir sprechen.«

»Mach dir Milch mit Zucker warm, Peter«, wies Jim ihn an. »Wir haben etwas in dem Topf im Vorzelt zurückgelassen.«

Um 21 Uhr meldete Peter sich wieder. Bislang war niemand aufgetaucht, aber man hörte seiner kräftigeren Stimme an, dass sich sein Zustand eindeutig gebessert hatte.

Willi machte sich Sorgen. Er ging hinaus, um Devi zuzujodeln, ihre persönliche Form der Kommunikation. Seine Stimme hallte glockengleich durch die kalte Luft, wurde aber nur von der Stille erwidert. Dann hörten wir Devis ferne, hohe Antwort. Ihre Stimme kippte leicht über; sie lebte noch.

Andy kam um 23 Uhr kalt und von Schnee bedeckt in Lager IV an und drängte sich zu Peter ins Zelt. Bis zum Zuckerfeld war er hinter Devi geblieben und hatte dort vorgeschlagen umzukehren, aber Devi hatte seinen Vorschlag nicht ernst genommen. Andy war direkt vor Devi geblieben, um sie im Auge zu behalten. Sie war in langsamem, doch gleichmäßigem Tempo aufgestiegen. Direkt unter dem Kamm am Ende der Rinne hatte er sie dann verlassen und den Rücken erreicht. Devi hätte direkt hinter ihm sein müssen.

Kurz vor Mitternacht glaubte Lou, jemand vom Vorsprung rufen zu hören. Es klang wie »Lager III, Lager III!«, aber er war nicht sicher. Jim ging in die klare Sternennacht hinaus und leuchtete mit seiner Stirnlampe zum Vorsprung hinüber, aber es kam keine Antwort.

»Lager III, Devi ist hier!«, gab Peter schließlich durch.

Devi war fünf Meter unterhalb des Rückens steckengeblieben, an der Stelle, an der wir alle Schwierigkeiten gehabt hatten. Weil sie sich in ihrer Erschöpfung weder vor noch zurück hatte bewegen können, hatte sie um Hilfe gerufen. Wir hatten sie verstanden, aber Peter und Andy, die nur zehn Meter entfernt auf dem Vorsprung waren, hatten nichts gehört. Dann war Andy noch einmal zur Kante zurückgekehrt, weil er sich Sorgen machte, wo sie so lange blieb, hatte sie rufen hören und ihr hinaufgeholfen. Endlich waren die drei zusammen und in Sicherheit. Es war 2 Uhr, als sie sich schlafen legten. »Es gab viele unheilvolle Vorzeichen … ein völlig planloser Start, schlechtes Wetter, und Devis Leistenbruch trat heraus«, schrieb Lou über ihren Aufstieg in sein Tagebuch. Bisher hatten sie Glück gehabt.

Am nächsten Tag, dem 4. September, sollte ich zum Basislager absteigen und von dort einen Träger nach Lata schicken, damit er die restlichen Träger holte, die wir zum Verlassen des Bergs brauchen würden. Da einer von uns gehen musste, war es nahe liegend, dass ich derjenige war. Jim als Arzt würde bei der Hauptgruppe bleiben, bis alle wieder unten waren. Lou schwankte, ob er bleiben sollte, um dem Gipfelteam zu helfen, oder ob er in die USA abreisen sollte, um bei der Geburt seines nächsten Kindes bei seiner Frau zu sein. Wir nahmen an, dass in den nächsten drei oder vier Tagen alle den Gipfel erreichen würden, wenn alles glatt ging. Das zweite Team war schon unterwegs und die Inder mussten nur noch ihre Steigklemmentechnik verbessern, um einen oder zwei Tage später folgen zu können.

»Wir werden heute nicht weitergehen«, teilte Andy uns am Morgen über Funk mit. »Wir brauchen alle einen Tag Pause, wir sind ziemlich kaputt.«

»Wie geht es Devi?«, fragte Willi.

»Erschöpft, aber okay. Sie hat gestern beim Aufstieg ihre Mütze verloren, aber wir lassen uns was einfallen.«

Ich kochte zum Frühstück Milchreis, füllte meine Wasserflasche und packte für meinen Aufbruch. Willi gab mir letzte Instruktionen: wie viele Träger gebraucht würden und wo das Geld in Lager I versteckt war. Es war einer der schönsten Tage der Expedition, und schon um 8.30 Uhr war die Luft angenehm warm. Evans und ich stapften ein Stück durch den tiefen Schnee über den Kamm, um den Vorsprung und die oberen Hänge des Nanda Devi zu fotografieren. Von einer Stelle auf dem Kamm konnten wir Nanda Devi East sehen. Nachdem ich mich verabschiedet hatte, stieg ich allein zum Basislager ab. Die Seile lagen tief unter einer schweren Schneekruste begraben. Jeder Schritt abwärts führte zu einem schwierigen Tauziehen mit dem Seil, das ich aus dem eisigen Griff des Bergs befreien musste. Immer wieder wurde ich von meinem schweren Gepäck, das aus persönlicher Ausrüstung und Eisklettermaterial bestand, aus dem Gleichgewicht gebracht. Ich kam beinahe ebenso langsam voran wie beim Aufstieg.

Lager II war schon nach bloß drei Tagen ein Trümmerfeld: Eines der Zelte war unter dem gefallenen Schnee zusammengebrochen, die anderen waren in keinem besseren Zustand. Ich durchsuchte mehrere offene Proviantbeutel, fand aber lediglich gerösteten Mais und Kräcker. Die Sonne war inzwischen mörderisch und brannte auf das Schneefeld und auf mich herunter. Ich zog ein paar Kleidungsstücke aus und legte die Steigeisen ab, die sich nur mit Schnee verstopften, dann kletterte ich weiter zu Lager I hinunter. Seillänge um Seillänge stieg ich im Zickzackkurs ab und zerrte an den Seilen, um sie aus der Schneekruste zu ziehen. Weil der Arm, mit dem ich an den Seilen zog, inzwischen völlig kraftlos war, nutzte ich mein Körpergewicht, um das Seil frei zu bekommen.

Lager I lag verlassen und still da, Zeltöffnungen flatterten im Wind, Proviantbeutel waren aufgerissen, der Inhalt verstreut. Es war schon eine ganze Weile niemand mehr da gewesen. Ich fand Jims Film, nicht aber den Beutel mit der Expeditionskasse. Bei gleichbleibenden Schneeverhältnissen stieg ich weiter ab. Am Ende der Fixseile schlidderte und stapfte ich durch Lawinenschutt bis kurz über dem oberen Basislager. Vor drei Wochen war noch kein Schutt da gewesen, und ich war beeindruckt, was sich da angesammelt hatte.

Ich ließ mich über einen kleinen Felsen ab und umrundete den Hügel in der Erwartung, ein lebhaftes Lager mit einigen Hochgebirgsträgern vorzufinden, aber das war ein Irrtum. Vor mir standen die geisterhaften Skelette von drei Zelten. Nur die Stangen standen noch; klugerweise hatte man die Nylonplanen abgenommen, solange das Lager leer war, damit sie nicht von den Windstößen der Lawinen umgeblasen würden. Wie ein Kriegsflüchtling durchstöberte ich das Lager nach Lebensmitteln und den Überresten der Besitztümer, die ich einen Monat zuvor dort zurückgelassen hatte. Alles war nass und schmutzig. Raben pickten in den Müll- und Proviantbeuteln herum und zerpflückten die Acht-Tages-Pakete.

Der Berg war ruhig, das Lager geisterhaft; ich hatte mich noch nie so unbedeutend gefühlt. Beim Durchwühlen einer offenen Kiste fand ich eine zwei Monate alte Ausgabe der »Newsweek«, die ich von vorne bis hinten durchlas. Dann durchsuchte ich meine Ausrüstung nach persönlichen Dingen und dem belichteten Film, den ich zurückgelassen hatte, und holte das Klettermaterial aus meinem Rucksack, um Platz zu schaffen. Es war fast so schön wie Weihnachten, Dinge wiederzufinden, von denen ich vergessen hatte, dass es sie gab.

Es war bereits 14 Uhr, aber ich entschied mich, weiter abzusteigen und den Gletscher zum Gratlager zu überqueren, weil das obere Basislager zu deprimierend war. Vor der Überquerung des Gletschers fürchtete ich mich. Als ich am Gletscherrand ankam, ließ mich mein Rucksack tief in den Schnee einsinken. Ich zögerte kurz, dann folgte ich einigen mehrere Tage alten Spuren, bis sie unter Tonnen von Lawinenschutt verschwanden. Ich beeilte mich nicht. Es hieß jetzt oder nie, und ich wollte nicht zu schwer atmen oder kalte Luft einziehen. Nach zehn Minuten war ich drüben, und ich hoffte, diese Stelle nie wieder überqueren zu müssen.

Rasch durchquerte ich das Gratlager. Nur ein paar defekte Kisten erinnerten noch daran, dass wir vor einigen Wochen hier gewesen waren. Ich hielt mich an der Seite eines weiteren Hangs voller Lawinenschutt und überquerte dann die mit Lawinenschnee gefüllte Rinne, in der einmal der Bach geflossen war. Eine Stunde später überquerte ich auf einer immensen Schneebrücke den Rishi. Die Gefahr war überstanden: Ich war unten.

Kurz vor dem Lager kamen mir Dharamsingh, Kesharsingh und Balbirsingh am Bach entgegen. Sie lächelten und halfen mir freundlich hinüber. Tränen stiegen mir in die Augen, als ich sie sah.

»Oben, Sahib?«, wollte Dharamsingh aufgeregt wissen.

»Ja, ja, ganz oben!«, antwortete ich gestikulierend. Sie schüttelten mir die Hand und bestanden darauf, mir den Rucksack von meinen müden Schultern zu nehmen. Ich spürte, dass sie an unserem Erfolg Anteil nahmen. Es war schön, wieder bei ihnen zu sein. Dieser Abend in ihrer Gesellschaft war einer meiner schönsten in Indien.


Jim und Lou genossen einen entspannten Tag in Lager III, und auch Willi, Evans, Kiran und Nirmal verbrachten den Tag im Lager und ruhten sich aus, weil sie beabsichtigten, am nächsten Tag zu Lager IV aufzusteigen. Willi war immer noch nicht sicher, ob die Inder mit den Steigklemmen zurechtkommen würden, und beschloss, am nächsten Morgen früh aufzubrechen.

Da Lou sich immer noch Sorgen um seine Frau Kathy machte, überredete Jim ihn, am nächsten Tag nach Hause aufzubrechen. Es gab keinen Grund, weshalb Lou bleiben musste; Jim würde seine Aufgaben übernehmen.

Auch an diesem Tag hatte niemand Lager IV verlassen. Während des Funkgesprächs am Nachmittag befragte Jim Devi nach ihrem Leistenbruch und nach möglichen Krankheitssymptomen. Sowohl Lou als auch Jim fanden, dass sie lieber nicht weiter aufsteigen sollte. Jim ließ sie auch wissen, dass er sich sorgte.

»Willi, ich habe ihr bloß geraten runterzukommen«, sagte Jim. »Ich habe es ihr nicht befohlen.«

»Ich bin froh, dass du es dabei belassen hast«, antwortete Willi.

Am 5. September standen Peter, Devi und Andy noch vor der Dämmerung auf und zogen sich an. Es war teilweise bewölkt, und ein Wind kam auf. Devi war immer noch lethargisch und litt ein bisschen unter Durchfall. Sie entschied sich, noch einen Tag abzuwarten, oder mit Willi auf den Gipfel zu steigen. Andy sagte, er sei müde, und entschied sich, bei Devi zu bleiben. Peter wollte zumindest ein Stück gehen. Er musste jetzt einen Versuch unternehmen, selbst wenn er es allein tun musste. Es sollte der letzte Gipfelversuch dieser Expedition werden.

Peter kämpfte hart und überwand die größten Schwierigkeiten des oberen Bereichs, kehrte aber kurz unter dem Felsband wieder um. Das Wetter hatte sich während des Kletterns erheblich verschlechtert, und es begann zu schneien. Infolge der Höhe und des tiefen Schnees war er so erschöpft, dass er beim Abstieg ausrutschte und auf den Abgrund an der Nordwestwand zuschlitterte. Wundersamerweise blieb er jedoch nach zehn Metern liegen, obwohl er seinen Eispickel verloren hatte. Nachdem er den Pickel wiedergefunden hatte, setzte Peter seinen Abstieg vorsichtiger fort und erreichte am Nachmittag Lager IV. Dort zog er sich in die Sicherheit des Zelts zurück, in dem er, Devi und Andy ihre dritte Nacht in 7300 Metern Höhe verbrachten.

Willi, Kiran, Nirmal und Evans in Lager III hatten einen ähnlich schweren Tag am Vorsprung gehabt. Unser drittes Gipfelteam war um 6 Uhr wach und sah die gleichen Sturmwolken im Süden, entschied sich aber, den Aufstieg auf den Vorsprung dennoch zu versuchen. Nachdem Jim sie mit einem heißen Frühstück versorgt hatte, brachen die vier zu den Seilen und Lager IV auf. Jim und Lou stiegen derweil ab; Jim, um Lebensmittel aus Lager III zu holen, und Lou, um nach Hause abzureisen. Jim kehrte langsam zum Lager zurück und erreichte den Kamm in einem Schneesturm. Während des restlichen Tages ruhte er sich aus, bereitete sich Getränke zu und hörte den Kletterern am Vorsprung zu, die diskutierten, ob sie den Aufstieg fortsetzen oder umkehren sollten.

Um 21 Uhr trotteten die vier Kletterer ins Lager. Erneut waren Nirmal und Kiran zu langsam gewesen, und deshalb war es klüger gewesen abzusteigen, als zu versuchen, Lager IV zu erreichen. John Evans, ein für gewöhnlich gelassener und introvertierter Mensch, war wütend. »Willi hat wissentlich das ganze Team überfordert«, erzählte er Jim. »Wir waren wirklich in Gefahr.«

Alle Kletterer waren unterkühlt, insbesondere Evans, und Jim drängte sie, zu essen und trinken. Laut Evans konnten sie froh sein, dass sie es lebend zum Lager zurück geschafft hatten.

Für mich war der 5. September ein ruhiger Tag. Ich schickte alle Träger zum oberen Basislager, bis auf Dharamsingh, der in Lata mehr Träger holen sollte, sowie einen kranken Träger namens Tesh. Ich badete früh, lange bevor die wärmende Sonne das tiefe Tal erreichte, und spazierte dann über die Wiesen. Die Geräusche und Gerüche des Tals erfreuten meine Sinne. Es war eine andere Welt.

Im oberen Sanctuary war der Herbst eingezogen. Die Vegetation, die den durch das Lager fließenden Bach säumte, war von Raureif bedeckt. Die leuchtenden Pflanzen und Blumen, die das Bild im August dominiert hatten, waren verblasst und verwelkt. Ich spazierte über einen Schafspfad oberhalb des Lagers und dachte über die Expedition nach. Die Mannschaft war nie eine Einheit gewesen, weder in den Staaten noch hier auf dem Berg. Von Anfang an hatten uns unterschiedliche Philosophien und Ansichten getrennt, und unter diesen Umständen erschien mir der Erfolg noch süßer. Aber ich machte mir große Sorgen um diejenigen, denen der Gipfelversuch noch bevorstand. Kiran bereitete mir Sorgen, weil er so unvernünftig war, wenn es darum ging, das Gesicht zu wahren. Ich wusste, dass er technisch unerfahren war. Seine Hartnäckigkeit konnte ihn und die anderen auf dem Vorsprung in Schwierigkeiten bringen.

Um Devi machte ich mir jetzt, da sie den schwierigen Teil des Vorsprungs überwunden hatte, weniger Sorgen. Allerdings nahm ich an, dass sie aufgrund ihrer Durchfallerkrankung und des Leistenbruchs nicht weiter als bis Lager IV kommen würde. Willi hatte gesagt, dass sie immer unter ungewöhnlich vielen Magenproblemen gelitten hatte und deshalb ihr eigenes Antazidum dabei hatte. Vielleicht konnte sie ihr Unwohlsein lange genug verbergen, um den Gipfel zu besteigen.

Mein Tag im Basislager verging schnell. Ich war mir sicher, dass bei diesem guten Wetter jemand an dem Nachmittag den Gipfel erreicht haben musste, auch wenn es um die Spitze etwas windig aussah. Ich hoffte, dass sie Auf- und Abstieg schnell hinter sich bringen würden, damit wir nach Hause fahren konnten.

Früh am nächsten Morgen, dem 6. September, spazierte ich den Hügel über dem Basislager hinauf, um den Nanda Devi zu fotografieren. Wolken rasten am Gipfel vorbei, und es sah sehr windig aus. Als ich mittags zurückkehrte, war Lou im Basislager. Wir wünschten uns gegenseitig Erfolg, und er marschierte, mit so viel Gumperts-Getränkepulver und *Chapatis* beladen, wie Tesh und ich ihm geben konnten, weiter nach Pathal Khan. Er hatte nichts von den anderen in Lager IV gehört, nahm aber an, dass sie den Gipfel erreicht hatten. Den restlichen Tag wurde ich von zwei Japanern unterhalten, die im Sanctuary waren, um eine Route auf der Nordostseite zu erkunden, die schließlich ebenfalls auf den Nordgrat traf und unseren Vorsprung hinaufführen sollte. Es war eine schwierige und großartige Route, falls sie ihnen gelingen sollte. Leider schafften sie es nicht.

In Lager III und Lager IV waren um 6.30 Uhr alle auf den Beinen. Devi meldete sich wie verabredet über Funk bei Willi und Jim.

»Ich komme allein hoch«, verkündete Willi. »Kiran und Nirmal waren gestern zu langsam. Bei einem Versuch mit den Steigklemmen hat Kiran sogar irgendwann einmal kopfüber hinunter gehangen.« Kiran und Nirmal konnten sich nicht entscheiden, was sie tun sollten. Kiran dachte daran, wie Willi allein zu Lager IV aufzusteigen, aber Nirmal wollte eigentlich absteigen. Später, von Kiran unter Druck gesetzt, änderte Nirmal seine Meinung.

Evans war unentschlossen. Er fühlte sich sehr lethargisch und hatte die letzten 24 Stunden durchgeschlafen. Jim vermutete, dass das an der Erschöpfung und Unterkühlung des vergangenen Tages lag. Er konnte nicht ahnen, dass Evans eine Hepatitis bekam. Später entschied sich Evans abzusteigen, weil er Kiran und Nirmal nicht den Vorsprung hinauf und zum Gipfel führen wollte. Willi brach kurz nach dem Frühstück zu Lager IV auf.

Die drei Bergsteiger in Lager IV blieben auch an diesem Tag wieder im Lager. Peter war erschöpft von seinem Alleingang und brauchte die Erholung. Andys Verlangen, den Gipfel zu besteigen, hing mittlerweile allein von Devi ab; er würde tun, was immer sie entschied.

Andy hatte in den Wochen auf den oberen Hängen des Nanda Devi um Devis Hand angehalten, und Willi hatte ihnen seinen Segen gegeben. Nach ihrer Rückkehr wollten sie einen Hochzeitstermin festsetzen. Wir anderen wussten nichts von ihrer beabsichtigten Heirat. Sie wussten nicht, wie wir reagieren würden, und es war ihnen eigentlich auch egal. Die Verlobung war ihr

Geheimnis und ihr Trost während der schwierigen Zeit auf dem Berg.

Für Andy war der Berg zweitrangig geworden, denn seine Liebe zu Devi ließ seine bisherigen Ziele in den Hintergrund rücken. Bevor sie auf den Vorsprung aufgestiegen waren, hatte Andy zu Devi gesagt, dass kein Berg das Risiko wert sei und dass er sie »in Watte packen wolle«. Darüber mussten beide lachen, und sie waren sich einig, dass Devi das weder wollte noch brauchte. Sie versprach, ihm sofort zu sagen, wenn sich auch nur das kleinste Problem andeutete.

An jenem Morgen holte Andy das Seil unter Lager IV ab. Weil Devi sich, wie immer seit ihrer Ankunft, lethargisch fühlte, unternahmen sie einen kleinen Test, um zu sehen, wie kräftig sie war. Devi kletterte ungefähr zehn Meter aus dem Lager, ruhte sich dann aus und kam zurück. Devi war ohne erkennbaren Grund einfach erschöpft. Sie hatte an diesem Morgen zwar noch Durchfall, aber ansonsten schien es ihr gut zu gehen, solange sie nicht kletterte.

Bei dem Funkgespräch um 14 Uhr teilte Jim Lager IV mit, dass Willi unterwegs war und deshalb eine zweite Zeltfläche ausgehoben werden sollte. Da Jim wusste, wie stoisch Devi mit ihren Krankheiten war, drängte er sie: »Devi, was verschweigst du mir?«

»Ich verschweige dir gar nichts«, erwiderte sie daraufhin. »Ich habe keine Schmerzen.« Später am Tag entschieden Andy, Peter und Devi, dass sie absteigen sollte. »Es gab keine Anzeichen dafür, dass die Zeit drängte, sie war lediglich matt und litt unter Durchfall«, erzählte Andy später. Andy und Peter ebneten eine Fläche ein, aber der Wind hinderte sie daran, ein Zelt aufzustellen. Weil Willi unterwegs war, beschlossen sie, Devi an diesem Nachmittag nicht mehr hinunterzubegleiten.

Willi traf gegen 19 Uhr ein. Obwohl er noch nie in seinem Leben Steigklemmen benutzt hatte, hatte er doch gerade einen der schwierigsten Aufstiege, die einem Bergsteiger begegnen können, damit bewältigt. Willi, Peter und Andy entschieden sich, am nächsten Morgen zum Gipfel aufzusteigen, und danach Devi nach unten zu bringen. In dieser Nacht musste Devi stark schwefelig aufstoßen und klagte, dass sie sich kalt und klamm fühle.

Starker Wind und Schnee hielten die vier am 7. September im Lager fest, so dass sie keine andere Wahl hatten, als den Sturm auszusitzen. Sie machten das Beste aus der Situation und kochten sich warme Mahlzeiten und Getränke, um gesund zu bleiben. Devis Bauch war empfindlich und leicht angeschwollen, aber der Leistenbruch schien an Ort und Stelle zu sein. Außerdem aß und trank sie nach wie vor viel. Gegen Abend litt sie erneut unter starkem schwefeligen Aufstoßen und Durchfall. Die anderen beobachteten sie genau, sahen aber weiterhin keine Anzeichen für Eile.

»Sie sollte runterkommen«, erklärte Jim Willi am Abend. »Das hört sich für mich an, als würde sich irgendeine Darmkrankheit entwickeln.«

»Nein, sie hat Sodbrennen«, widersprach ihm Willi. »Jemand sollte morgen ein Antazidum raufbringen.«

Auch die Bergsteiger in Lager III mussten den schlechten Tag aussitzen. Nirmal hatte über Schmerzen im Bein und in der Brust sowie über Kurzatmigkeit geklagt, und Jim befürchtete eine Lungenembolie. Seine größte Sorge galt jetzt Evans, der verschiedene Symptome zeigte, die Jim nicht einordnen konnte. Am nächsten Morgen transportierte Jim mit Hilfe von Kiran und Jatendra beide Männer ab.

Auch am 8. September blieb das Wetter schlecht. Die Nacht in Lager IV war schwierig gewesen, denn das Zweimannzelt war sehr eng für die vier Personen, und Devis Zustand hatte sich deutlich verschlechtert.

Devi musste immer häufiger aufstoßen, und sie brauchte Hilfe, um sich aufzusetzen, was die einzige Haltung war, die sie einigermaßen bequem einnehmen konnte. Andy hatte Devis Bauch abgetastet, der jetzt stark angeschwollen war. Der Bruch hatte sich nicht verändert, aber sie hatte Schmerzen. Man besprach die Lage und entschied sich, Devi trotz des schlechten Wetters hinunterzubringen.

Devi stieß jetzt ständig auf, und ihre Wangen waren aufgebläht. Ihr Gesicht und ihre Lippen wurden bläulich. Wie Peter erzählte, sah sie um 10 Uhr sehr schlimm aus. Alle waren besorgt. Ihr Gesicht blähte sich immer mehr auf. Der heftige Sturm, der schlimmste seit unserer Ankunft im Sanctuary, verzögerte ihren Aufbruch bis zum Mittag.

Willi ging hinaus, damit die anderen sich anziehen und zum Abstieg bereit machen konnten. Devi saß am Ende des Zelts und versuchte, etwas Kakao zu trinken. Ihr Magen schmerzte entsetzlich.

Plötzlich wurde Devi kreidebleich. »Peter, fühl meinen Puls«, bat sie. Dann erklärte sie ruhig: »Ich sterbe.« Ihre Augäpfel verdrehten sich, sie kippte nach vorn und übergab sich.

Andy griff nach ihr und begann mit Mund-zu-Mund-Beatmung. Peter rief Willi ins Zelt zurück. Dieser übernahm sofort die Mund-zu-Mund-Beatmung, und dann versuchten sie zu dritt, Devi durch Herz-Lungen-Massage wiederzubeleben.

Willi erinnerte sich daran, dass ihre Lippen nach einer Viertelstunde kalt wurden und ihm in diesem Moment klar wurde, dass sie Devi verloren hatten. Trotzdem versuchten sie noch eine weitere halbe Stunde erfolglos, sie wiederzubeleben. Die drei Männer waren erschüttert. Devi war tot.

Sie nahmen einander zum Trost in die Arme, und ihre stumme Trauer erfüllte das Zelt. Was konnten sie mit Devis Leichnam tun? Ihn im Zelt zurücklassen? Ihn begraben?

»Nein«, entschied Willi. »Wir werden sie dem Berg übergeben, wie bei einer Seebestattung.«

Wie gelähmt zogen sich Willi, Peter und Andy fertig an. Ihre letzten Augenblicke mit Devi vergingen mit Umarmungen und Berührungen. Dann schlossen sie den Reißverschluss ihres Schlafsacks und die Schnur um die Gesichtsöffnung. Schließlich krochen sie in den tobenden Sturm hinaus

Sie zerrten den Körper ein Stück den Kamm hinauf, weg von den Fixseilen, damit Devis Überreste den Weg in das entlegenste Eisgrab des Nanda Devi finden konnten – die Nordostwand. Sie fielen auf die Knie und bildeten mit den Händen einen Kreis um ihren Leichnam. Schluchzend nahmen sie von der Kameradin Abschied, die eine so lebhafte Rolle in ihrem Leben gespielt hatte. Willi sprach die letzten Worte:

»Danke für die Welt, in der wir leben. Danke für diese Schönheit, die solchen Gefahren gegenübersteht... Danke.«

Die drei Männer zerrten Devi zur Kante der Wand. Mit einem entsetzlichen Stoß verschwand ihr Leichnam in den Eingeweiden des Sturms, im Berg der Göttin Nanda Devi.

»Wir betteten ihren Körper in sein eisiges Grab, damit er am Busen der seligmachenden Göttin Nanda ruht«, erklärte Willi später.

Kalt und erschöpft, ihre Urteilskraft durch die Trauer getrübt, wussten die drei Kletterer nur eines: Sie mussten Lager IV sofort verlassen.

Eine Stunde verging, bis sie gepackt hatten und zum Abstieg durch den tobenden Sturm bereit waren. Von Devis Sachen packte Willi nur das ein, woran er besonders hing. Peter und Andy stiegen zuerst ab. Alle hatten Schwierigkeiten damit, in die Rinne hinüberzuschwingen. Peter, der ohnehin schon emotional völlig fertig war, hatte das Gefühl, das Seil stranguliere ihn. Es schnürte ihn schließlich so stark ein, dass er dachte, er würde sterben.

Willi trieb sich über die Grenzen des Menschenmöglichen. Ich habe nie wieder einen so entschlossenen Menschen getroffen. Zwischendurch fragte er sich mehrfach, ob er überhaupt weitermachen wollte, aber er kämpfte doch immer wieder weiter. Die Querung von der Rinne zum Zuckerfeld wäre fast sein Ende gewesen. Sie war die schwierigste Stelle des Abstiegs, weil das Band sehr schmal war und das Seil dort nicht verankert war. Jeder Schritt auf dem zwanzig Zentimeter schmalen Band drückte den Kletterer von der Wand weg. Das Gleichgewicht zu halten war entscheidend.

Da rutschte Willi von dem Band ab und schnürte sich ein. Er wusste, dass er um sein Leben kämpfte. Ihm blieb nur eine Möglichkeit, um zu überleben: Er musste seinen Rucksack loswerden und damit auch die Andenken an Devi. Mit großer Mühe gelang es ihm, den Rucksack in das Seil zu hängen, sich Hand über Hand zu dem Haken zu hangeln und in Sicherheit zu ziehen. Er riss sich von dem Quergang los und stieg weiter ab. An einer Stelle verlor er einen Handschuh, und infolgedessen erfroren mehrere seiner Finger. Irgendwie brachte er seine Karabinerbremse an jeder Abseilstelle wieder richtig an und folgte Peter und Andy die Seile hinunter in die schwarze Dunkelheit. Irgendwann abends erreichten alle drei den Fuß des Vorsprungs. Erschöpft und halbtot kamen sie um 22 Uhr im Lager an.

Die vier Sahibs waren mit dem Träger zum oberen Basislager abgestiegen. Kiran und Jatendra begleiteten Nirmal, der Schmerzen in der Brust hatte, und Jim blieb bei Evans, der inzwischen lethargisch und langsam war. Er zeigte die Symptome einer Hepatitis und musste schnell absteigen.

Bis spät in die Nacht gab es keinen Funkkontakt zwischen den beiden Gruppen, bis Andy, Peter und Willi schließlich Jim im oberen Basislager riefen. Erst da erfuhren die anderen Teammitglieder von Devis Tod.

»Ihr bleibt morgen besser im Lager und ruht euch aus«, riet Jim. Schwach fügte er hinzu: »Es tut uns allen schrecklich Leid, Willi.«

# Vierzehn

Unten im Basislager machte ich mir Sorgen, weil schon längst jemand dort hätte eintreffen müssen. Ich war mir sicher, dass Kiran zu weit gegangen war und sich selbst oder einen anderen verletzt hatte. Oder vielleicht war es auch Devi. Als am Abend des 10. September immer noch niemand im Basislager eingetroffen war, wusste ich, dass irgendetwas passiert war.

Deshalb schickte ich am Morgen des 11. September Surrendra mit einer Nachricht zum oberen Basislager, in der ich um eine Antwort von einem der Sahibs dort bat. Am Abend kehrte ein Träger mit einem Funkgerät und einer Nachricht von Willi zurück, die Anweisungen zum Funken um 18 Uhr enthielt; ich sollte mich vom Lager entfernen, damit niemand das Gespräch mithören konnte.

Um 18 Uhr ging ich ein paar hundert Meter vom Lager weg und stellte die Verbindung her. Instinktiv spürte ich, dass es schlechte Nachrichten geben würde, und versuchte, mich innerlich dafür zu wappnen.

»John, bist du allein?«, fragte Jim über das Funkgerät.

»Ja.«

»Willi muss dir etwas sagen.«

»John... wir haben Devi verloren«, sagte Willi mit sich überschlagender Stimme.

Ein Gefühl der Taubheit ergriff Besitz von mir. »Es tut mir sehr Leid, Willi... kann ich irgendetwas tun?«

»Nein. Wir haben ihren Leichnam dem Berg übergeben.«

Ich wollte nicht nachfragen, wie sie gestorben war, und Willi erwähnte es nicht. »Soll ich hochgehen und sie holen?«

»Nein. Aber danke.« Wieder schlug seine Stimme um. »Es ist nicht mehr möglich. Wir sind selbst kaum runtergekommen. Ich musste Devis Rucksack zurücklassen, um mich selbst zu retten.«

»Ich gehe rauf und hole Devis Rucksack für dich.«

»Nein. Ich will nicht, dass noch mal jemand da raufgeht.«

»Es tut mir wirklich sehr Leid, Willi«, sagte ich noch einmal. »Ich warte morgen früh darauf, dass ihr euch meldet.«

»Eins noch, John«, sagte er. »Ich möchte nicht, dass die Träger es schon erfahren.«

Am 12. September trafen fast alle Sahibs im Basislager ein. Ich wartete ungeduldig darauf, dass irgendjemand auftauchte, aber erst am späten Nachmittag sah ich eine Person den Rishi überqueren. Es war Jatendra. Abgezehrt und mit Material beladen konnte er nur sagen, wie Leid es ihm tat, dass Devi gestorben war.

Jim traf eine Stunde später ein. Ich ging ihm bis zu dem Bach über dem Lager entgegen. Tränen stiegen uns in die Augen, und wir umarmten uns, dann nahm ich ihm den Rucksack ab, und wir kehrten zum Lager zurück.

Als nächste kamen John Evans und Peter völlig erschöpft an. Evans Augen waren aufgrund der Hepatitis eingefallen und gelb, seine Lippen waren durch die Sonneneinstrahlung schwärzlich verkrustet. Peter kam sofort zu mir herüber, nachdem er seinen Rucksack abgesetzt hatte.

»Die Route ist toll – es gibt nur eine Hand voll Bergsteiger, denen es gelungen wäre, diesen Vorsprung vorzusteigen. Hier ist die Fahne, die du mir gegeben hast«, fügte er hinzu. »Tut mir Leid, dass ich sie nicht auf den Gipfel gebracht habe.«

Dann setzte er sich und erzählte mir den ganzen Vorfall mit

Devi vom Anfang bis zum Ende. Es fiel mir schwer zu glauben, dass sie so plötzlich und mysteriös gestorben war.

Wir schliefen an diesem Abend erst spät. Am nächsten Morgen wollten wir einige der Träger zum oberen Basislager schicken, um die dort verbliebene Ausrüstung zu holen. Kiran und Willi befanden sich noch dort und wollten sich darum kümmern, dass nichts liegen blieb und der Müll verbrannt wurde.

Am frühen Nachmittag stürmte Dharamsingh mit den Trägern und der sehnlichst erwarteten Post von Zuhause ins Lager. Obwohl die Briefe mehr als einen Monat alt waren, verschlangen wir sie und erzählten einander freudig jede Neuigkeit.

Am Nachmittag trafen Nirmal und die ersten Hochgebirgsträger, die schwer mit Ausrüstung beladen waren, aus dem oberen Basislager ein. Sie brachten unerwartet gute Nachrichten mit. Alle trugen die doppelte Last, also über dreißig Kilogramm, so dass nichts mehr oben zurückbleiben würde. Wir konnten das Sanctuary am nächsten Morgen verlassen.

Willi schlurfte wie ein verwundeter Soldat ins Lager. Es war zu schmerzhaft für ihn, auf seinen zehenlosen Füßen zu laufen, die bei seinem Abstieg von Lager IV erneut Erfrierungen erlitten hatten. Er schlurfte auf den Außenseiten seiner Füße dahin und humpelte, wo es sich leichter gehen ließ. Kiran hatte ihm ein großes Paar indischer Armeeturnschuhe überlassen, die Willi wegen seiner fehlenden Zehen nur halb ausfüllte.

Dharamsingh wurde sofort mit zwei Telegrammen vom Basislager losgeschickt. Das erste ging an Jolene, Willis Frau. Es lautete: »Devi gestorben 8. Sept. Lager IV akute Höhenkrankheit. Leichnam an Berg übergeben. Schönheit zu Schönheit.«

Das zweite Telegramm ging an H. C. Sarin, den Vorsitzenden des indischen Bergsteigerverbands. Es erklärte den Todesfall und informierte über unseren bevorstehenden Aufbruch vom Sanctuary.

An einem Abend sprachen Andy und Willi beim Essen über die Tragödie in Lager IV. Jim diagnostizierte entsprechend ihrer Beschreibung nachträglich, woran Devi gestorben sein konnte: an einer akuten Baucherkrankung, die durch die Höhe verschlimmert worden war.

Willi bat um unsere Mithilfe beim Umgang mit der Presse in Neu-Delhi. Wir willigten ein und legten uns schlafen. In dieser Nacht teilte ich zum ersten Mal während der gesamten Reise das Zelt mit Willi.

Von der Friedlichkeit in Lata war nichts mehr zu spüren, als Träger und Sahibs, von schwerer Ausrüstung beladen und müde von der langen Reise, dort einfielen. Vom Basislager hatten wir lediglich drei Tage gebraucht. Mit großer Gastfreundschaft wurden wir im Haus eines jeden Trägers mit Tee und Gebäck bewirtet, und natürlich hielten wir uns an das standesgemäße Protokoll für VIPs.

Am Spätnachmittag kletterten wir zu dem oberhalb des Dorfs gelegenen Schrein von Nanda Devi, wo sich die vielen Männer des Dorfs zu uns gesellten. Frauen war es nicht gestattet, sich dem Schrein zu nähern. Das Gelände wurde von dem Tempel der Göttin Nanda Devi beherrscht, der über das Dorf und das tiefe Tal dahinter wachte. Der Priester des Orts öffnete mehrere Türen aus Holz und Metall, die zu dem Schrein führten, und winkte uns dann heran, um hineinzuschauen.

Willi und der Priester traten zuerst hinein. Sie blieben einige Minuten allein, bevor wir demütig eintraten, um das Bildnis der Göttin und ihre irdischen Besitztümer zu betrachten. Man bat uns, die Schuhe abzulegen, bevor wir den Tempel durch einen steinernen Bogengang betraten. Der kleine, mit Steinplatten ausgelegte Hof war an zwei Seiten von einstöckigen Steingebäuden mit winzigen Räumen umgeben.

Kerzen warfen ein unheimliches Licht auf eine verrenkte Frauenpuppe mit strähnigem Haar, großem Mund und weit geöffneten Augen. Sie war mit reich verziertem Tuch und Messingschmuck grell bekleidet. Tücher, Schalen, Messingfiguren und Speere schmückten den Raum. An der Wand lehnten mehrere große Messer, die der Priester uns eingehend betrachten ließ, während Balbirsingh für uns übersetzte.

Zusammen mit dem Priester und Willi verneigten wir uns und beteten für Devi und die Göttin Nanda. Schließlich wurden wir hinausgeleitet. Willi blieb kurz allein zurück. Einige Minuten später kam er mit Tränen in den Augen heraus. Dann wurde ein Ziegenbock als Opfer für die Göttin Nanda Devi in den Hof geführt. Ein Dorfbewohner hielt ihn an einem kurzen Strick und ein anderer besprenkelte ihn mit Wasser, damit er sich vom Kopf bis zum Schwanz schüttelte. Dann wurde ihm durch einen Schlag mit einem sieben Kilogramm schweren Säbel der Kopf abgetrennt. Der Priester tupfte uns mit dem Ziegenblut einen Punkt auf die Stirn. Damit war das Ritual beendet.

Nachdem wir in Lata Kharak die Träger bezahlt hatten, fuhren wir auf dem schwankenden, schwarzen Dieselqualm ausstoßenden Laster durch Joshimath, Chomoli und Rishikesh. Um 4 Uhr trafen wir am YMCA in Neu-Delhi ein, checkten in unsere Doppelzimmer ein und legten uns schlafen. Meine Augen schmerzten stark, und die Augenmuskulatur konnte die Bewegungen nicht mehr kontrollieren, Anzeichen für eine später diagnostizierte Hirnhautentzündung. Nach ein paar Stunden Schlaf duschten wir und trafen uns zum Frühstück. Willi bat um unsere Aufmerksamkeit.

»Mr. Sarin, der Vorsitzende des indischen Bergsteigerverbands, hat angerufen. Er hat für den frühen Nachmittag eine Pressekonferenz arrangiert«, begann Willi. »Wir müssen die Ausrüstung sortieren, die wir dem IMF überlassen wollen, damit wir sie nachher Mr. Sarin überreichen können. Das ist alles. Nur eins noch: Ich möchte, dass Jim und ich die Fragen zu Devis Tod beantworten, wenn das okay ist.«

Alle waren einverstanden.

Den Morgen verbrachten wir damit, die persönliche Ausrüstung, die wir selbst mit nach Hause nehmen wollten, und die Mannschaftsausrüstung, die per Schiff zurückgeschickt werden sollte, zu packen. Nachdem wir die Mannschaftsaufgaben erledigt hatten, durchstöberten wir die Straßen von Neu-Delhi nach Souvenirs für unsere Familien. Unser Flug sollte am Abend gehen.

Mr. Sarin holte uns mittags mit mehreren Fahrzeugen vom Hotel ab und brachte uns zum IMF-Gebäude, in dem die Pressekonferenz stattfinden sollte. Das Team saß hinter Mikrofonen an einem Konferenztisch. Mr. Sarin, Willi und Jim beantworteten die scharfen Fragen zur Expedition und Devis Tod. Am Ende der Pressekonferenz erklärte Willi Devis Tod in seinen eigenen Worten: »Nanda Devi starb, während sie das tat, was sie am meisten liebte«, sagte er. »Sie starb bei der Erfüllung ihrer Träume, aus einer großen Liebe zum Himalaja. Sie liegt jetzt auf ewig bei ihrer Namensschwester.«

Unser Versuch, Indien an diesem Abend zu verlassen, scheiterte daran, dass unsere Papiere aus Chomoli unvollständig waren. Mit der Hilfe von Mr. Sarin wurden die Papiere am nächsten Tag ordnungsgemäß eingereicht. Wir verließen Indien mit dem ersten Flug von Neu-Delhi am Abend des 19. September.

Unsere indischen Kameraden lieferten uns eine prägnante Deutung von Devis Tod. Sie glaubten, dass nach der Ankündigung von Willi Unsoeld 1949, seine Tochter nach dem schönsten Berg zu benennen, den er je gesehen hatte, die Göttin Nanda später als seine

Tochter wiedergeboren wurde. Sie lebte ein paar Jahre als Sterbliche, ohne sich ihrer göttlichen Natur bewusst zu sein. Dann organisierte sie die Expedition, die sie nach Hause brachte.

»Devi lebt; sie ist nicht gestorben«, schrieb einer der indischen Expeditionsteilnehmer. »Sie war die Verkörperung der Göttin.«

Warum Devi? Sie war lebendiger als zehn von uns. War sie zu versessen darauf gewesen, trotz ihrer körperlichen Probleme den Gipfel zu erreichen? Konnte man ihr vorwerfen, dass sie ungeachtet der Symptome weitergemacht hatte? War sie auf die Schwierigkeiten der Besteigung vorbereitet gewesen?

Devi hat getan, was jeder von uns unter den Umständen getan hätte. Mit vagen, periodisch auftretenden Symptomen wäre jeder von uns weitergeklettert. Warum auch nicht? An den meisten Tagen hatte sie sich gut gefühlt; nur etwa alle vier Tage hatte sie unter den Symptomen von *Giardia* gelitten, einem Darmparasiten, und ihr Leistenbruch war während der Reise nur äußerst selten herausgetreten. Sie war ohne sonderliche Schwierigkeiten bis ins Lager III geklettert, obwohl der Aufstieg zu Lager IV mit Steigklemmen der körperlich anstrengendste Teil der Besteigung gewesen war.

Es entsprach nicht Devis Art aufzugeben. Sie hatte Willis unbeugsame Hartnäckigkeit und Entschlossenheit geerbt, Eigenschaften, durch die sie in allem, was sie ausprobierte, die Beste wurde. Man muss zu dem Schluss kommen, dass Devi wie ein Profi gespielt und einfach verloren hat.

Für die meisten von uns war die Expedition zu Ende, als wir in die Staaten zurückkehrten. Für Willi endete die Expedition zum Nanda Devi vermutlich erst bei seinem eigenen Tod, 1979 auf dem Mount Rainier.

Die Expedition hat uns alle verändert. Devi führt ihr Lebenswerk in den Herzen all derer fort, die sie berührt hat, nur ist es jetzt ihr Geist und nicht ihr Lächeln oder ihr Verständnis, der uns berührt. Ich bin überzeugt, dass uns Devis Dasein verändert hat. Meinen Blick auf das Leben hat sie jedenfalls erweitert.

# Nachwort

Die indisch-amerikanische Nanda-Devi-Expedition von 1976 war idealistisch in ihrem Glauben, dass Klettern um des Abenteuers willen wirklich von Bedeutung wäre. Wir waren ein Relikt der Vergangenheit, eine der letzten Expeditionen aus dem goldenen Zeitalter des Alpinismus, als die Isolation noch eine der akzeptierten Herausforderungen war, die Bergwanderung noch ähnliche Gefahren barg wie das Klettern und das Können noch mehr zählte als die Technik.

Mit der Einführung von Computern, der Nutzung von Satelliten und dem Einsatz von Mobiltelefonen veränderte sich die Welt des Alpinismus in nur wenigen Jahren dramatisch. Große Expeditionen zu den Gipfeln des Himalajas sind heute abhängig von direkter Kommunikation, Liveübertragungen und Chatrooms, mit denen sie ihre Abenteuer an ihre Sponsoren und die Öffentlichkeit verkaufen. Das bloße Erreichen des Gipfels ist in der sensationslüsternen Welt allgegenwärtiger Sport-Live-Übertragungen ein viel zu profanes Resultat, als dass es die lukrativen Verträge einbrächte, die die Kosten decken könnten.

Dem Nanda-Devi-Team bot sich die Möglichkeit, mit technischen Mitteln die Verbindung zur Außenwelt zu halten, als der indische Bergsteigerverband anbot, uns eine Fernmeldeeinheit der indischen Armee mit einer Funkausrüstung an die Seite zu stellen. Doch wir lehnten das einstimmig ab. Wir wollten bei der Besteigung auf uns selbst gestellt sein und uns nicht auf Hilfe von außen verlassen oder die Schwächen und Fehler des Teams in den Abendnachrichten präsentieren.

Unsere Einstellung zum Bergsteigen war im wörtlichen Sinne eine Generation von der jener entfernt, die heute klettern. Eine Expedition war eine Prüfung in Geschicklichkeit und Durchhaltevermögen, Einsamkeit und Gleichmut, Kühnheit und Kameradschaft. Wir akzeptierten unseren Platz in der Welt und bewegten uns in ihr. Es ist mittlerweile kaum noch vorstellbar, dass Expeditionen heutzutage auch nur einen Fuß auf den Berg setzen würden, ohne über ein beeindruckendes Arsenal an modernster Kommunikationstechnologie zu verfügen – sozusagen als elektronische Schmusedecke.

Die Nanda-Devi-Expedition trat in dem Moment in eine andere Zeit, als wir die Rishi-Schlucht hinauf- und in das Sanctuary hineinwanderten, das den heiligsten Berg Indiens abschirmt. Obwohl wir unmittelbar nach der Ankunft im Basislager den Briefboten losschickten, dauerte die Expedition bereits einen Monat an, bevor ein paar Briefe für die Mannschaft eintrafen. Wir waren über Monate von geliebten Menschen getrennt, ohne Briefkontakt zu haben, was die Anspannung exponentiell ansteigen ließ, während wir mit schlechtem Wetter, beengten Verhältnissen, miserablem Essen, Lawinen und körperlicher Erschöpfung zu kämpfen hatten.

Bei unserer Ankunft in Indien im Juli 1976 waren wir so etwas wie ein Team gewesen. Doch innerhalb von Wochen brach es aufgrund unterschiedlicher Ziele und Ambitionen, Meinungen und Überzeugungen in zwei Teile. Bis zu unserer Rückreise im September waren sogar diese Teile in kleine Stücke zerbröselt, und jeder verließ den Nanda Devi mit der Frage, wie alles so falsch hatte laufen können.

Für die Überlebenden ist die Erinnerung an die Nanda-Devi-Expedition von 1976 wegen des Schicksals der Expedition und dem, was wir erst zu Hause erfuhren, äußerst emotional. Denjenigen, die das Sanctuary als Freunde verließen, gelang es offensichtlich, diese zerbrechliche Beziehung durch harte Arbeit, Korrespondenz und gemeinsame Besteigungen über die Jahre zu retten. Unser heutiges Verhältnis zueinander unterscheidet sich kaum von dem, mit dem wir vor 24 Jahren vom Nanda Devi zurückkehrten.

Im späten Februar 1979 fragte mich mein älterer Bergsteigermentor Joe Collins, ob ich ihm helfen könne, Willi Unsoeld zur Signierung seiner Erstausgabe von Tom Hornbeins »Everest: The West Ridge« zu bewegen.

»Ich weiß nicht, Joe«, sagte ich. »Willi und ich haben seit Jahren nicht miteinander gesprochen.«

Das problematische Verhältnis zwischen Willi und mir während der Expedition hatte sich seit unserer Rückkehr nicht verbessert. Tatsächlich hatten wir nur zweimal miteinander gesprochen, und trotz aller Freundlichkeit hatten Spannungen zwischen uns geherrscht. Ich hatte schon länger mit ihm Frieden schließen wollen, doch nie gewusst, wie ich es anfangen sollte. Nun bot sich die ideale Gelegenheit.

»Ich sag dir was: Das Wetter ist sowieso zu schlecht zum Klettern, warum fahren wir also nicht rüber nach Olympia?«, schlug ich vor. »Du kannst ihn bitten, dein Buch zu signieren, und ich kann mich vielleicht mit ihm versöhnen.«

Wir verließen Spokane an einem frühen Sonntagmorgen und trafen nachmittags bei Rob Schaller ein. Nachdem wir eine Kleinigkeit gegessen hatten, rief ich bei Willi zu Hause in Olympia an. Eine Frau mit zögernder Stimme ging ans Telefon. Ich fragte sie, ob Willi da wäre. Sie fragte mich, warum ich das wissen wolle. Mir erschien ihre Reaktion in diesem Moment etwas unpassend und eigenartig, aber ich überging das und erklärte ihr, dass ich in Seattle sei und gerne vorbeikommen würde. Sie meinte, sie wisse nicht so recht, und bat mich, später noch einmal anzurufen.

Eine halbe Stunde später rief meine Frau Joyce bei den Schallers an. »John, ich habe gerade im Radio gehört, dass Willi und eine Studentin auf dem Mount Rainier in eine Lawine geraten und ums Leben gekommen sind.«

Nach dem kurzen Gespräch legte ich verstört auf. Später erfuhr ich, dass er und die Studentin Janie Diepenbrock während eines Schneesturms beim Abstieg zu Camp Muir unterhalb von Cadaver Gap von einer Lawine begraben worden waren.

»Hast du nicht erzählt, er hätte gerade zwei neue Hüftgelenke bekommen?«, fragte Joe.

Das hatte er auch, aber das war nicht die einzige Frage, die mir durch den Kopf schoss. Was um alles in der Welt machte Willi so früh in der Saison und bei solchem Wetter oben auf dem Mount Rainier? Egal, Willi war gestorben, ohne dass ich ihm hätte sagen können, wie groß meine Bewunderung war für das, was er erreicht hatte. Es war ein tragisches Ende für das Leben eines großen Bergsteigers und Philosophen.

Ich hatte Willi gemocht. Auf dem Nanda Devi hatte ich sogar zu ihm gesagt, dass wir uns bei einer anderen Tour, mit nur uns beiden als Teilnehmern, vermutlich völlig einig gewesen wären. Er hatte gelacht, weil er wusste, dass ich Recht hatte.

Das Alter hat mir dabei geholfen, Willis Sicht der Expedition zu verstehen. Ich bin jetzt 51, ein Jahr älter, als Willi zum Zeitpunkt der Expedition zum Nanda Devi war. Für mein Alter bin ich gut in Form, weil ich Mountainbike fahre, laufe und Krafttraining mache; trotzdem spüre ich morgens beim Aufstehen Schmerzen an Stellen, von denen ich vor 24 Jahren nicht einmal wusste, dass sie existieren.

Was Willi auf dem Nanda Devi erreichte, sagt viel darüber aus, wie sein Geist seinen Körper beherrschte. Er trug fast täglich Lasten und stieg beinahe bis zum Gipfel hinauf, obwohl er vor der Expedition kaum körperlich trainiert hatte. Willi ertrug die ständigen Schmerzen in Hüfte und Füßen in klagloser Tapferkeit wie bei einer persönlichen Prüfung. Damals ist mir mit meinen 26 Jahren nie in den Sinn gekommen, welche Schmerzen Willi aushalten musste, bloß um morgens aufzustehen, geschweige denn auf 7300 Meter aufzusteigen. Heute weiß ich es.

Willi war nur der erste aus dem Nanda-Devi-Team, den in den Bergen ein frühzeitiger Tod ereilte. Jung, stark und abenteuerlustig wie wir waren, machten viele von uns über die Jahre weiter Jagd auf die Gipfel der Welt.

Im Juli 1981 führte ich eine Gruppe über die Camp-Muir-Route zum Gipfel des Mount Rainier. Als ich nach Paradise zurückkam, hörte ich, Marty Hoey sei in der Bar der Hütte. Ich hatte sie seit ihrer Abreise aus Dibrugheta fünf Jahre zuvor nicht gesprochen und wusste, dass sie immer noch wütend auf mich war.

Da es schwierig war, in der Bar mit ihr zu sprechen, bat ich sie, mit mir hinauszugehen. Sie folgte mir widerstrebend. Draußen sprachen wir über den Nanda Devi, ihre Erkrankung und meine Sorge um ihre Sicherheit. Marty gab mir zwar nicht zu verstehen, dass sie mir verziehen habe, war aber zumindest bereit, sich meine Version der Geschichte anzuhören. Leider habe ich danach nicht noch einmal mit ihr gesprochen.

Ein Jahr später schloss sich Marty einer starken Bergsteigergruppe unter der Leitung von Lou Whittaker und Seilschaftsführer Jim Wickwire an, die die Great-Couloir-Route an der Nordwand des Mount Everest klettern wollte. Sie kletterte während der gesamten Expedition außergewöhnlich gut und wurde deshalb für das erste Gipfelteam ausgewählt.

Über den Unfall, der sich dann ereignete, schrieb Wickwire im »American Alpine Club Journal« von 1983: »Am 15. Mai begann das erste Gipfelteam, das aus Hoey, (Larry) Nielson und mir bestand, unterstützt von (Dave) Mahre, schließlich über den harten Schnee und gelegentliche Eisstücke den Aufstieg in der Schlucht.

Während Nielson und Mahre auf 8000 Metern Höhe nach einem Lagerplatz suchten, warteten Hoey und ich sechzig Meter tiefer in der Schlucht auf dem einzigen brauchbaren Felsen. Als ich mich aufmachte, um ein Seil zu den beiden Vorsteigern zu bringen, fiel Hoey um 17.30 Uhr ganz plötzlich und ohne Vorwarnung vom Fixseil.«

Wickwire schrie, sie solle das Seil greifen, aber es war zu spät. Kopfüber hinunterrutschend rollte Marty zur Seite, um in einem kühnen Versuch nach dem Fixseil zu greifen, das sie aber nicht zu fassen bekam. Man sah nur die ersten Meter ihres Falls, dann verschwand Marty in den Wolken und dem Nebel, die an der Wand hingen. Wickwire starrte fassungslos zum Fixpunkt und sah, dass Martys Hüftgurt und Steigklemme noch am Seil hingen. Die Bergungsmannschaft fand keine Spur von ihr. Sie war in den Eingeweiden des riesigen Bergschrunds am Fuße der Wand verschwunden.

Marty war dazu bestimmt gewesen, eine der besten Bergsteigerinnen Amerikas zu werden. Sie war technisch außergewöhnlich begabt, und ihre Kraft war legendär. Wehe dem Mann an ihrem Seil, der zu sehr den Macho heraushängen ließ oder mit seiner Kraft prahlte. Nur wenige Kletterer, Männer wie Frauen, konnten mit Marty mithalten, wenn sie einmal den Gipfel im Blick hatte. Ihr Tod mit nur dreißig Jahren hinterließ eine große Lücke im amerikanischen Himalaja-Alpinismus.

Kiran kletterte nach dem Nanda Devi weiter bei der indischen Armee. Er war zwar in erster Linie Fallschirmjäger, war aber dennoch fest entschlossen, als Bergsteiger in die Fußstapfen seines Bruders Bull Kumar zu treten.

1985 nahm Kiran an einer 39-köpfigen Expedition der indischen Armee zum Mount Everest teil und wurde ausgewählt, den

Versuch auf der Südroute anzuführen. Da die Expedition gut vorankam, stand am 6. Oktober – früher als erwartet – ein achtköpfiges Gipfelteam auf dem Südsattel bereit.

Am nächsten Tag brachen sechs Mitglieder unter der Führung von N. D. Sherpa zum Gipfel auf. Kiran und Leutnant Ranveer Singh Bakshi folgten eine Stunde später. Das Wetter verschlechterte sich zusehends. Die von Sherpa geführte größere Gruppe meldete sich zweimal über Funk, das zweite Mal um 14.30 Uhr von unterhalb des Südgipfels. Kiran meldete sich bis 15 Uhr gar nicht und berichtete dann, dass seine Sauerstoffmaske undicht war und sein Partner seine Schutzbrille verloren hatte. Um 16 Uhr meldete Bakshi schwer verständlich, Kiran sei »weg«. Er war anscheinend auf 8500 Metern abgestürzt. Sein zerschmetterter Körper wurde zwei Stunden später am Fuß der Lhotse-Flanke im Western Cwm gefunden.

Kiran war das erste von fünf Opfern der indischen Expedition. Major Jai Bahuguna, der Bruder von Harsh Bahuguna, der 1975 bei der internationalen Everest-Expedition in der Südwestwand des Mount Everest gestorben war, erreichte bei immer schlechter werdendem Wetter mit fünf Bergsteigern den Südsattel. Anstatt zusammen mit den Überlebenden aus Kirans Team abzusteigen, entschieden sie sich, auf dem Sattel zu bleiben. Am 9. Oktober gelang es zwei Kletterern, vom Südsattel zu entkommen, aber die anderen vier konnten das Fixseil nicht finden und kehrten zum Lager zurück. Am 11. Oktober meldeten sie in einem verzweifelten Funkspruch, dass ihre Zelte im Wind zusammengestürzt seien und sie langsam erfrieren würden. Eine Bergungsmannschaft erreichte sie schließlich um 16 Uhr. Zwei Männer waren bereits tot, die beiden anderen starben, bevor man sie bergen konnte. Kiran und die vier anderen Bergsteiger wurden auf dem Berg bestattet.

Ich hatte über die Jahre mehrfach versucht, Kiran in Delhi zu treffen, ihn aber nie erreichen können. Er war immer gerade irgendwo in Kaschmir stationiert oder auf irgendeiner Reise. Nach seinem Tod schickte ich seiner Familie einige Fotos von ihm, erhielt aber nie eine Antwort. Als wir uns 1976 das erste Mal in Delhi trafen, hatte Kiran eine wundervolle Frau und zwei Söhne, die heute 27 und 28 Jahre alt sein müssten. Ich frage mich oft, ob sie in die Fußstapfen ihres Vaters getreten sind. Es sind allerdings sehr große Fußstapfen.

Mit Ad Carter habe ich in den Jahren nach dem Nanda Devi häufig gesprochen. Er war immer herzlich und interessiert und unterstützte alle meine Bemühungen. Ich wusste, dass Ad das Thema Nanda Devi lieber vermied, und eigentlich haben wir auch nie wieder richtig über die Besteigung und Devis Tod gesprochen, nachdem er die Expedition verlassen hatte.

In einem Winter, in dem ich in Vermont einen Kurs im Eisklettern abhielt, nutzte ich einmal die Gelegenheit, Ad und Ann in ihrem zweiten Haus in den White Mountains von New Hampshire zu besuchen. Obwohl ich ihn seit Jahren nicht gesprochen und Lou Reichardt mir erzählt hatte, dass ihm nicht gefiel, was ich in »Die Tochter des Berges« über ihn geschrieben hatte, begrüßte er mich doch wie einen verlorenen Sohn.

Ad schlief im April 1995 im Alter von 80 Jahren friedlich in seinem Lesesessel ein. Sein Vermächtnis lebt in den unzähligen Schülern fort, die er an der Milton Academy bei Boston unterrichtete, und in der Qualität des »American Alpine Club Journal«, das er 35 Jahre lang einmal jährlich zusammenstellte.

Peter Lev schrieb mir im Februar 1977 einen Brief, in dem er seinen Ärger über meinen Artikel im »Climbing Magazine« zum Ausdruck brachte. Als ich den Artikel schrieb, war ich noch sehr wütend über Peters Verhalten auf dem Berg, und der Aufsatz gab meine Enttäuschung über ihn und das Team wieder. Im Nachhinein habe ich eingesehen, dass es falsch war, so hart über meine

Mitkletterer zu urteilen, was ich ihm bei einem kühlen Bier in Salt Lake City auch gesagt habe. Zwar gingen wir nicht als Freunde auseinander, aber es tat gut zu wissen, dass wir uns in aller Herzlichkeit darauf einigen konnten, uns nicht einig zu sein.

Im Sommer 1982 hatte ich die Gelegenheit, in der Tetonkette als Führer für die Exum Mountain School zu arbeiten. Peter war einer der vier Inhaber und stimmte meiner Anstellung zu. Trotz unserer Meinungsverschiedenheit über den Nanda Devi kamen wir danach fünf Sommer gut miteinander aus.

Peter lebt im Winter in Salt Lake City und zieht im Sommer in die Tetons, um Führungen zu machen und bei der Leitung des Geschäfts mitzuhelfen. Die Exum-Schule ist bekannt dafür, alternden Bergsteigern wie mir ein Zuhause zu bieten, und Peter und die anderen Inhaber wissen, dass es ein gutes Geschäft ist, Schülergruppen unter der Führung von bekannten Persönlichkeiten aus der Welt des Alpinismus rauszuschicken. Er gab jahrelang Kurse in Lawinenkunde und entwickelte gute Kenntnisse in der langfristigen Wettervorhersage.

Als ich Peter wegen weiterer Informationen über sein Leben nach dem Nanda Devi anschrieb, antwortete er mir, ihm wäre lieber, wenn ich nichts veröffentlichte. Er deutete an, er sei nach wie vor tief enttäuscht von meinen Aussagen in der ersten Ausgabe. Ich erklärte ihm, dass »Die Tochter des Berges« sowohl meinen Eindruck vom Ablauf der Besteigung wiedergab als auch das, was Lou, Jim und ich täglich in unseren Briefen und Tagebüchern genau dokumentiert hatten. Peter erinnerte mich vor Jahren in Salt Lake City daran, dass es zu jeder Geschichte zwei Seiten gibt und meine nur eine davon ist.

John Evans habe ich seit der Expedition mehrfach getroffen. Er war immer optimistisch und guter Dinge. Als Lehrer für Outward Bound führte er viele Schüler auf zahlreichen Touren überall in der Welt, unter anderem zum Tent Peak in Nepal, zum Matterhorn in der Schweiz und auf drei Touren in die Brookskette in Alaska. 1981 nahm er als Seilschaftsführer an der erfolgreichen amerikanischen Expedition auf den Mount Everest teil, die medizinischen Forschungszwecken diente. Seine letzte Reise in den Himalaja führte ihn 1984 in mein Lieblingsland, nach Bhutan, wo er eine vierzigtägige Wanderung führte.

Nach der Reise zum Mount Everest wechselte John den Job. Anstatt weiter Touren für Outward Bound zu leiten, saß er nun hinter einem Schreibtisch bei einer Bank in Denver. Doch ein Anruf in seiner Bankierssuite auf der elften Etage rettete ihn 1991 vor einem Leben im Zweireiher. Er arbeitet seitdem für die von der National Science Foundation geförderten Antarctic Support Associates (ASA) auf Eisbrechern in der Antarktis. Er ist der ASA bis heute treu geblieben.

Jim States und ich nutzten jede sich bietende Gelegenheit zum gemeinsamen Klettern, bis er Probleme mit den Knien bekam. Wir waren ein großartiges Team und bewältigten ein paar Eiskletterstrecken in Kanada sowie einige schöne Routen in den Bergen.

1977 verbrachte Jim das Jahr an der Universität von Südkalifornien und studierte Jugendmedizin, die er zu seinem Spezialgebiet machte. Er genießt es, mit Jugendlichen zu arbeiten und ihnen dabei zu helfen, mit all den Problemen der Teenagerjahre zurechtzukommen, die mit allein erziehenden Eltern, Drogen und unmittelbarer Bedürfnisbefriedigung zusammenhängen.

1980 schloss er sich Chris Kopczynski, Kim Momb und mir bei der Besteigung des fünfthöchsten Bergs der Welt, des Makalu-Westpfeilers, an, die wir ohne Hilfe von Sherpas und ohne Sauerstoffgeräte in Angriff nahmen. Nach 45 Tagen schwierigen Kletterns, dem Lastentransport über den Grat und heftigen Jetstreamwinden machten Jim, Chris und ich uns an den Gipfelsturm. Kim war verletzt ausgefallen. Hüfthoher Schnee und ein Felsvorsprung stoppten uns 150 Meter unter dem Gipfel. Ich entschied mich, den Felsvorsprung hinaufzuklettern und allein zum Gipfel vorzustoßen, den ich spät am Tag auch erreichte. Da sich ein Sturm ankündigte, stiegen Chris und Jim ab, um ein Biwak zu vermeiden. In der Nacht schlug der Sturm zu, und wir entkamen am nächsten Morgen nur knapp die Seile hinunter. Ich finde nach wie vor, dass unsere Vier-Mann-Besteigung des Makalu-Westpfeilers eine der besten amerikanischen Leistungen im Himalaja ist.

Jim verfolgte weiter seinen Traum, einmal den Gipfel eines Achttausenders zu bezwingen, und schloss sich 1983 der amerikanischen Expedition, die als Dick Bass' »Seven-Summits-Expedition« bekannt wurde, bei der Besteigung des Mount Everest an. Wie üblich war Jim einer der stärksten Kletterer im Team und sorgte zugleich für eine medizinische Rundumversorgung. Er fragte sich allerdings, was er bloß auf der Südroute verloren hatte, als er auf dem Khumbu-Gletscherbruch von einer einstürzenden Gletscherbrücke teilweise begraben wurde. Am 14. Mai 1983 stand Jim als einer von erst wenigen Amerikanern, die das bis dahin geschafft hatten, auf dem Gipfel des Mount Everest. 1992 unternahm er bei seiner letzten Tour in den Himalaja den Versuch, den Nordgrat des Makalu zu erreichen, kam jedoch nur bis auf 700 Meter an den Gipfel heran.

Hinsichtlich der körperlichen Leistungsfähigkeit kann Jim es mit jedem mir bekannten Kletterer aufnehmen, aber das jahrelange schwere Lastentragen hat seine Knie ruiniert. Er wechselte daraufhin vom Klettern zum Meereskajak- und Radfahren und erbringt natürlich in beiden Sportarten herausragende Leistungen. Er lebt nach wie vor in Spokane und ist als Arzt tätig. Unser tiefer Respekt für einander ist mit den Jahren eher noch gewachsen, weil wir heute die Risiken, die wir eingegangen sind, ganz anders würdigen können.

Lou kehrte rechtzeitig zur Geburt seiner ersten Tochter Isabel vom Nanda Devi nach Hause zurück. Seine Frau Kathy und er bekamen im Laufe der Jahre drei weitere Kinder: Christian, Benjamin und Anna Devi. Drei von ihnen besuchen das College oder haben es bereits abgeschlossen. Es ist beinahe überflüssig zu erwähnen, dass sie alle sehr intelligent sind. Die jüngste, Anna Devi, hat die gleiche Lebensfreude und den gleichen Überschwang wie Nanda Devi Unsoeld.

Lou nahm im Lauf der Jahre nach dem Nanda Devi an vielen der amerikanischen Expeditionen nach Pakistan und Tibet teil, beispielsweise 1978 an der amerikanischen K2-Expedition und 1983 an der Expedition zur Kangshung-Wand, der Ostwand des Mount Everest. Beide Expeditionen waren sehr erfolgreich, und Lou, einer der stärksten Bergsteiger, die ich kenne, erreichte beide Male den Gipfel.

Seitdem hat er versucht, zumindest im Kleinen etwas von dem zurückzugeben, was er durch seine vielen Expeditionen den Einheimischen im Himalaja schuldet, indem er im Ausschuss der American Himalayan Foundation arbeitet. Er war außerdem Vorsitzender des American Alpine Club.

Nach der Nanda-Devi-Expedition wurde Lou Lehrbeauftragter an der Universität von Kalifornien in San Francisco. Er hat diese Stelle bis heute behalten und untersucht dort Moleküle, die die Frühentwicklung des Nervensystems regulieren und unter anderem bestimmen, welche Neuronen überleben und welche absterben. Wenn ich mit ihm in einem Zelt saß, hatte ich immer das Gefühl, eines seiner Testobjekte zu sein. Heute weiß ich, dass es so war.

Lou schrieb: »Obwohl ich eher mit Bedauern als mit Freude an die Nanda-Devi-Expedition zurückdenke, ist mir doch in guter Erinnerung geblieben, welche Kameradschaft mir von meinen Mitstreitern – den Autor dieses Buchs eingeschlossen – entgegengebracht wurde. Außerdem haben mich die Energie, die Vitalität und die gute Arbeit von Nanda Devi Unsoeld und ihrem Vater inspiriert.«

Drei der Expeditionsteilnehmer, Andy Harvard, Elliot Fisher und Nirmal Singh, konnte ich nicht erreichen. Andy habe ich das letzte Mal 1981 während des ersten amerikanischen Versuchs am Mount Everest im Basislager unterhalb der Ostwand gesehen. Wir sind in einem Streit über die Wahl der Route und das akzeptable Risiko auseinander gegangen und haben seitdem nicht mehr miteinander gesprochen. Ich habe versucht, in Indiana Kontakt mit ihm aufzunehmen, wo er zurzeit als Anwalt praktiziert, habe aber keine Antwort erhalten. Elliot und Nirmal habe ich seit der Expedition weder gesehen noch von ihnen gehört.

Die ersten neun Monate nach der Nanda-Devi-Expedition habe ich damit verbracht, das Manuskript für dieses Buch zu verfassen. Meine Bemühungen, es zu verkaufen, waren zeitaufwändig und kompliziert, und manche Verlage hielten es mehr als sechs Monate zurück.

Auch nach dem Nanda Devi verfolgte ich weiter meinen Traum vom Bergsteigen im Himalaja und bestieg den Great Trango Tower, den K2, den Uli Biaho, den Makalu, den Gaurisankar und andere, weniger bekannte, aber dennoch schwierige Berge. Nur ein Gipfel schien sich mir zu verweigern: der Mount Everest. Ich versuchte die Routen über die Ostwand und den Westgrat und die Route über Nordflanke und -grat, alle in Tibet. Über die letztere gelang es mir 1984, ohne Sauerstoffgerät bis auf 8500 Meter zu kommen. Es war zu kalt, schon später Oktober, und ich hatte, obwohl ich mich stark fühlte, in dieser Höhe kein Gefühl mehr in Händen und Füßen. Um nicht meine Zehen, meine Finger oder sogar mein Leben zu verlieren, machte ich kehrt und stieg zum Hochlager ab. Mein Partner Phil Ershler, der ein Sauerstoffgerät benutzte, stieg allein weiter zum Gipfel auf und blieb der Einzige, dem das auf dieser Expedition gelang.

In Anbetracht all der Zeit, die ich in den Bergen verbracht habe, schätze ich mich sehr glücklich, dass ich jetzt hier sitzen kann, um das Nachwort für dieses Buch zu schreiben. Viele meiner guten Freunde hatten nicht so viel Glück. Ich schreibe mein Wohlergehen all den großartigen Kletterpartnern zu, mit denen ich über die Jahre glücklicherweise an einem Seil hängen durfte. Sicher haben auch die Auswahl der Routen und das Timing ihren Anteil gehabt. Aber Glück hat eine Rolle gespielt, auch wenn ich eigentlich glaube, dass wir letztlich alle unseres eigenen Glückes Schmied sind. So hätte jeder Stein, der die Rinnen herunterkam, auch in meine Richtung fallen oder eines der Schneebretter sich ein paar Minuten früher lösen können. In beiden Fällen wäre ich jetzt nicht hier und könnte nicht davon erzählen.

Irgendwie ist es mir mit viel Hilfe von Joyce gelungen, mit langen Expeditionen in die entferntesten Winkel der Erde und einer ganzen Palette an Jobs herumzujonglieren, die mir ausreichend Freiraum lassen, aber trotzdem genug einbringen, damit ich meine Rechnungen bezahlen kann. Ich habe seit 1976 drei Bücher und zahlreiche Zeitschriftenartikel geschrieben und eine ganze Reihe Fotos für die Titelseiten von Büchern, Katalogen und Zeitschriften verkauft, bin in landesweiten Fernsehspots aufgetreten, habe für große Firmen wie I. E. Dupont als Marketingberater gearbeitet und in unzähligen Schulen und Verbänden Multimedia-Präsentationen gezeigt.

Im November 1995 kandidierte ich für das Amt des County Commissioners für Spokane und wurde gewählt. Ich hatte meiner Frau Joyce 1973 vor meiner ersten Expedition zum Dhaulagiri ja versprochen, dass ich mir eines Tages einen richtigen Job suchen würde. Nun, da ist er jetzt, wie lange es auch dauern mag.

Wichtiger als das Bergsteigen oder irgendein Gipfel ist meine Familie. Joyce und ich sind jetzt seit über 28 Jahren verheiratet und haben drei wundervolle und talentierte Kinder, Dawn, Jess und Jordan. Wir bemühen uns sehr, ihre bemerkenswerte Energie auf andere Ziele als das Bergsteigen zu lenken.

Joyce, die nicht ein einziges Mal »Geh nicht!« gesagt hat, glaubt, dass sie es nach all den Jahren, in denen ich sie allein zurückgelassen habe, jetzt überstanden hat. Sie meint, ich sei endlich fertig mit dem Himalaja. Natürlich irrt sie sich. Wir werden alle vom Schicksal durchs Leben geführt, das wir uns selbst schaffen und dem wir uns am Ende nicht entziehen können. Der Himalaja ist mein Schicksal. Ich habe auf den höchsten Gipfeln der Welt den Geschmack des Abenteuers kennen gelernt, und es ist mir unmöglich, nicht zurückzukehren.

John Roskelley
Spokane, Washington, im April 2000

# Anhang

Wichtige Daten der indisch-amerikanischen
Nanda-Devi-Expedition von 1976

| | |
|---|---|
| 5. Juli: | Abreise aus Spokane und den USA. |
| 6. Juli: | Ankunft in Neu-Delhi, Indien. |
| 9. Juli: | Abreise aus Neu-Delhi. |
| 14. Juli | Abreise aus Lata; erster Tag des Anmarschs. |
| 16. Juli: | Marty wird krank. |
| 17. Juli: | Marty wird nach Dibrugheta gebracht. |
| 19. Juli: | Die Hauptgruppe bricht zum nächsten Lager auf. |
| 22. Juli: | Marty wird per Hubschrauber abtransportiert; Ankunft im Basislager. |
| 24. Juli: | Lou und John beziehen das Gratlager. |
| 29. Juli: | Lou, Jim und John beziehen das obere Basislager. |
| 22. August: | Lou und John erreichen den Kamm und errichten Lager III. |
| 26.–29. August: | John besteigt als Seilerster den Nordvorsprung, Jim und Lou folgen. |
| 31. August: | Lou, Jim und John beziehen Lager IV über dem Nordvorsprung. |
| 1. September: | Die fünfte Besteigung des Nanda Devi; Lou, Jim und John erreichen den Gipfel. |
| 3. September: | Devi, Andy und Peter erreichen Lager IV. |
| 8. September: | Devi stirbt in Lager IV. |

14. September: Die Expedition verlässt das Basislager.
16. September: Ankunft in Lata.
22. September: Rückkehr nach Spokane, Washington.

# Glossar

**Band:** Absatz in einer Steilwand
**Couloir:** steile, schluchtartige, meist schmale Rinne
**Dach:** horizontal ausladender Felsüberhang
**Flanke:** Steilabfall eines Bergs
**Firn** (auch Firnschnee): durch wiederholtes Schmelzen und Frieren grobkörnig gewordener Schnee im Hochgebirge; wird Firn zusammengepresst, bildet er Firneis, eine Vorstufe zum Gletschereis
**Grat:** vom Gipfel ausgehende, ausgeprägte Rippe aus Fels oder Eis
**Kamm:** Verbindungsstück zwischen zwei Bergmassiven
**Kante:** schmaler, sehr steiler, gratartiger Felsaufbau
**Leiste:** sehr schmaler Felsabsatz oder Band
**Platte:** steile, tritt- und griffarme Felszone
**Pressschnee:** durch Wetter oder Belastung zusammengepresster, harter oder eisiger Schnee
**Rampe:** schräg ansteigendes Band
**Sattel:** breite Einsenkung zwischen zwei Erhöhungen
**Schlüsselstelle:** schwierigste Stelle einer Kletterroute
**Schneebrett:** oberflächlich brettartig verfestigte, überhängende Schneemasse. Schneebretter brechen bei Belastung ab und bilden Lawinen.
**Schneebrücke:** Schneeansammlung in Form kuppelförmiger Brücken über eine Gletscherspalte oder einen Bergschrund
**Spurarbeit:** eine Spur im Tiefschnee ziehen

**Triebschnee:** Schnee, der vom Wind weggeblasen und an einer windgeschützten Stelle abgelagert wurde
**Überhang:** mehr als 90 Grad steile Felspartie
**Verschneidung:** Einbuchtung im Fels, die durch zwei in stumpfem Winkel zusammentreffende Wände entsteht
**Wand:** mehr als 50 Grad steile Bergflanke

**NATIONAL GEOGRAPHIC
ADVENTURE PRESS**

# Über alle Berge

REISEN · MENSCHEN · ABENTEUER

Philip Temple
**Schnee über dem Regenwald**
Mit Heinrich Harrer auf den Gipfeln Neuguineas
ISBN 3-442-71194-0

Neuguinea 1962: Zusammen mit dem berühmten Bergsteiger Heinrich Harrer dringt der Autor in die faszinierende Dschungel- und Bergwelt Neuguineas vor. Ohne Kartenmaterial erforschen sie Regionen, die bis dahin noch kein Weißer betreten hat.

Franjo Terhart
**Unentdeckte Pyrenäen**
Auf alten Schäferpfaden durch das Land der Katharer
ISBN 3-442-71169-X

Es gibt sie noch: Schäfer, die mit ihren Herden auf uralten Pfaden wandern. Franjo Terhart hat einen von ihnen durch die Pyrenäen begleitet. Ein Streifzug durch eine an Kultur- und Naturschätzen, an Geschichte und Mystik unerhört reiche Landschaft.

Heidi Howkins
**Herausforderung K2**
Eine Frau auf dem Weg zum Gipfel
ISBN 3-442-71201-7

Die erste Amerikanerin auf dem K2: Heidi Howkins bezwingt den berüchtigten Achttausender im klassischen alpinen Stil – ohne Träger, ohne aufwändiges Basislager, ohne modernes Equipment. Ein mitreißender Bericht über den Kampf einer Bergsteigerin gegen Fels und Eis.

**So spannend wie die Welt.**

NATIONAL GEOGRAPHIC    GOLDMANN

**NATIONAL GEOGRAPHIC
ADVENTURE PRESS**

# ABENTEUER IM GEPÄCK

Oss Kröher
**Das Morgenland ist weit**
Die erste Motorradreise vom Rhein zum Ganges
ISBN 3-442-71165-7
Ab Mai 2002

Deutschland, 1951: Zwei junge, wagemutige Männer wollen raus aus dem Nachkriegsmuff. Mit einem Beiwagengespann machen sie sich auf den Weg nach Indien. Ein spritziger Bericht voll mitreißender Aufbruchsfreude.

Wickliffe W. Walker
**Tragödie am Tsangpo**
Wildwasserexpedition auf Tibets verbotenem Fluss
ISBN 3-442-71177-0
Ab September 2002

Unfassbare 2.700 Höhenmeter stürzt sich der Tsangpo in Tibet durch eine der wildesten Schluchten der Welt. Die Erstbefahrung gelang nur um den Preis eines Toten. Ein ungemein packender Expeditionsbericht.

Christian E. Hannig
**Unter den Schwingen des Condor**
Rad-Abenteuer zwischen Anden und Pazifik
ISBN 3-442-71133-9
Ab Juli 2002

Mit dem Fahrrad ins Abenteuer: Auf seiner Fahrt von Bolivien über die Anden bis nach Lima schließt der Autor Freundschaft mit Indios, gerät in einen Rebellenaufstand und begibt sich auf die geheimnisvollen Spuren der Inka.

**So spannend wie die Welt.**

NATIONAL GEOGRAPHIC

GOLDMANN